ケア専門職養成教育の研究

看護・介護・保育・福祉　分断から連携へ

青木 紀
AOKI Osamu

明石書店

はしがき

20世紀の終わりごろから21世紀の現局面にかけて、爆発的と言えるほど人口に膾炙した言葉に〝ケア〟がある。ケアは、辞書を引けば、いろいろな意味で使われているし、ケアあるいはケアリングに関する研究は、さまざまな視点あるいは領域において論じられている。そのなかで、ケアにかかわる実践あるいは仕事・職業に注目すれば、日本では介護や看護の領域を中心にイメージされるのが一般的である。

しかし、欧米においてケアで括られる活動は、保育を必要とする子ども、介護を求めている高齢者、介助を不可欠とする障害者、あるいは病気やけがなどに関連して看護・医療の手当てを必要としている人びと、生活に困難を抱えている人びとなど、さまざまであるのが普通であるようだ。（日本の）職業名で言えば、看護師等、理学療法士・作業療法士や臨床検査技師あるいは管理栄養士などのいわゆるコメディカルの職、介護福祉士など介護職、小学校低学年教員、保育士・幼稚園教諭、社会福祉士・精神保健福祉士・医療ソーシャルワーカー（広くソーシャルワーカー）なども含めて論じられている場合も多い。

ここでは、これらを以下〝ケア関連専門職〟と呼ぶことにしている。いずれも何らかの形でケアの仕事にかかわっていると同時に、ある一定期間以上の教育・訓練を受け、何らかの公的資格を有して、専門家として担当業務に従事しているからである。それらの多くは、20世紀以降、とくに最近になって増加してきている職種である。そして、関連する養成学校の増加も目覚ましい。

本書は、上記のケア関連専門職の養成教育プロセスを検討の対象に取り上げている。それは、筆者の専門研究の延長線上にではなく、必要に迫られてということからである。たまたま学長職にあった筆者が、栄養学科、看護学科、社会福祉学科、社会保育学科からなる名寄市立大学（北海道）の学科構成をふまえて、すべて何らかの形でケアにかかわる専門職を養成するのだから、「ケアの未来をひらく名寄市立大学」というキャッチコピーでそのミッションを言い表そうとしたことに始まった。

学長就任前まで、貧困・不平等あるいは社会的公正とは何かといったことに関心を持って研究を進めていた。そのこともあって、取っ掛かりの時点では、「ケアの倫理」「正義の倫理」をめぐる議論にかかわったアプローチの数々にはすぐに興味をそそられた。また、看護のケアリング論などもおもしろく読むことができた。だから当初は、それは甘い考えだったのだが、これまでのケア論の蓄積を批判的に摂取しながら、それを専門職養成教育のなかにどのように取り込むか、といった問題関心に重点を置いていた。しかし、事実上の研究放棄状態から久しぶりの勉強を進めていくにつれ、アカデミズムの世界で話題になっているようなケア論と、やがてケアの仕事に従事する学生を対象とした専門職養成教育との間にはあまりに距離があるという状況も見え、また関連する専門職分野それぞれにおけるケアという用語の使用頻度の偏りなどが気になってきた。

そしてそのことが、ケア論をめぐる議論の蓄積を専門職養成教育に応用してみたいという思いを抑え、まず〝足下〟の分析をする作業が優先されるべきではないか、と思わせてきた。もちろん、これはこれできわめて厄介なことになるという直感は抱いた。

そこから、あらためて、ケア関連専門職を養成する施設・学校とはいかなる法制度に基づいて生まれてきているか。ケアという概念あるいはイメージが学問の世界や社会に浸透・普及してくるのがおよそ1990年代に入って以降、とくに2000年以降だとすると、そもそも「ケア」という用語自体が、さまざまな学校種で展開されている専門職養成教育のなかでいかなる扱いを受けているか。また、それぞれの専門性の定義などとかかわって「ケア」がどのように論じられているか。ケア関連専門職間の関係はどうなっているか。それぞれが抱えている問題あるいは共通して抱えている課題はどんなことか。そんなことへの関心が増してきた。だが、そのあたりを概観でもいいから見通せる文献はないものかと探したのだが見いだせなかった。

もちろん、このような問題意識を持ったとしても、それはそれで、証明していくことは容易ではないことも感じていた。教育あるいは授業のありようはカリキュラムやシラバスなどから表面上見えたにしても、それ以上は事実上ほとんど見えないからである。しかも、多少なりともかじっていた社会福祉分野であればそれなりの事情がわかっていたにしても、何よりも複数の領域を同時に眺めてみることは、それだけでも専門外の分野に越境する勇気が必要になるからである。くわえて、このあたりは「無視される」可能性の高いことを念頭に置くと、躊躇するところでもあった。だが少しでも、関連する専門職養成校教員が連携して取り組まなければならない課題を明らかにすることに貢献できれば、という思いに駆られて挑戦しているのが本書である。

先に触れた「ケアの未来をひらく」というフレーズをどう考えるかは一人ひとりの教育者や研究者のレベルで、その関心に即してイノベーティブであればいい。これまでの多くの臨床経験や蓄積された知識や技術あるいはケアをめぐるさまざまな議論や研究から学ぶべきものは多い。だが、これほど多くの関連する学校が存在するとき、また「職業教育」に関する新たな大学制度が議論されているとき、上記に述べてきた問題意識は、一度は正面切ってだれかが何らかの形で検討しておかねばならないテーマだと思う。

このような、学問的関心というより、学長としての実践ということを意識しながら、ようやく紆余曲折を経て日の目を見る結果となったのが本書である。それもこれも、だれもが経験できない学長職という場を与えられたからこそ、である。名寄市立大学・名寄市の関係者のみなさんに厚くお礼を申し上げる。とくに、すでに転出している教員もいるが、廣橋容子、結城佳子（看護学科）、吉中季子、長谷川武史、松岡是伸、江連崇（社会福祉学科）、中西さやか、小尾晴美（社会保育学科）には、途中で未完成の原稿に目を通し、貴重なコメントをいただき、あらためてここで謝意を申し上げたい。また、明石書店の神野斉編集部長には今度もお世話になることとなった。記して感謝したい。

本書がケア関連専門職養成教育にたずさわる関係者にとって、少しでも役に立つ「捨石」（とくにこの言葉はいくつかの意味があるが、ここでは、「土木工事の際、水底に基礎を作ったり、水勢を弱くしたりするために、水中に投げ入れる石」「現在の効果はないが、将来の利益を予想してする行為」といった解釈：大辞林）になれば幸いである。

目次

ケア専門職養成教育の研究——看護・介護・保育・福祉　分断から連携へ

第4章　専門職の専門性基盤と職能団体・学会
——ケアのアイデンティティをめぐる分断の構造……169

第5章 専門職の社会的評価の現状と対応――分断のなかの資格階層化志向 …… 241

序章 課題と方法——ケア関連専門職養成教育の検討のために

1 課題——なぜ養成プロセス俯瞰の試みか

日本のケア関連専門職養成校（大学・大学院、短期大学、専門学校等）は、国民の高齢化・長寿化、女性の社会進出と家族の変化にともなう介助・介護・看護や養護・保育・教育の社会化、あるいは地域福祉・地域包括ケアシステムの推進の必要性、関連する職業従事者の確保、国民・国家の「健康」への関心の高まりなどを背景に、総じて増加の一途をたどってきた。むろんそこには、同時に医療や福祉関連サービスの市場化、効率化といった国家や産業界などからの要請もあった。

職種によって違いはあるものの、看護系の急増はいまも続いている。その増加の形態（単科あるいは増設など）はさまざまだが、この間には、看護、コメディカル関連学科、社会福祉関連学科などからなる、ある「ケアのまとまり」（いわゆる「医療福祉系大学」「保健福祉学部」的な呼び名の）を持つ大学が設置されてきたことも特徴としてあげられる。筆者の勤務していた大学（名寄市立大学）もその一例である。そこでのシンボリックな合言葉は、しばしばケアにかかわるさまざまな関連領域を含んだ上位概念としての「ヒューマンケア」「ヒューマンサービス」などであり、それぞれの大学の特色としてホームページなどで公表されている。これらの大学を含むいくつかが、その学科構成上の「総合性」といった性格もあり、しばしばその背景にいわゆる「連携教育」を大学の基礎教育あるいは専門教育として位置付けている。

本書の一つの関心は、そのことを意識しつつ、もしこのように「ヒューマンケア」「ヒューマンサービス」といった類の概念を専門職養成教育の上位概念の標語として掲げ、その教育目的を追求しようとするならば、それと並行して、少なくともケア関連専門職養成の中核を構成するとしていいであろう複数の領域の教育のありようをある共通する視点から眺めてみること、その入り口から出口まで多様な形態と現実があることをともあれ見ておくことがまず必要ではないか、というところにある。つまり、いくつかの専門職養成領域を対比させながら、さしあたってそれぞれの養成プロセスの共通性と差異、その後（就職後）の展望をしたときに見えてくる教育課題を浮き上がらせる、いわば俯瞰図のようなものを描くことをねらっている。そのきっかけは端的に、学長職にあった筆者が、特色ある大学経営の構築という視点からそのことを「知りたい」ということにあった。だがそれに応えてくれるような研究は見いだせなかった。また、連携教育に熱心なそれぞれの大学においても、その基盤となるようなケア論あるいはヒューマンサービス論が完成されているとは思えないと推断したことも大きな執筆動機である。

さらになぜ、まず養成プロセスの俯瞰図かと言えば、以下のような状況も考慮に入れている。

第1に、専門職によるケアあるいはケアリングという行為は、関連する諸法律によって国家の強いコントロールの下に置かれている。そのこともあり、（日本では）養成教育自体がたいていは複数の行政官庁の指導の下にあり、その内容はいわゆる指定規則などを基礎にして成り立ち、その出口も国家試験（必要な共通の基準をクリアすること）で「質の担保」が図られている。しかし、職種によって指導する官庁の部局もそれぞれ異なっており、かつ職種ごとの社会的評価には相当の格差があり、さらに同じ職種においてもいわば学歴格差、学校間格差という「階層性」を内在させている。また、職種ごとの国家資格化もかなりのタイムラグがある。それらの特徴が結果として、さまざまな職種がかかわるケアの現場に何をもたらしているかなど、私見だが「知りたい」という欲求を満たすだけの研究があるとは思えない。だがそれらは、職種間あるいは同一職種間の分散・分断の要因の一つにもなっており、実践上の連携を複雑にし、「ケアの壁」となっている可能性も高いはずである。

第2に、国家の主導の下に将来需給を予測し、「計画的」に養成されているはずのケア関連専門職だが、看護、介護職あるいは保育職など、ケア行為をもっとも直接的に体現している職種を中心に「不足」「潜在化」が社会問題となり、未だ解消されないままとなっている。そこには、社会的評価とかかわった待遇条件の劣悪さや職場のワークライフバランスのありよう、あるいは社会規範（性別役割分業意識など）が依然として大きな影響を与えていることがある。つまり、この背景には、さまざまなケア労働に対する日本社会・国民の理解の問題や関連する諸制度のありようという厚い壁がある。それがまた、結果的にケア関連専門職養成教育や学校経営にも大きな影響を与えている構図がある。もう少し踏み込めば、学校（養成校も含んで）は法人としての利益を追求する存在でもあることから、国公私立を問わず、受験生すなわち社会からの資格に関する「将来評価」に敏感に反応しているということである。理想の追求も、個々の研究者にとっては自由にできるにしても、経営体としては壁に阻まれる。

第3に、以上のようなさまざまな壁を見通したとき、いわゆる「ケアの倫理」として哲学や倫理学で論じられてきたケア論がどれほど有効なものとなっているかは、養成教育という視点からは疑問がいくつも湧いてくる。とくに実践との距離の問題がそこには大きく横たわっている。だがその疑問をもっと明示的なものとし、その懸隔を埋め、養成教育の立場からケア論を展開させていくためには、その前にどうしても通らなければならない通過点がある。それがここで扱う国家が主導するケア関連専門職養成教育現場の分析ではないか。少なくとも、いまや複数の河川（領域）が絡み合って大河となっているこの「教育セクター」の〝いま〟をある距離から眺めてみておかなければ、すなわち、アカデミズムの世界とケアの現場の世界に橋を架ける土台をつくる作業をしておかなければ、ますます社会の再生産にとって重要な位置を占めるケアセクターの未来はひらけない。現場でのさまざまな連携実践の分析とともに、このあたりに大きな見えない空白地帯がある。

2　方法――俯瞰図作成のフレーム

(1) ケア、ケアリング、ケアワーカー、ケア専門職

ケアあるいはケアリングの定義に関しては、多くの議論がある。だがここでは、そこらにはあまり踏み込まず、まず辞書による定義から見ておきたい。

Oxford Dictionary of ENGLISH（2003）によれば[1]、英語のcareという単語には、名詞（質量名詞）としてこんな説明が掲載されている。**The provision of what is necessary for the health, welfare, maintenance, and protection of someone or something**（健康、ほどよい生活、その維持、そしてだれかあるいは何かの保護に必要な何かしらの対策）。さらに（可算名詞）として、an object of concern or attentionあるいはa feeling of or occasion for anxietyとある。続いて動詞の説明に移り、（自動詞）として、①feel concern or interest; attach importance to something、次いで②（care for）look after and provide for the needs ofとある。その後に、成句としてtake care ofなどが掲載されている。

caringという単語に関しては、形容詞として、displaying kindness and concern for othersといった説明がある。また名詞（質量名詞）として、**the work or practice of looking after those unable to care for themselves, especially the sick and the elderly**（自分自身ではケアできない、とくに病気にある者と高齢にある者を世話する仕事あるいは実践）と説明しており、修飾語としての例文について、**the caring professions**（医療福祉専門職）があげられている。なおprofession（専門職）とは、**a paid occupation, especially one that involves prolonged training and a formal qualification.**（とくに長期の訓練と公的な資格を必要とする有給の職業）とある。

このように見ると、ケアリングが実践活動あるいは職業的意味が強く含まれた単語であるのに対して、その基盤となって幅広く使われるのがケアという単語であることがわかる。以下では、ケアあるいはケアリングという用語は主に右の太字の英文の意味を中心に使っていくこととする。

ところで、ケアあるいはケアリングの対象となる人びとについては、病気を抱える人びと、高齢で何らかの援助を必要としている人びとだけでなく、障害を持つ人びと、乳幼児や子ども、さらにはさまざまな不利益を被っている人びとまでを含んでいることは、同じ*Oxford Dictionary of ENGLISH*による、ケアあるいはケアリングを実践している人びとの説明からもうかがうことができる。なお、ケアを与える人びとに関して言えば、家族によるケアを思い起こせばわかるように、すべてが**the caring professions**ではないことも留意しておかねばならない。歴史的には、家族や家族に雇われたような人びとが中心であったし、現在も量的にはおそらく圧倒しており、フォーマル・インフォーマルな供給のありようは、社会・国家によってさまざまである(2)。

さらに、**the caring professions**以外に、こんな説明をしていることに留意したい。まずケアラー（carer）について言えば、carer（名詞）<Brit.>として、**a family member or paid helper who regularly looks after a child or a sick, elderly, or disabled person.**（子どもや病気にある人、高齢者や障害を持つ人をきまって世話している家族のメンバーあるいは有償のヘルパー）とある。なおこれに近い言葉として、主に北米では caregiver が用いられているようだ。また、ケアワーカーについて言えば、care worker（名詞）<Brit.>として**a person employed to support and supervise vulnerable, infirm, or disadvantaged people, or those under the care of the state.**（ちょっとしたことで不調に陥りやすい、高齢や病気で弱っている、不利な状況で苦しんでいる人びと、あるいは国家の保護の下にある人びとをサポートし、見守るために雇われている人）とある。

つまりケアにかかわる人びとは、家族構成員や友人・知人あるいは隣人から、資格を持たない家事援助者や手伝い、そしてケアワーカーとして職業化しつつも国家資格のようなものを付与されていないインフォーマルなケアワーカー、くわえて資格を持ったさまざまなケア関連専門職までの、きわめて多種多様な存在から構成されており、ケアにかかわる実践もいわば現実的には「パッチワーク的ケア」とも呼ぶべき状態が通常でもある。しかし20世紀以降、とくに世紀転換期から現代においては、ほぼどの先進国においてもケアに関連する労働の専門職化が進行している[3]。だがたいていは、その安定的確保や財政上の壁にぶつかっている状況にもある。

(2) ケアの制度化、職業化、養成教育化

そしてそこでは、たとえば看護師等（保健師・助産師を含む）、コメディカルな専門職の典型例としての理学療法士・作業療法士など、あるいは管理栄養士、また介護福祉士、社会福祉士・ソーシャルワーカー、保育士・幼稚園教諭、小学校教員などによるケアの一般的提供そのものが、あるときは対人関係レベルで臨床的に論じられ、またあるときは社会に不可欠な制度・政策などとのかかわりで論じられている[4]。それは一言で「ケアの社会化」の拡がりの現れである。あるいは、ケアの制度化・職業化・養成教育化と言ってもいい。

たとえば広井良典はそのあたりの展開をこう表現している。「これらは全体として、『職業としてのケア』の成立、あるいは『ケアの社会化』と呼びうる現象である。そして大きく見れば、これらのケアは、もともとは家族や地域コミュニティの中で行われていたものが（主として国家ないし政府という

装置を媒介にして）制度化ないし社会化されていったといえる。しかもそれは職業としての資格化ということにとどまらない。そうしたケアを受ける場合は、それが家族や地域コミュニティの枠を超えて行われるので、何らかの金銭的な対価が必要になり、それを保障するものとして、医療や福祉については社会保障制度、教育については教育制度ないし学校制度といった、その財政的な支援に対応する制度が整備されていったのである[5]」。

さらにまた、もう少し専門職養成教育に踏み込めば、次のように叙述される面もあるであろう。教育社会学の視点から橋本鉱市はこうまとめている。「20世紀に入り第一次大戦や世界恐慌を契機として、先進諸国では中等・高等教育の在学者が拡大し、教育とそれに対する社会的要請、とくに技能労働力の需給バランスに関して、国家による調整が必要になっていく。またこれと並行して、医療・保健・福祉関係の社会支出も増加し、それに伴って国家の役割として機能が肥大し、社会階層に対する介入や管理も増大する。つまり、いわゆる行政国家の進展、福祉国家化の成熟とともにさらに中央政府の役割は大きくなり、三者の関係（国家・大学・市場あるいは職能団体――引用者挿入）はさらに大きく変化して従来とは異なる様相を呈することになる。アクターとしての国家の持つ意図や目的を抜きにしては、もはや専門職養成は行い得なくなっていくのである[6]」。

このように、本書の位置はケア関連の専門職養成学校論・教育論あるいは専門職養成制度論に近いところにもある。関連して言えば、橋本鉱市らの研究グループによるアプローチは、教育社会学からさまざまな領域にまたがった「専門職養成」に関する研究として成果をあげてきている[7]。本書もまた、それが医師、薬剤師、看護師、管理栄養士、社会福祉士など、筆者の関心ともまともに重なっている

図序－1　ケア関連専門職養成教育と問題意識の構図

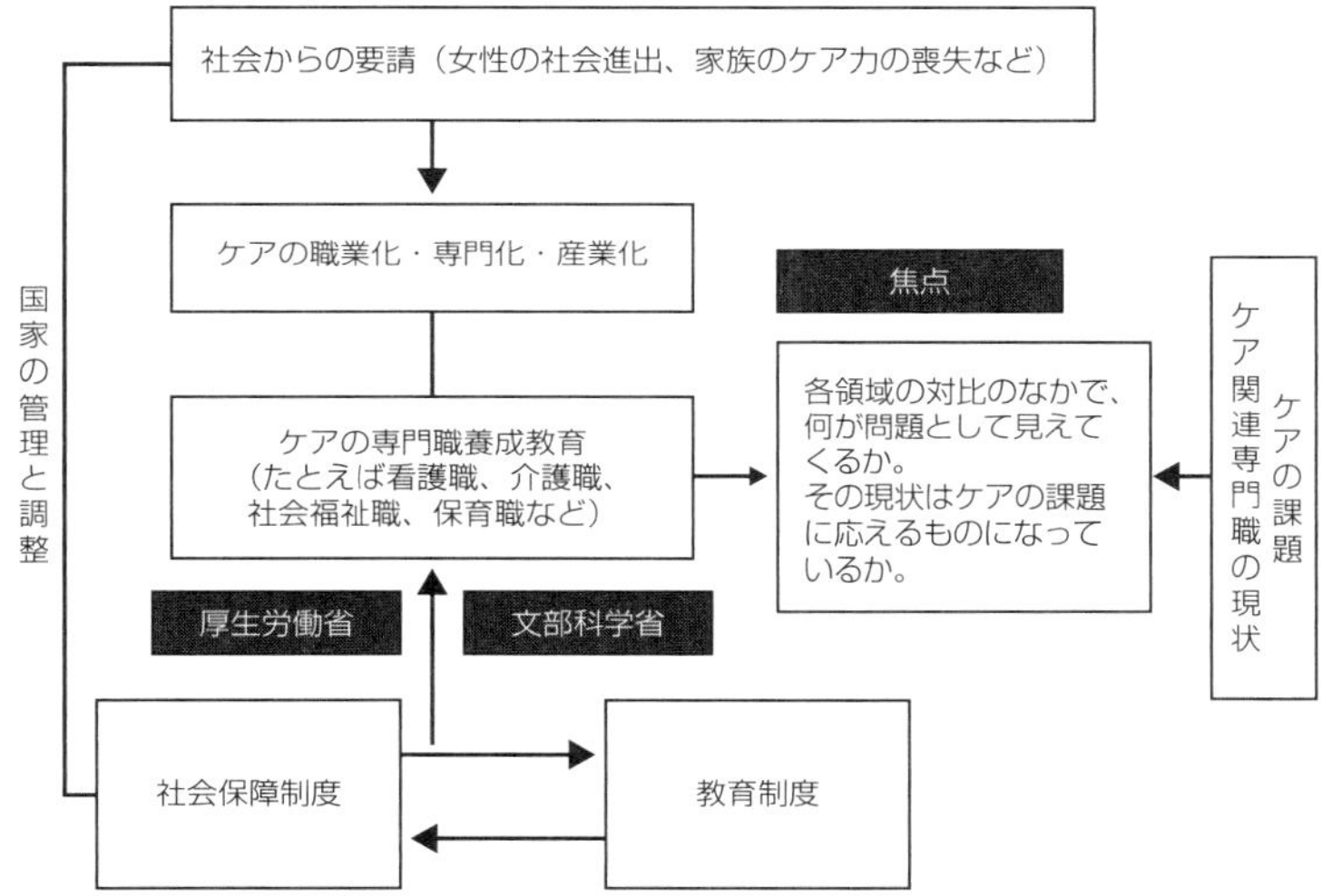

注）筆者作成

領域を扱っていることから大いに参考にしている。しかし橋本らのそれは、本書全体を貫く「ケア関連専門職養成教育の俯瞰図」への焦点化、そこでの共通する教育課題（専門性基盤の明示化や実践現場から求められている連携教育など）の把握を問題にしているわけではないし、先にあるケア関連業界の連携・連帯の可能性を展望しているものではない。

(3) 注目する諸視点

以上を意識して、本書が扱おうとする課題をある構図のなかに位置付けしようとすると図序－1のように描くことが可能だろう。

こうして、それぞれの専門職養成学校の形成、それを支える法制度、それに基づく教育課程や国家試験への対応まで、そしてその後の就業状況まで、代表的な複数の専門職養成領域を対比的に眺めていったのが本書である。もちろんそこでは、教育の共通基盤の確認といったことも意識されているが、そのことを意識すればするほど、対比という素朴な方法は、同時にそれぞれの専門性・固有性を問うものとなる。また、連携にかかわる分断や壁の明示化にもつながっていく。さらにまた、そのことを通じて、それぞれの専門職とケアの概念をめぐる議論とのかかわりも視野に入ってくるはずである。とはいえ、それぞれの専門領域の「専門性」「固有性」を直接議論の対象に置いているわけではない。あくまで、本書に必要な限りでの概観的言及である。

具体的には、次のような共通する関心が本書全体の分析上の留意点として置かれている。①関係官庁・部局による各専門職領域の規則等による関与の質と量も相当の違いがあるのではないか。②くわえて、同じ職種でも複数の種類の学校群や諸施設によって養成されている（多様なコースを通じて）という現実がある。なぜか。③そのうえ、専門領域ごとに、たとえば授業科目名に対するケアという用語に対する距離感や使用頻度にも大きな違いがある。それは突き詰めると、それぞれの専門職（団体）がケア概念をどう取り込みながら自己規定しているか、あるいはしていないか、といったこととも かかわった問題でもある。④卒業後の専門職としての社会的評価には職種間で相当の格差があるが、これに関連職能団体などはどう対応し、それが結果的に何を引き起こしているか。⑤そのなかで、先に示唆したごとく、現場では専門職間連携が求められ、在学中に連携教育が取り組まれているものの、その導入・普及にも差があり、その成果はそれほど明確になっていない。そこに何があるのか。

とくに④は、今日のケア関連専門職が直面している労働環境と離職率との関係、職場のワークライフバランスのありよう、国民の性別役割分業規範意識とも関連したケア労働の理解とかかわり、さらにはケアの仕事にプロとして従事していた資格保有者の「潜在化」ともリンクしている問題でもある。⑤は、さまざまな人びとが抱えるさまざまなケアの課題解決（ニーズの充足）には、ますます専門職間の連携や家族など非専門職との連携が求められている状況にある。だがそれに応えられるような教育になっているか、といった連携教育の評価とも関連してくるポイントである。

もちろん、こういう諸視点を設定したとしても限界はある。なんと言っても、たとえ個々のシラバスは見ようと思えば見えても、それぞれの教員が担当する授業などの中身までは知ることは難しいからである。だがまずは、このような枠組み（「フレーム」）から全体を眺めつつ、ケア関連専門職の養成教育上の基本問題を剔抉してみようというわけである。

3　本書の意義と目的――養成教育をケアの議論に据える

以上のように、本書は社会に必要不可欠な制度（社会保障制度）としてのケアにかかわる専門職養成あるいはそのための学校（教育制度）における教育、そしてそれを支えるそれぞれの職種の専門性や社会的評価、さらには関連するそれぞれの学問分野における研究状況（とくに専門性基盤と「ケア」）をめぐる議論を扱う。それはそのことを通じて、今日の領域ごとに「分断された教育」の現状、及びケア関連専門職あるいはその養成教育全体が抱えている「見えない壁」の多層構造を明らかにする、そのことにつながらせたいという意図があるからである。

それは言い換えれば、こういった現実の養成教育プロセスの俯瞰図（それは専門職間連携の壁をも含んだ）くらいは描いておくことが、今後のケア関連専門職の地位向上や連携教育をも含んだ専門教育の充実、そのことにもかかわったケア関連専門職団体や学科・学校間の連帯の雰囲気の醸成、あるいは関連する養成学校そのものの社会的役割を明確にさせておくためにも、とくに重要ではないかという問題意識に支えられている。それだけ関連する学校は増え、関連従事者もいまや全就業者のなかでメジャーな存在となっているからである。そしてこれは本書の範囲を超えることだが、これらを明らかにしておかない限り、専門職養成のための「ケア論」は展開できないと考えるからである。それらに関連して、以下さらに3点ほど言及しておきたい。

第1は、先に述べたように、「ケア」を上位概念としておきながら関連専門職の養成養育プロセスを見ていくことが本書の課題であるが、それはフェミニズムの視点からする「再生産労働」の概念にかかわって言えば、「生命の生産」の仕事に専門職として従事しているという共通の任務をもった存在に対して、とくに養成教育面からアプローチすることを意味している。

ここでその「再生産労働」の意味について言えば、仁平典宏が次のようにコンパクトに説明しているのが参考となる。すなわち、「生産領域で『賃労働する身体』には、誰かが生み、育て、食べさせ、世話をし、動けなくなったら介護するという『他者のための労働』が不可欠である。これらは長いあいだ市場の外部（家庭）から女性によってタダで調達されるとみなされてきた。このような家事・ケア労働を、フェミニストたちは、商品を生み出す『生産労働』に対して、労働力や人間自体を育む『再生産労働』と呼び、これこそが資本や男性に搾取されていると捉えた」[8]と。そして、このようなフェミニズムが切り開いてきた新たな視点と社会が必要としてきたケア労働への注目、その職業化・専門職化あるいは制度・政策化がリンクしながら、今日のさまざまなケアの論議がある。

このことを前提に、フェミニズムの視点を代表する上野千鶴子による、「なぜケアを上位概念としうるか」という点にかかわった見方を次に紹介しておきたい。上野は言う。「理論的には、それ（介護：引用者挿入）を『再生産労働』と呼びうるのは、『人間の生産』（または『生命の生産』ともいう）を指すに至った『再生産』の概念が、生産・流通・消費のほかに移転・廃棄・処分を含むと考えることができるからである。そう考えれば再生産労働を、生誕から死亡までの人間の生命のサイクルのすべてに関わる労働、と再定義できる。そして再生産労働に育児・介護・介助を含めることで、これらすべてを包含する上位概念として『ケア』を用いることとする。……『ケア』にはたしかに再生産のサイクルの両面、成長期と衰退期の生命のサイクルのすべてがかかわっており、それにともなってケアの概念を育児のみならず介護、介助、看護へと拡張することができる[9]」。

このように、もしも「ケア」を上位概念として、ケア関連専門職養成校の教育課題に取り組むことを位置付けようとするならば、関連養成校とそこから供給される専門職は、先に述べたような「生命の生産」「再生産」に大きな役割を果たしており、膨大な無償労働やインフォーマルな労働（ケアラー）とともに、新たな有償専門職労働として「ケアの社会化」の最先端を支えているということになる。

第2は、「ケア」をさまざまな労働あるいは関連する職種の上位概念に置くというときに、さらにそれを「生命の生産」を支える「生活の再生産」という意味合いにおいて捉えることによって、ケアの課題（とくにたいていは複合的な諸要因が絡み合って構成されている多様なニーズ）に具体的に応えられるとともに、そのことがケア関連専門職養成教育の重要なポイントになるということ（上記⑤とかかわって）である。

たとえば、ケアリングを看護の専門性として主張するアメリカの著名な看護研究者パトリシア・ベナーらが次のように述べることは、専門外の者としてもなるほどと思う。「看護婦にとって病気と疾患ははっきり区別される。疾患（disease）が細胞・組織・器官レヴェルでの失調の現れであるのに対し、病気（illness）は能力の喪失や機能障害をめぐる人間独自の体験である」「病気と疾患は双方向的に影響を及ぼし合う。人間の体験としての病気は、希望・恐怖・絶望感・否認といった意味的媒体を通じて疾患に影響を及ぼし、逆に疾患は神経内分泌その他の身体変化と身体状態（空腹・疲労・渇き・筋力低下・麻痺など）の直接的作用を通じて病気体験を変化させうる[10]」。

だが、疾患として捉えても、病気として捉えても、これらが階層性を帯びたものであることは、「健康格差」を強調する社会疫学などが明らかにしてきたところである[11]。また実際、治療（キュア）そのものも受けることができるかどうかということだけでも大きな不平等があるのが現実である。そしていわゆる生活習慣病を想起すればわかるように、生活をめぐる社会経済的格差の影響がそれにリンクしているとすれば、その解決は「生活問題」の解決としてもあらねばならない。

ここでわかりやすい例を一つあげておこう。これはアメリカのピューリッツァー賞受賞者のジャーナリスト、デイヴィッド・K・シプラーによるワーキングプアの貧困の実態を描いた著書からの引用だが、生活全体を捉えることの重要性がよくわかるので紹介しておきたい。序章でなぜ、と思うかもしれないが、本書全体を通して重要な視点でもあることから引用しよう。

「実際には、あらゆる家族にとって、貧困の構成要素は、一部分は財政のことであり、一部分は心理的なことであり、一部分は個人的なことであり、一部分は社会的なことであり、一部分は過去のことであり、一部分は現在のことである。あらゆる問題がほかの問題のインパクトを増大させ、すべてがタイトにインターロック（連結）されているので、一つの失敗がもともとの要因からはるかに大きな結果をともない、連鎖的な反応を生み出す。壁の落ちたアパートが子どもの喘息を悪化させ、それが救急車を呼ぶことにつながり、払えない医療費を発生させ、クレジットカードを破産させ、高い利子率のローンに依存させ、故障しやすい中古車の購入を強制させ、母親の職場での時間厳守を危うくさせ、昇進と稼ぎを制限し、貧困な住宅にとどめさせるのである」「問題がインターロックしているならば、それゆえ、解決もそうあらねばならない。仕事だけでは十分ではない。医療保険だけでは十分ではない。いい住宅だけでは十分ではない。たよりになる交通機関、慎重な家庭のやりくり、効果的な子育て、効果的な教育も、それぞれがバラバラに達成されるときは十分ではない。ワーキングプアを貧困のエッジから離すのを援助するために、すべてを変えられるような単体の変数というものはない。すべての諸要因が攻撃されたところでのみ、アメリカはその約束を果たすことができる[12]」

ここからは子どもの喘息に対する医師、看護師のケアだけでなく、その他の保育や教育によるケア、清潔な住宅の確保というケア、この先に見通されるかもしれない公的扶助による生活の維持をめぐるソーシャルワーカーなどによるケアなど、さまざまなレベルのケアの形が想起されるであろう。そしてこう考えることによってまた、その実践上の位相の違いはあったにしても、多様なケア関連職の果たすべき役割を「同一線上」「同じ土俵」で議論することの意味もいっそう明白なものとなる。ここらの諸問題にかかわるさまざまな職種間の括りをどのように考えるかは国によって異なるようだが[13]、本書はその点では、成清美治も述べているように、「元来ケアは医療・看護・介護・福祉・養護等の上位概念であり……[14]」という立場に立とうとするものである。

そして、このような視点をさらに展開させ、関連する専門職養成教育のありようから諸制度まで、いわば〝ケアの対象〟〝ケアの課題〟〝ケアの関連専門職〟などとしてそれぞれ連携させて論じていくことは、つまるところ、いわゆる〝ヒューマンインフラ[15]〟の課題に取り組むことにもなる。かくして、「再生産労働」や「福祉労働」からシステムまで含んで、ヒューマンインフラとして安定すればこそ、社会の生産・再生産の安定も確保される。経済の視点からケアを位置付ける田中洋子はこう述べる。「ケアを経ることで次の活動が可能となるという意味で、ケアは経済活動にとって必要不可欠な基盤である。経済とケアがうまく循環することにより、社会は全体としてその成員の健康や活力を保ち、それによって生産や市場を活性化させ、社会を次世代へ継承していくことができる。経済とケアのバランスが保たれることではじめて、社会は持続可能な形で維持されてきたと考えることができる[16]」。

このように、ケアの関連専門職の役割なりを「生活の再生産」からさらに「社会の再生産」まで視野に入れながら位置付けることによって、関連専門職養成校の教育や存在意義ももっと明らかなものとなるだろう。

第3に、いずれにしても、とくに長い目で見たときの意味はもっと大きいとも言うことができる。たとえば、いまや大卒の10％前後を占めるに至った勢力としての「保健医療従事者」の存在を考えると、それぞれ社会的評価など職種ごとに違いがあり、国家規制の影響を大きく受けている存在だが、すでに述べた位置付けから示唆されているように、その多くがケアの専門職としての与え手の当事者であり、受け手にもっとも身近に接している存在だからである。と同時に、他方で周囲の社会のケア認識を変えていく大切な、しかもきわめて大きな勢力でもあるからだ。しかし、これほど大量に人材を供給している養成校において、一方（哲学や倫理学など）で蓄積されているはずのケア論がどのように教育課程のなかで扱われているかはわからない。少なくとも管見の限り、個々の専門領域でケアに触れている教科書はあっても、たとえば哲学や倫理学、政治学、教育学などにおける「ケアの倫理」をめぐる議論と専門職養成教育がうまくつながっているとはとうてい思えない。ここにも、ケアをめぐる「大きな溝」が横たわっている。そして本書のような問題意識に立つと、「ケアの倫理」をめぐる議論自体もまた、現実の壁から分断された世界にあるようにも思える。

しかし、とくに本書が背後でもう一つ意識しているのは、本書分析後の課題への連繫である。おおげさに言えば、現代社会に不可欠な構成部分、医療や福祉あるいは教育などに関連する産業セクターに従事していく人びとに、もしも「ケアの倫理」をめぐる議論、とくに「ネオリベラリズムに対するオルターナティブ[17]」となる倫理を内包するようなケア論が提供されていったとしたら、といった期待も含んでいる。また、ケア・ケアリングは民主主義の実践課題であり、民主主義を育てる政治的課題を持っているという議論への共感である[18]。そして、さまざまなケアに専門的に携わる人びとを養成する場、そのこと抜きにはまったく現代社会が成り立たない歴史段階にあることを意識したケア関連専門職養成教育研究、これをケア研究の一角として、もっと重視して位置付けていこうという展望を見通している。なぜなら、現在においてもなお、ケアをもっとも多様な視点から論じているような代表的な基本文献でも、養成教育（個別の専門職養成領域で論じられているとしても）はケア論の一環としてまともには扱われていないからである[19]。

以上のような問題意識をバックに、本書は以下のように構成されている。第1章：専門職養成基盤の形成――ケアの産業化、第2章：専門職養成ルートの多様性――階層性と「規制」、第3章：専門職養成教育のコントロール――教育の分化の困難と対置できない理想、第4章：専門職の専門性基盤と職能団体・学会――ケアのアイデンティティをめぐる分断の構造、第5章：専門職の社会的評価の現状と対応――分断のなかの資格階層化志向、第6章：専門職養成における連携教育の現状――「ケアの見えない壁」をどこまで意識しているか、である。

【注・文献】

（1）*Oxford Dictionary of ENGLISH*. Oxford University Press. 2003. Canon wordtank G70.

（2）それらがまた、とくにその国の社会政策・社会保障・社会福祉などのありように焦点を合わせた、いわゆる「福祉レジーム論」「福祉国家類型論」として、G・エスピン・アンデルセンの業績を基軸に議論されてきているのは周知のところだろう。関連文献は多いが、ここでは出版年が新しく、世界各国の福祉レジームを概観しているものとして、新川敏光編著『福祉＋α 8 福祉レジーム』ミネルヴァ書房、2015年、などをさしあたって参照。

(3) このあたりの状況は、多くの文献で言及されているところでもある。しかし、ナース、ソーシャルワーカー、ケアワーカー、チャイルドケアワーカー、小学校教員など、さまざまなケア関連専門職をいわばひと括りにして論じているものは多くはないようだ。そのなかの一つとして、専門職が「半専門職」によって代替化されていくようすも含んで、これを分析しているDuffyらによる文献は興味深い。そのタイトルは、〝Caring on the Clock〟(時間に追われる、分刻みの仕事とでも訳せようか)であり、それだけでもポイントをついている。Duffy, M., Armenia, A., and Stacey, C. L. eds. *Caring on the Clock: The Complexities and Contradictions of Paid Care Work*. Rutgers University Press. 2015.

(4) このような、いわばケアのミクロとマクロの二つの側面の捉え方については、たとえばILOから2001年に出版された*CARE WORK: The Quest for Security*などの著者でもある社会学者Mary Dalyは、「病気の人々、高齢者、扶養すべき子どもを世話する活動や関係に関連づけてケアが定義される。ケアには注目すべき点がたくさんある。ケアは対人関係のひとつの形であると同時に、社会的な要求、あるいは社会に必要な活動である。それゆえ、ケアは親密な人間関係と対人関係にかかわるという意味では特殊であるが、同時にまた、社会の一部であり社会に不可欠なものであるという意味では一般的である」と述べている。メリー・デイリー、キャサリン・レイク著（杉本貴代栄監訳）『ジェンダーと福祉国家─欧米におけるケア・労働・福祉─』ミネルヴァ書房、2009年（原著出版は2003年）、49～50頁。

(5) 広井良典「いま『ケア』を考えることの意味」同編著『講座ケア 1 ケアとは何だろうか─領域の壁を

越えて―』ミネルヴァ書房、２０１３年、９～10頁。

（6）橋本鉱市『専門職養成の政策過程――戦後日本の医師数をめぐって』学術出版会、２００８年、35～36頁。

（7）橋本鉱市編著『専門職養成の日本的構造』玉川大学出版会、２００９年、同編著『専門職の報酬と職域』玉川大学出版会、２０１５年、など参照。

（8）仁平典宏「揺らぐ『労働』輪郭―ケア・協働・アンペイドワーク」仁平典宏・山下順子編『労働再審⑤ケア・協働・アンペイドワーク―揺らぐ労働の輪郭―』大月書店、２０１１年、16～17頁。

（9）上野千鶴子『ケアの社会学―当事者主権の社会へ―』太田出版、２０１１年、96頁。

（10）パトリシア・ベナー、ジュディス・ルーベル（難波卓志訳）『ベナー／ルーベル　現象学的人間論と看護』医学書院、１９９９年（原著出版は１９８９年）、ix頁。

（11）関連する文献はいくつかあるが、さしあたって最新のものでは、近藤克則編著『講座ケア４ケアと健康―社会・地域・病い―』ミネルヴァ書房、２０１６年、がある。そこでは、社会疫学の研究動向（福田吉治）や「ケアにおける〝多対多〟モデル」（野中猛）などが論じられている。なお筆者（青木）は、これまでの自身の貧困・不平等研究のアプローチを含めて、ノーマン・ダニエルズ、ブルース・ケネディ、イチロー・カワチ（児玉聡監訳）『健康格差と正義――公衆衛生に挑むロールズ哲学』勁草書房、２００６年（原著出版は２０００年）における、「われわれは保健医療をめぐる論争の枠を広げ、（重要であるとはいえ）医療へのアクセスを拡大することだけに議論が集中するのを避け、問題の根底にある社会経済的格差を――幼少期の児童への介入、栄養改善、労働環境の改善、所得再分配を通じて――是正することに議論をシフトさせるべきである」（xx頁）とする問題提起と同じ立場に立っている。

（12）Shipler, David K. *The Working Poor: Invisible in America.* Alfred A. Knopf. 2004. p.11. なお同書は、

森岡孝二・川人博・肥田美佐子訳『ワーキング・プアーアメリカの下層社会―』岩波書店、２００７年、として翻訳・出版されている。「インターロック」という言葉を強調したく、原書の引用部分を筆者が訳した。関連するものに、青木紀「インターロックされ、リンクしている社会福祉の対象」『社会福祉学』第48巻第2号、２００７年、もある。

(13) その点について、たとえば三富紀敬は、ヨーロッパのケアワーク研究から、「デンマークでケアワークという場合には、社会・保健サービスヘルパー……などに加えて、保育施設の教師やソーシャルワーカーなども担い手を構成する。スウェーデンも同様」「ケアワークの範囲は、こうしてみるとデンマークとスウェーデンにおいて広く、イギリスで狭い。前者におけるケアワークは、教師やソーシャルワーカーなどをそのうちに含むかどうかなどを基準にして判断すれば、その専門的な職業としての地位はおおむね高く、後者のそれは、専門的な職業をそのうちに含まないことからも、その社会的地は低い」としている。同『欧米のケアワーカー―福祉国家の忘れられた人々―』ミネルヴァ書房、２００5年、59頁。

(14) 成清美治『ケアワーク入門』学文社、２００9年、30頁。

(15)「ヒューマンインフラ」という用語にはいろいろな使い方があるようだが、ここではMignon Duffyらの提起の意味で参考にしている。かれらはこう述べている。有償、無償領域を通じた再生産労働の特徴を定義づけるのは、社会のベーシックな社会的、経済的福祉を維持、再生産するというその基礎的役割にある。このような基本的な考え方を表現するために、その延長上にヒューマン・インフラストラクチュアという用語を使用する。具体的に、アメリカの家族の一連のニーズに十分に取り組むヒューマンインフラは、われわれの経済、社会、そして市民生活を支えるのに、物理的インフラと同じように、重要なのである。ケアを提供する強力なシステムは、社会の多くの構成員に多大な利益をもたらす。その一つに有償ケアワーカーもある。（3）の文献、7~8頁。

(16) 田中洋子「経済とケアの再設計」広井良典編著『前掲書』126頁。

(17) ファビエンヌ・ブルジェール（原山哲／山下りえ子訳）『ケアの倫理――ネオリベラリズムへの反論』白水社、2014年（原著出版は2011年）、125頁。

(18) Tront, Joan C. *Caring Democracy: Markets, Equality, and Justice*. New York University Press. 2013.

(19) たとえば、広井良典らによる編著からなる『講座ケア』（ミネルヴァ書房）の4巻本でも、そのねらいは領域を超えてもっと広く、深く論じてみるとしながらも、養成教育についてはほとんど言及されていない。また少し古いが、上野千鶴子らによる岩波書店から出版された『ケア・その思想と実践』の6巻本でも同じである。

第1章 専門職養成基盤の形成——ケアの産業化

1 ケアセクター形成のスケッチ

本章の課題は、ケア関連専門職養成基盤の形成及び到達点を歴史的スケッチのなかに確認しておくことである。ケアの必要性に関する認識の変化と社会の合意、その制度化といったことは、「ケアの社会化」であり、ケアにかかわる産業の確立が社会全体の再生産にとって不可欠となるということである。その歴史的プロセスは国や社会によって多様であるが、以下のようにスケッチすることができる。

そのプロセスは、個人からすれば、乳幼児期・子どもの時代の養育や保育や教育を通じて、子どもから大人までにおける病気やけがに対する看護を通じて、障害者や高齢者への介助・介護を通じて、その発達、維持、補修、そして死へのケアを通じて、個人の生成、発展、維持、消滅が社会的にも保障される歴史過程である。

そのプロセスは、家族からすれば、ケア行為を直接に担う役割と同時に、次第に家族員以外の専門職が関与することによって、当事者以外の家族構成員の自由も保障されることにつながり、それによって家族関係が壊れることなく、むしろ維持される関係が常態化する傾向が強まる歴史過程である。しかしそれらの関係は、単純に進行するわけではない。そこではたとえば、医療の効率化などの観点から早期退院が促されることによって、家族による介護・看護（世話）が再び増え、あるいは移民などのケアワーカーへの依存がさらに必要となること（社会）もある。

　そのプロセスは、社会からすれば、その専門職の確保を社会的に保障する体制を構築することによって、社会の持続にとって不可欠な労働力が新たに、あるいは再び補修され投入されることを可能にし（職場復帰や再就職など）、その再生産が確保されていく歴史過程である。また、社会のある構成部分がケアの業務を担当することによって、そこにもろもろの問題があったにしても、それ以外の構成部分がその他の業務に従事することを保障する関係が形成されてくる歴史過程である。かくしてそれは、国家による社会の再生産の制度的保障システムとなる。しかしなお、現実には性別役割分業規範に基づくジェンダー格差や関連専門職の安定的確保などにかかわる財政負担という問題を付きまとわせる。それは、古くはいわゆる戦後の「大砲かバターか」の議論とも関連して、つねに今日まで政治的争点ともなってきている。

　歴史的には、戦争体制遂行がこのようなプロセスの制度化の強力な促進剤となってきた面も見過ごせない[1]。だがそれは措くとして、現代社会は医療技術の発展等による疾病構造の変化、高齢化・長寿化、在宅化・地域化への政策転換と相まって、ケア関連専門職の新たな増大を要請してきている。

以下、以上のようなケアセクター形成の過程を念頭に、①人の誕生から死まで、必要とする諸個人が受けるケアのありようの変化を見る。関連して、家族に代わってケアを引きうけるケア関連専門職の性格あるいは特徴について予測しておく。②その増加を生み出してきた、専門職を法的に支える法制度による裏付けについて確認し、次いで有償ケア関連専門職の存在を財政的に支える国家予算に占める比重について言及し、それらの動きをいわゆる「準市場」(2)をベースにしたケアセクターの産業化として把握しておく。③そして最後に、社会の再生産にとって不可欠な産業に専門職労働力を送り込む養成学校が、いまや中等教育後の大学・専門学校などのマジョリティとしての位置を占めるに至っていることを確認する、という流れで述べていく。

2　ケアと家族の関係変化――生命の再生産過程の「社会化」

まず簡単に、日本を念頭に、人びとの誕生から死までの「生命の生産」「再生産」過程における家族以外の他者あるいは関連するケア専門職への依存状況の変化を見ておこう。

表1−1は、戦後日本における出生と死亡の場所の変化を「施設内（病院等）」か「自宅・その他」で区分してみたものである。

出生については、敗戦後のベビーブームを中心としながら、しばらくは自宅出産（助産婦・産婆による実家や嫁ぎ先での取り上げ等）が多数派であったが、それも１９６０年には半分まで（49・９%）

表1－1　出生数・死亡者数及び場所の年次別推移

	出生			死亡		
	人数（人）	施設内（％）	自宅・その他（％）	人数（人）	施設内（％）	自宅・その他（％）
1950年＊	2,337,507	4.6	95.4	838,998	11.6	88.4
1960年	1,606,041	50.1	49.9	706,599	21.9	78.1
1970年	1,934,239	96.1	4.0	712,962	37.5	62.5
1980年	1,576,889	99.5	0.5	722,801	57.0	43.0
1990年	1,221,585	99.9	0.1	820,305	75.1	24.9
2000年	1,190,547	99.8	0.2	961,653	83.3	16.7
2010年	1,071,304	99.8	0.2	1,197,012	85.2	14.8
2013年	1,029,816	99.8	0.2	1,268,436	85.0	15.0

注）1950年の数字は死亡については1951年のもの。出生の「施設内」は病院・診療所・助産所、死亡の「施設内」は病院・診療所・介護老人保健施設・助産所・老人ホーム。厚生労働省「人口動態調査」より作成。

となり、以降病院を中心とした「施設内」出産が圧倒的（ほとんど100％近く）となっている。産科病院等では医師（助産師）や看護師と母親の関係が出産をめぐるケア関係の基本となり、家族はそこに駆けつけるあるいはそこで見守るというスタイルの定着である。

死亡については、これは出生に比べればおよそ20年遅れて病院等の「施設内」が支配的となる。すなわち、1980年代になって（1970年「施設内」死亡37・5％、1980年57・0％、1990年75・1％）、病院等の施設で医師、看護師あるいは介護職などがかかわりながら死亡する例が多数派となっている。ただ最近は、85％あたりで止まっており、出生とはいくらか異なった様相を見せている。とはいえ、なお人生の出発点と終着点は基本的に施設ケアに依存していることに大きな変化はない。

次いで出生後の育児や子育てのスタイルについて見ておくと、その面での「ケアの社会化」は確実に

表1－2　就学前子どもの保育所入所率と幼稚園就園率及び未就園率推計（2013年度）

	保育所入所率	幼稚園就園率	未就園（未入所含む）率	計（%）	該当年齢人口（人）
0歳児	10.7	0.0	89.3	100.0	1,044,000
1歳児	30.2	0.0	69.8	100.0	1,067,000
2歳児	37.7	0.0	62.3	100.0	1,044,000
3歳児	43.9	42.2	13.9	100.0	1,045,000
4歳児	43.7	51.7	4.6	100.0	1,073,000
5歳児	43.4	55.1	1.5	100.0	1,069,000
合計	35.0	25.0	40.0	100.0	6,342,000
うち0～2歳児	26.2	0.0	73.8	100.0	3,155,000
うち3～5歳児	43.7	49.7	6.6	100.0	3,187,000

注）社会保障審議会児童部会保育専門委員会（第2回）（2016年1月7日）における資料2「保育をめぐる現状」4頁の掲載資料より作成。www.mhlw.go.jp/file/05-Shingikai.../02siryou.pdf（2016/10/15）

浸透してきている。表1－2は、就学前の子どもの保育所入所率と幼稚園就園率の推計値を見たものだが、2013年度の場合、0～2歳児全体の26・2%が保育所を利用しており、3～5歳児では幼稚園も含めると93・4%が保育所あるいは幼稚園のどちらかを利用している。この「施設依存」をめぐる変化は（表示はしないが）、1960年の保育所と幼稚園の3～5歳児の在籍率が両者合わせて26・9%（保育所12・2%、幼稚園14・7%）、1970年で52・0%（それぞれ18・6%、33・4%）であった[3]ことからすると大きい。そして今日、幼保一体化をめぐる議論とともに、親・家族にとって保育園の確保が社会問題となっている。

しかし、0～2歳児までの未就園率を見ればわかるように、育児・子育てという点では、主に母親に依存した家族による直接的ケアを受けるというスタイルはなお根強い。このことは、介護の現状とともに留意しておく必要がある。

さらに子どもから大人になる途中では、さまざまな病気やけがなどに伴う通院や入院といった事態もしばしば発生する。また生まれるとともに障害を伴うことも少なくない。とくに日本の場合、医療にかかる度合いでは、国際比較で見ても一人あたりの外来診察回数も多く、また入院期間も長い（この間、相当の短縮化が進んできているものの）という特徴を持っている。[4] それだけ、医師や看護師あるいはさまざまなコメディカル専門職にケアされる期間も長くなることになる。一方、急速に進む反対の動き（入院期間の短縮化、すなわち退院の早期化）も注目され、それは再び家族への依存度を高める可能性を増やすことになる。

また医療技術の進歩等により、かつての結核等の感染症による死亡は大きく減少し、代わってガンや生活習慣病（高血圧、脳卒中、糖尿病、心臓病など）による死亡が増えてきた。いわゆる「疾病構造」の変化である。そしてそれは同時に、長寿化をもたらしつつ、医療介護需要を増す過程でもある。そのことを代表的に表現しているのが、団塊の世代が後期高齢者になるいわゆる「２０２５年問題」であり、地域包括ケアシステム構想の国家レベルの課題としての提起である。[5]

その介護でも大きな変化が起きている。主な介護者がだれかという点から見ると、この間目立つのは同居における子の配偶者（いわゆる嫁）の割合の減少と事業者の増加である。たとえば厚生労働省「国民生活基礎調査の概況」（２０１０年、２０１３年）によれば、２００1年〜２０１３年にかけて子の配偶者は22・5％から11・2％へ、事業者は９・３％から14・８％へと、はっきりとした増減傾向を見せている。[6] このうち、事業者の増加と関連して特別養護老人ホームの待機者を見ておくと、厚生労働省によれば、２０１４年３月時点での入所申し込み者数は52・４万人としている。[7] しかし、他

図1－1　専業主婦世帯数と共働き世帯数の推移

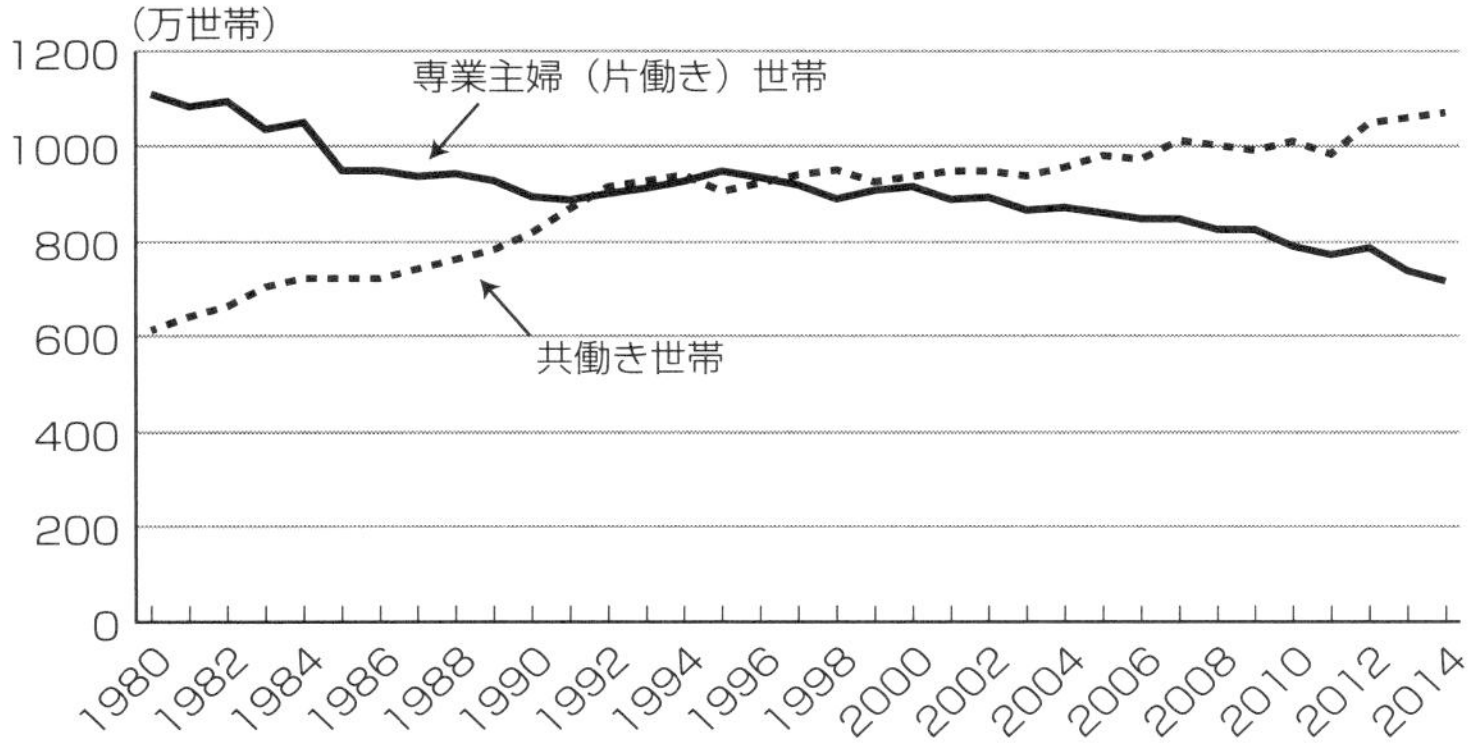

注）「専業主婦世帯」とは男性雇用者と無業の妻からなる世帯、「共働き世帯」とは雇用者の共働き世帯。独立行政法人労働政策研究・研修機構「統計情報Q&A：専業主婦世帯数と共働き世帯数の推移」より作成。http://www.jil.go.jp/kokunai/statistics/qa/a07-1.html（2015/08/16）

の介護者（配偶者や子など）ではあまり変化がないことは、家族への依存が依然として高いことを示している。このことが大きな社会問題となっているのも周知のところである(8)。

　このようなケアの（家族外）他者依存、とくに幅広い意味でのケア関連専門職（有償ケア）への依存は、女性の社会進出とともに拡大し、家族のありようにも大きな変化をもたらしてきた。そのシンボリックな動きの一つは、専業主婦世帯と共働き世帯との逆転である。図1−1によれば、それは1990年から2000年頃にかけて確実なものとなった。そしてまさにその頃から、ケア関連専門職は増加し、産業としても拡大しつつ、養成施設・学校も増加してくる。これらは、「ケアの社会化」がそれまでにはない新しい歴史段階に入ってきたことを意味している。

3　ケア関連専門職の制度化による支え（職業化と産業化）

(1) 法定化されたケア関連専門職

ここでさしあたって、本書が主に対象としている日本の看護師、社会福祉士、介護福祉士、保育士などについて、法律による資格成立の時期、その定義あるいは関連する諸規定などについて、必要な限りで確認しておこう。

①看護師

保健師助産師看護師法（昭和23年7月30日法律第２０３号）（最終改正：平成26年6月25日法律第83号）によれば、「第5条　この法律において『看護師』とは、厚生労働大臣の免許を受けて、傷病者若しくはじょく婦に対する療養上の世話又は診療の補助を行うことを業とする者をいう」となっている。また「第6条　この法律において『准看護師』とは、都道府県知事の免許を受けて、医師、歯科医師又は看護師の指示を受けて、前条に規定することを行うことを業とする者をいう」となっている。よく知られたことだが、ここでは看護師と准看護師の二種類の存在があること、しかし上記の規定にあるように、「指示を受けて」以外は、両者は同じ業務に従事するという、いわば「資格制度が二重構造[9]」になっており、しかもそれが成立以来今日まで継続されていることは見ておきたい。

それは、栄養士制度においてやはり栄養士と管理栄養士の二種類の資格が存在していることと似ているが、栄養士制度が「二階建ての資格制度[10]」となっていることに比較すると、より不条理な格差を意識させるものである。すなわち、管理栄養士はすべてが栄養士の資格を有しているという前提にあり、そのうえで業務内容の差別化あるいは専門化の内容が法規定でも謳われ、栄養士の「上級資格」としての管理栄養士という姿が明示化されつつある。これに対して、看護師資格制度の「二重構造」は、同じ業務独占の業務内容をこなしながらも、その経歴差（養成ルートの差）ゆえの格差構造を職場内に生み出し続けているからである。

なお看護師の「業務独占」と言われる資格について言えば、その資格免許の本質は「法律による危険行為の禁止」を意味している。したがって「看護師免許保持者以外に危険な行為をさせることを禁止するために、保健師助産師看護師法がある[11]」。ここに名称独占といわれる意味との大きな違いがある。しかしそのうえで、たしかに保健師助産師看護師法はさまざまな規定をしているものの、その業務の範囲にかかわっては、「それがどこまでの範囲であるかは看護学と医学との関係に委ねられている。また看護師が提供する看護サービスについて、方法や内容までを規定しているわけではない。それらは、医療法や保健各分野法、介護保険法、医療保険各法、社会福祉各法などで規定されている[12]」という特徴を持っていることも知っておきたい。これらがまた、職種間の専門性や守備範囲あるいは〝現場〟における主導権をめぐる葛藤の基盤にもなるからである。

②社会福祉士と介護福祉士

社会福祉士及び介護福祉士法（昭和62年5月26日法律第30号）（最終改正：平成28年3月31日法律第21号）によれば、「第2条　この法律において『社会福祉士』とは、……社会福祉士の名称を用いて、専門的知識及び技術をもって身体上若しくは精神上の障害があること又は環境上の理由により日常生活を営むのに支障がある者の福祉に関する相談に応じ、助言、指導、福祉サービスを提供する者又は医師その他の保健医療サービスを提供する者その他の関係者（略）との連絡及び調整その他の援助を行うこと（略）を業とする者をいう」「2　この法律において『介護福祉士』とは、……、介護福祉士の名称を用いて、専門的知識及び技術をもって、身体上又は精神上の障害があることにより日常生活を営むのに支障がある者につき心身の状況に応じた介護（喀痰吸引その他その者が日常生活を営むのに必要な行為であって、医師の指示の下に行われるもの（略）を含む。）を行い、並びにその者及び介護者に対して介護に関する指導を行うこと（略）を業とする者をいう」としている。

ここでは、先の看護師（や栄養士）とは異なって、一つの法律で二種類の専門職が規定されていること、及び戦後高度成長期から低成長不況期へと移行し始めた、そして高齢化社会が待ったなしに意識され始めた時期に登場した、新しい資格であるということが特徴である。

まず社会福祉士について言えば、それ以前に「相談援助」を基礎とする業務に携わる「専門職」の存在があった。たとえば、児童福祉法（１９４８年）、身体障害者福祉法（１９５０年）を根拠とする児童福祉司や身体障害者福祉司、生活保護制度への対応に関連した社会福祉主事（制度発足は１９５０年、その後１９５１年の社会事業法、２０００年に社会福祉法によって法規定される）などである。その後の社会福祉専門職を語るにあたっては、この社会福祉主事制度の存在はきわめて大きな影響を与え続けており、そのこともあって、この間新たな専門職をつくろうという動き（１９７１年の中央社会福祉審議会職員問題分科会の提案「社会福祉士法制定試案」）などもあったものの[13]、関連する社会福祉専門職の制度化は、１９８７年の社会福祉士の誕生まで待たねばならなかった。

こうして、高齢化社会への移行に伴う「シルバー産業」の拡大、そのための福祉人材（マンパワー）確保が大きな課題になるとともに（１９８９年、厚生省・大蔵省・自治省による「高齢者保健福祉10カ年戦略」の策定）、その中核に介護福祉士資格の創設が据えられ、それにいわば便乗あるいは抱き合わせで、そして長年にわたる社会福祉関係者・関連養成校の社会福祉専門職の資格法定化の要求といった支えもあって、わずかな審議時間で、「社会福祉士のアイデンティティを描いていく上での中核となりうる疑問点が浮き彫りにされたなかで…可決された[14]」のが、社会福祉士及び介護福祉士法であった。つまり、成立後の評価もさまざまであったように、明らかに創設過程そのものは議論不足のままに[15]、社会福祉士は誕生したのである。それゆえ以降、このこともあり、「社会福祉士はソーシャルワーカーか」といった議論を呼んでいくこととなる。

また介護福祉士に関して言えば、とくに法制度化された資格ではないが、社会福祉施設などで働く寮母や必要な家庭に派遣される家庭奉仕員（ホームヘルパー）、あるいは労働省管轄の家政婦、そして日本で最大規模の職能団体である日本看護協会などの存在もあるなかで、関連団体との妥協というプロセスを経て、それは「社会福祉従事者」として位置づけられた[16]。しかし、看護師とは異なって、社会福祉士とともに名称独占の資格として法制度化された。

③保育士

「児童福祉法」（昭和22年12月12日法律第164号）（最終改正：平成28年6月3日法律第65号）によれば、「第18条の4　この法律で、保育士とは……、保育士の名称を用いて、専門的知識及び技術をもって、児童の保育及び児童の保護者に対する保育に関する指導を行うことを業とする者をいう」となっている。ついでに触れておけば、幼稚園教諭の場合は、学校教育法に規定された教員である。その学校教育法（昭和22年3月31日法律第26号）（最終改正：平成28年5月20日法律第47号）によれば、「第22条　幼稚園は、義務教育及びその後の教育の基礎を培うものとして、幼児を保育し、幼児の健やかな成長のために適当な環境を与えて、その心身の発達を助長することを目的とする」「第24条　幼稚園においては第22条に規定する目的を実現するための教育を行うほか、幼児期の教育に関する各般の問題につき、必要な情報の提供及び助言を行うなど、家庭及び地域における幼児期の教育の支援に努めるものとする」としている。さらに職務規定に関して「第27条　教諭は、幼児の保育をつかさどる」となっている。

ここでは保育士の歴史などに触れる余裕はないが⒄、さしあたって事前に念頭に入れておきたいことは、保育士養成校の卒業生の大半は保育士と幼稚園教諭の二つの資格を取得して卒業していること、関係者には当たり前のことかもしれないが、右の学校教育法の説明にあるように、幼稚園及び幼稚園教諭も「保育し」「保育をつかさどる」ということである。また、幼稚園教諭は四年制大学卒の第一種と短大・専門学校卒の第二種の資格があること、さらに近年では幼保一体化にともなう「幼保連携型認定こども園」では「保育教諭」という新たな資格も生まれていることである。

以上のように並べて眺めて見た場合、社会福祉士と介護福祉士は、それ以外の専門職に比べてかなり遅れて法定化された存在であり、同時に、後に触れていくことになるが（第４章、５章など参照）、出発点から社会福祉士は社会福祉主事と、介護福祉士は看護師との関係が問われ続けていく基盤を有していること、看護師と准看護師（栄養士と管理栄養士もまた）の職種の「二重構造」は依然として解消されておらず、保育士と幼稚園教諭はいわば「並立構造」にあることなど、その歴史性にも留意しておきたい。つまり、法的にも資格格差構造が存在している事実や職種間の競合基盤の確認である。そのうえ、これにそれぞれの専門職内部でのキャリアアップとかかわった資格格差やいわゆる正規・非正規の格差が現場にはくわわっている。

(2) ケア関連専門職の増加と社会保障費（ケアセクター）の動向

次に、これらケア関連専門職従事者の増加とそれらを支える社会保障費における関連予算の比重の増大を確認しておこう。まずケア関連専門職として従事している人びとの動向である。表１-３は、本書では扱わない医師や薬剤師も参考に掲載しているものだが、単純にほぼ統計的に出そろう１９９０年から２０１０年までの20年間の増加を見ておくと、以下のごとくである。

この間、医師は１・３倍、薬剤師は２・０倍、看護師は１・６倍、栄養士は１・６倍、保育士は１・９倍、その他の社会福祉専門職業従事者は２・０倍、介護職員は２０００～２０１０年の10年間で２・８倍となっている。

表1－3　ケア関連職業別就業者数の推移（全国）　（人）

	1985年	1990年	1995年	2000年	2005年	2010年
医師	182,645	204,369	228,080	238,142	251,108	262,630
薬剤師	93,232	102,389	124,438	150,104	180,642	200,470
看護師（准看護師含む）	667,749	770,536	908,537	976,214	1,106,795	1,204,220
栄養士	60,149	65,269	76,155	85,265	102,895	101,120
保育士		255,058	305,090	361,488	419,296	474,900
その他の社会福祉専門職業従事者		166,795	201,650	212,437	234,920	330,210
介護職員（医療・保健福祉施設等）				358,305	742,176	986,150

注）国勢調査の「職業（小分類）、従業上の地位、男女別15歳以上就業者数」（各年）より作成。

以上のような動向を『労働経済の分析』（平成25年版）はこう叙述している。まず産業別就業構造の推移では、「2005年からの5年間で最も就業者数が増えたのは老人福祉・介護事業などの『社会保険・社会福祉・介護事業』であり、58万人増加した。『分類不能の産業』に次いで病院等の医療業で26万人増、以下『郵便業』……」[18]である。また職業別就業構造の推移では、「2005年からの5年間で最も就業者数が増えたのは、保育士等の『社会福祉専門職業従事者』であり、次いで看護師、理学療法士等の『保健医療従事者』、介護職員等の『介護サービス職業従事者』と医療福祉関係の専門的・技術的職業が続く。その後に『生産関連事務従事者』『その他の運搬・清掃・包装従事者』と続く」[19]。つまり、近年の全体的な職業構成の変化は、ケア関連専門職の増加が主導して引き起こされているということである。このような傾向は当然、社会保障費やそのなかの医療や福祉関係の支出の増加と結びついている。表1－4は、社会保障給付費の推移を見たものである。

これによれば、社会保障給付費が国民所得に占める比率は

表1－4　社会保障給付費の推移

		1970年度	1980年度	1990年度	2000年度	2014年度
国民所得額（兆円）	A	61.0	203.9	346.9	371.8	370.5
給付費総額（兆円）	B	3.5	24.8	47.2	78.1	115.2
内訳　年金	C	0.9	10.5	24.0	41.2	56.0
医療	D	2.1	10.7	18.4	26.0	37.0
福祉その他	E	0.6	3.6	4.8	10.9	22.2
B／A（％）		5.8	12.6	13.6	21.0	31.1
D＋E／A（％）		4.4	7.0	6.7	9.9	32.2

注）2014年度は予算ベース。国立社会保障・人口問題研究所「平成23年度社会保障費用統計」および厚生労働省推計値より作成。

１９７０年度の５・８％から２０１４年度には31・１％になっている。また、「医療」と「福祉その他」の合計では４・４％が32・２％になっている。「医療」費そのものはこの間に17・６倍、「福祉その他」費は３・０倍に膨れてきている。これらが、ケアセクターの関連専門職化＝職業化を支え、「準市場」基盤の産業化を生み出している。

(3) 学校におけるケア関連専門職養成の拡大と定着

関連するケア専門職養成学校数の動向について言えば、准看護師養成校や栄養士養成校などが、より高い学歴を保証する学校種にとって代わられてきているのは明らかである。そのような内部変化を除いては、１９７０年代あるいは80年代に比較すれば、１９９０年代以降とくに２０００年代のある段階までは、関連する養成校数の増加は顕著であった。しかし、介護福祉士養成校は介護福祉士の「不足」が明らかになってきたにもかかわらず、２０００年代後半以降はっきりと減少しはじめ、社会福祉士養成校数も停滞してきている。詳しくは第２章でそれぞれ職種別に見ていくが、一般的には高学歴志向を基調としつつ、それぞれの領域に

表１－５　高等教育機関（大学学部）の就職者の職業別構成比の推移　(%)

	専門的・技術的職業従事者				事務従事者	販売従事者	左記以外	医療、福祉（参考）
	技術者＋研究者	教員	保健医療従事者	その他				
1955年	12.8	33.4		3.4	36.4	4.2	9.8	
1965年	23.2	16.0	1.5	2.8	33.9	14.9	7.6	
1975年	22.9	12.1	2.4	1.7	35.6	19.1	6.2	
1985年	24.2	12.3	2.7	2.4	33.3	21.0	4.1	
1995年	20.7	4.8	2.7	2.8	38.7	23.3	7.0	
2005年	16.9	4.3	5.8	5.7	33.3	23.1	11.0	8.7
2009年	17.0	4.5	7.5	5.4	33.0	21.9	10.7	9.1
2010年	13.4	6.0	8.2	6.4	32.3	21.0	12.7	12.2
2011年	12.5	6.5	8.0	6.4	32.2	21.3	13.0	13.2
2012年	12.4	6.3	10.1	5.7	29.5	23.6	12.4	13.7
2013年	12.5	6.1	9.9	5.9	29.0	24.2	12.4	13.3
2014年	12.9	5.9	10.1	5.8	28.5	24.8	12.1	13.4

注）研究者はほとんどの年次でわずかであり、0.1％～0.6％の間。それで技術者に含めている。合計は100％となる。なお「医療、福祉」（参考）は、産業別構成比である。文部科学省「学校基本調査」より作成。

おいて、学校種別の内部構成変化が引き起こされながら現在に至っている。

　このような動向を念頭に置き、大学学部卒業者の職業別構成比に限定してケア関連専門職の比重を見ておくと（表１－５参照、なおここでは「保健医療従事者」あるいは産業分類別で見た場合の「医療、福祉」に括られる従事者で代替）、その構成比の変化は、大卒労働市場におけるケアセクターの確立という面を裏付けている。

　たとえば「学校基本調査」による職業別分類は、表示のように、専門的・技術的職業従事者、事務従事者、販売従事者、左記以外に大きく分類され、専門的・技術的職業従事者がさらに技術者＋研究者、教員、保健医療従事者、その他に分類されている。

　そのなかで、注目したい「保健医療従事者[20]」は、１９６５年には１・５％でしかなかった存在が、２０１４年では10・１％（男４・６％、女15・６％）まで占めるに至っている。また、産業別構成比における「医療、福祉」[21]では13・４％（男６・５％、女20・５％）となっている。

なお短期大学では（表示はしていないが）、同年の「保健医療従事者」は全体の17・２％、「医療、福祉」では48・８％となっている。さらに、いわゆる専門学校卒業者では、産業別に見たものしかわからないが、「医療、福祉」が全体の43・６％を占めている。[22]

以上ここからは、とくに大卒と言われる人びとの就職先も、戦後高度成長期と２０００年代以降の現段階では、大きく様変わりしてきていることがわかる。

４　ケア関連専門職養成の国家的課題化の歴史段階

さて、先に「２０２５年問題」や地域包括ケアシステムについて触れたが、「病院の世紀の終焉」を主張する猪飼周平は、そのインパクトに関し、それは「治療を中心としてきた従来の医療システムが、かつてのような人びとの健康の特権的な庇護者の位置から、生活の質を支える手段の一つを提供するサブシステムの一つへと移行する一方で、予防・治療・生活支援を統合的に行うことで、新しい意味における健康を達成しようとする社会システム＝包括ケアシステムが形成されることを意味している」[23]と言う。そしてそこでは、これまでとは異なって、健康を支える諸活動の場が生活の場に引き寄せられ、ケアの供給は病院よりも地域的性格を強め、かくして「地域包括ケアシステムにおいては、担い手のあり方が、従来の医師を頂点とする専門家の階層システムから、多様な職種や地域住民の側のネットワークへと移行する」[24]とする。それをまた、広井良典は，人口減少社会における「地域からの離陸」の時代から「地域への着陸」の時代への移行であり、死や老いや病といったものを「もう一度ゆるやかに地域コミュニティの中に戻していく時代」[25]として特徴付けようとしている。

しかしそれらは、いずれも、方向性としては間違いないにしても、いわゆる「地方創生」という現（安倍）政権のスローガンも霞んできてしまっているいま、ことは容易には進まないことも予測される。また、「病院の世紀」も簡単には終焉せず、「医療モデル」から「生活モデル」への変化を基調としながらも、間違いなく「続く」[26]であろう。

そのような今後の課題にどこまで歩調を合わせて進められるかはともかくも、これまでその養成が社会的に求められ、関連する学校などが一つの教育セクター（ケアに関連する専門職養成校として）として目立った姿で表に出てきたのは、職種によって時期の差はあれ、大きく１９９０年代以降、とくに四年制大学化は２０００年以降であった。それは、人びとの生命・生活の再生産過程への専門職の介入を不可欠とする、したがってケア関連専門職養成の国家課題化が前面に出てくる歴史段階への移行でもあった。フェミニズムの視点からすれば、それは、「『再生産』領域の範囲が歴史的文脈によって変化してきたことであり、それに対する資源配分もまた変化してきたこと」を明白に示唆することでもあった[27]。また、武川正吾の言い方からすれば、福祉国家は「生産レジーム」に載っているだけでなく、「再生産レジーム」に載っていることが明らかになってきたことを示す出来事であった[28]。

しかし同時に、つねに議論の焦点となる医療・社会保障・社会福祉などの財政問題もさることながら、以降本書全体を通して検討していくように、一方ですでに介護福祉士養成校の撤退・縮小などが顕在化しつつ、他方でその介護職も含め、看護師や保育士などの「不足」が深刻な社会問題化している事実もある。そこには、社会における「ケアの壁」は厚いという現状の反映がある。それを解決する手段も見いだせているわけではない。ケアはだれもが大事だと感じつつもなお、それに値するだけの社会的評価は確立していない。そのなかで養成教育が、関連する国家試験が行われている。そこにいかなる諸問題が社会からの期待とともに内在化しているのか。

［注・文献］

（1）それは、端的にはナイチンゲールとクリミア戦争の歴史から始まり、両大戦等の戦争を契機とした傷病兵への医療・看護・リハビリテーションを通じた関連技術の発展、戦死者遺族や出征兵士家族への生活保障にかかわって新たな社会保障・社会福祉制度が設けられてきたことなど、に象徴される。さらには、総力戦体制の構築がさまざまな国家計画（人口、健康、生産力向上などに関する）を促進するなど、戦争とケア関連専門職との関係は密接であり、大きく先進諸国の戦後の福祉国家形成に影響を与えている。本書が問題にしているケア関連専門職を管轄する日本の厚生労働省（当時厚生省）もまた、戦時体制下の１９３８年に創設されている。このような戦争・戦時体制と福祉国家形成との関連にかかわる議論は、上記のような側面の連続性を強調する研究もあれば、それに批判的な研究もあるが、ここではこれ以上は触れない。

（2）いわゆる「準市場」（quasi-market、日本語訳は「疑市場」「擬市場」とも言われている）は、経済学で言う純粋な市場ではなく、①何らかの医療や福祉などのサービスに関する供給は、営利法人を含む民間部門や公的部門までを含めて市場原理（競争原理）を機能させつつ、②需要に対しては、その財源調達における保険原理の適用や国家による直接的な財政投入がなされ、そして価格決定もまた公的に行われる。③さらに具体的なサービスの購入場面でも、第三者がその必要度に関して判定を下すといった重要な役割を果たすなど、「特殊な性格」をもったマーケットシステムである。

それはまた、「そもそも準市場という仕組みは、利用者の選択権や供給者間の競争を導入するという意味では市場原理の導入であるが、同時に、利用者に対する購買力の付与や制度設計全般にわたる政府の役割も重視する制度である。そうである以上、その政府の役割をどのように設計するかによって準市場の実際の効果が大きく変わりうることは当然のことである」（後房雄「日本における準市場の展開の起源と展開―医療から福祉へ、さらに教育へ」『RIETI Discussion Paper Series』15-J-022、2015年、26頁）という性格も持っている。

なお準市場の概念規定に関しては、大きな影響力を持ったジュリアン・ルグラン（後房雄訳）『準市場 もう一つの見えざる手―選択と競争による公共サービス―』法律文化社、2010年、があるが、そのルグランに対する批判も多く、たとえば横山壽一「福祉と市場」『金沢大学経済論集』33(1)、2012年などがある。その他、準市場をめぐる議論では、佐橋克彦『福祉サービスの準市場―保育・介護・支援費制度の比較から』ミネルヴァ書房、2006年、渋谷博史／平岡公一編著『福祉の市場化を見る眼』ミネルヴァ書房、2004年なども参照。

（3）文部科学省「我が国の教育水準」（昭和50年度）表1-1。http://www.mext.go.jp/b_menu/hakusho/html/hpad197501/hpad197501_2_009.html（2015/08/15）

（4）ここで少し国際比較の視点から確認しておくと、OECD統計（2013年）によれば、人口1人当たりの外来診察回数（Doctors consultations, Number per capita）は日本12・9回、OECD平均

6・7回、平均在院日数（Average length of stay, All caused, Days）は日本17・2日（ただし慢性期入院は除く）、OECD平均7・3日となっている。この差異には、日本の超高齢社会化や長寿化などもかかわっていると思われるが、人口1000人当たりの医師の少なさ（日本2・3人、米国2・5人、イギリス2・8人、デンマーク3・6人、スウェーデン4・0人など、2012年）、また人口1000人当たりの看護従事者数の平均的な数値（日本10・5人、イギリス8・2人、カナダ9・4人、スウェーデン11・2人、デンマーク16・3人など、2012年）からすると、両者の組み合わせからは専門職の多忙さが推測される。なお人口1000人当たり病床数では日本はとくに多いという特徴もある。http://www.oecd.org/health/health-systems/Table-of-Content-Metadata-OECD-Health-Statistics-2015.pdf（2015/08/18）

その点について言えば、「病床数の多すぎることが、日本の医師や看護師の忙しさの最大の原因となっている」（下野恵子・大津廣子『看護師の熟練形成—看護技術の向上を阻むものは何か—』名古屋大学出版会、2010年、29頁）のであり、それがまた国際比較で見た「病床あたり看護師数の不足」（同64頁）を招いているという議論もある。

（5）ここで「地域包括ケアシステム」について少し言及しておくと（第6章でもまた触れる）、その「概念はまさに長期ケアの一般化の中で、医療のみで長期ケアを担うことが困難であるという認識に立った先駆的な実践家からの課題提起であった」（高橋紘士「地域包括ケアシステムへの道」同編『地域包括ケアシステム』オーム社、2012年、3頁）と言われ、「2025年の高齢社会を踏まえると、高齢者ケアのニーズの増大、単独世帯の増大、認知症を有する者の増加などを背景として、介護保険サービス、医療保険サービスのみならず、見守りなどの様々な生活支援や成年後見等の権利擁護、住居の保障、低所得者への支援など様々な支援が切れ目なく提供されなければならないが、各々の提供システムは分断され、有機的な連携が見られない。地域において包括的、継続的につないでいく仕組

『地域包括ケアシステム』が必要となる」（地域包括ケア研究会『地域包括ケア研究会報告書』三菱ＵＦＪリサーチ&コンサルティング、２０１０年、17頁）という背景を持って登場してきた。

(6) 厚生労働省「平成22年国民生活基礎調査の概況」、厚生労働省「平成25年国民生活基礎調査の概況」。

(7) http://www.mhlw.go.jp/stf/houdou/0000041418.html（2015/08/18）。しかし最近では、待機者の減少傾向が見られ、そこには軽度の要介護者の排除や低所得者の入所困難が反映されていると言われている。毎日新聞２０１６年6月30日付。

(8) 総務省「就業構造基本調査」（２０１２年）によれば、1年間の介護離職者は約10万人と推計され、現在では安倍政権が新第3の矢として「安心につながる社会保障」（介護離職ゼロ）を打ち出しているほど社会問題化し、また介護殺人はＮＨＫスペシャル（２０１６年7月放送）が2週間に一度「介護殺人」が起きていると報じていたように深刻になっている。なおこれらのテーマに関しては、たとえば楡周平『介護退職』祥伝社、２０１１年、葉真中顕『ロスト・ケア』光文社、２０１３年、などの小説も興味深い。

(9) 野村陽子『看護制度と政策』法政大学出版局、２０１５年、１５３頁。詳細は、同書第3章「近年の准看護師制度の政策過程」参照。なおこの准看護師問題に関しては、日本看護歴史学会『日本の看護のあゆみ―歴史をつくるあなたへ―（第2版改訂版）』（日本看護協会出版会、２０１４年）は、「戦後70年の歴史の中で、看護界が決して忘れてはならないことが、資格の二重構造である准看護師問題である」（5頁）と強調しているように、業界の最大の懸案事項でもある。

(10) 鈴木道子「管理栄養士―実質的業務独占・職域確保に向けた職能団体の主張―」橋本鉱市編著『専門職の報酬と職域』玉川大学出版部、２０１５年、１７７頁。なお管理栄養士資格制度の成立状況等に関しては、同「管理栄養士―養成システムの二重構造―」橋本鉱市編著『専門職養成の日本的構造』玉川大学出版部、２００９年、及び同「栄養士・管理栄養士養成機関の多様性とその変遷」『東北大学

教育学研究科研究年報』第58集第1号、２００９年、参照。

(11) 森山幹夫「日本の社会保障制度と看護」田村やよひ編著『看護学基礎テキスト（第1巻）社会の中の看護』日本看護協会出版会、２０１１年、96頁。

(12) 森山幹夫「同右」１０２頁。

(13) この「試案」については、中央社会福祉審議会職員問題専門分科会起草委員会『社会福祉職員専門職化への道』全国社会福祉協議会、１９７１年、参照。なおこの試案をめぐる当時の批判などのようすは、宮嶋淳「社会福祉士資格制度の成立と現状」ソーシャルケアサービス従事者研究協議会編・大橋謙策編集代表『日本のソーシャルワーク研究・教育・実践の60年』相川書房、２００７年、１００～１０２頁、秋山智久『社会福祉実践論［方法原理・専門職・価値観］（改訂版）』ミネルヴァ書房、２００５年、２５４～２５８頁、など参照。

(14) 宮嶋淳「同右」１０３頁。

(15) このあたりは、小野哲郎「社会福祉士・介護福祉士法の成立と問題点―社会福祉の現業活動と教育・研究活動への影響と今後の課題について―」『明治学院論叢社会学・社会福祉学研究』77・78号、１９８８年、が興味深い。そこでは、「政府・厚生省の意図に迎合・追従した、社会事業学校連盟を中心にした関係団体の思想と運動」（１６７頁）を取り上げつつ、本法に対しては「福祉市場に対する介護サービスを中心とした、労働力供給体制づくりと良質の人材確保政策こそ、今回の資格制度化の本質」（１６９頁）とする視点から問題点を論じている。なおまた、「厚生省案のシルバー産業向けの『介護福祉士』制度化に便乗して、いわゆる念願の『社会福祉士』法の確立を果たした経過と事実」（１８５頁）を紹介している。

(16) 白旗希実子『介護職の誕生―日本における社会福祉系専門職の形成過程―』東北大学出版会、２０１１年、52頁。

(17) さしあたって、立浪澄子「わが国における保育者養成制度の歴史」日本保育学会編『保育学講座④保育者を生きる─専門性と養成─』東京大学出版会、2016年、201〜207頁、参照。
(18) 厚生労働省『平成25年版労働経済の分析─構造変化の中の雇用・人材と働き方─』81頁。
(19)『同右書』90頁。
(20) 文部科学省「平成28年度学校基本調査の手引」によれば、「保健医療従事者」は日本標準職業分類に基づく「専門的・技術的職業従事者」の分類のなかの「医師、歯科医師、獣医師、薬剤師」「保健師、助産師、看護師」「医療技術者」「その他の保健医療従事者」からなる。なお、社会福祉関係従事者は「その他の専門的・技術的職業従事者」に分類されている。http://www.mext.go.jp/b_menu/toukei/chousa01/kihon/sonota/1355787.htm (2016/05/06)。
(21) 同じく「手引」(同右)によれば、「医療、福祉」は、日本標準産業分類に基づき、「医療、保健衛生、社会保険、社会福祉及び介護に関するサービスを提供する事業所が分類される。**1 医療業、保健衛生** 医療業には、医師又は歯科医師等が患者に対して医業又は医業類似行為を行う事業所及びこれに直接関連するサービスを提供する事業者が分類される。保健衛生には、保健所、健康相談施設、検疫所(動物検疫所、植物検疫所は除く)など保健衛生に関するサービスを提供する事業所が分類される。………**2 社会保険・社会福祉・介護事業** 社会保険、社会福祉又は介護事業を行う事業所及び更生保護事業を行う事業所が分類される。社会保険事業団体、福祉事務所、保育所、児童福祉事業、老人福祉・介護事業、障害者福祉事業などがここに入る」(63頁)と説明されている。
(22)「大学、短期大学、高等専門学校、専門学校、高等学校卒業者の産業別就職者数」(文部科学省「学校基本調査」)より算出。www.mext.go.jp/b_menu/shingi/.../1353677_5_1.pdf (2016/05/06)。
(23) 猪飼周平『病院の世紀の理論』有斐閣、2010年、220頁。
(24)『同右書』222頁。

(25) 広井良典『人口減少社会という希望―コミュニティ経済の生成と地球倫理―』朝日新聞出版、２０１３年、２１８頁。
(26) 二木立『地域包括ケアと地域医療連携』勁草書房、２０１５年、14頁。
(27) 上野千鶴子『ケアの社会学―当事者主権の福祉社会へ―』太田出版、２０１１年、１０３頁。
(28) 武川正吾「承認と連帯へ―ジェンダー社会科学と福祉国家―」大沢真理編集『ジェンダー社会科学の可能性（第２巻）承認と包摂へ―労働と生活の保障―』岩波書店、２０１１年、同「グローバル化と個人化―福祉国家と公共性―」盛山和夫・上野千鶴子・武川正吾編『公共社会学［２］少子高齢社会の公共性』東京大学出版会、２０１２年。

第2章 専門職養成ルートの多様性——階層性と「規制」

1 なぜ多様性が形成されてくるか

前章で見たように、日本におけるケア関連専門職の1990年代以降の増加は目を見張るものがあった。その養成上の特徴は、養成ルートの多様性あるいはそれが学校種による違いなどの階層的な性格も随伴させていることにある。そうであるがゆえに、養成教育の質保証といった問題ともかかわって、国家の関与（規制）は強くなる面もあるという関係も生まれる。

この養成ルートの多様性という共通する特徴は、ケア関連専門職をめぐる歴史的現実によるところが大きいと思われる。すなわち、養成の対象とする人材ターゲットをどこに想定するか、養成の方法として養成校入学だけを考えるのか、それとも別の方法も念頭に置くべきか。すでに何らかの資格が法制度化されている場合もあれば、新たに創設される場合もあり、その場合の既存の資格取得者のキャリアアップへの対応、あるいは新たな資格取得にはそのままでは該当しなくとも類似の関連業務に従事してきた経験をどう評価すべきか。またいわゆる潜在的な資格取得者あるいは資格によっては高学歴を要しないような場合、しかし需要を想定すると（再訓練を含む）養成上のターゲットにせざるを得ないような状況など、さまざまな現実の条件がある。

このような状況に対して、「ケアの社会化」に応えようとする国家の介入が本格化するのが１９８０年代も後半に入って以降、とくに１９９０年代以降である。その必要性は事前に関係者・機関に予想されていたにしても、具体化となると政治的課題ともなることから、しばしば準備万端ではないままに法定化もされてくることになる。したがって、それまでの関連する諸資格や諸団体との十分な整合的な議論も経ることなく、あるいは利害関係の妥協を伴って成立することも当然ある。しかも、資格誕生後も専門職としての社会的評価も必ずしも高いものにならないままに事態が推移していくこともある。そのことがまた、専門職の養成・確保にネックともなり、とくに「量的確保」の優先性から、養成ルートの多様性へと結果するという循環の形成が生まれる。

そのような課程においては、国家や市場（職能団体など）だけでなく、養成教育団体とくに学校法人もアクターとして小さくない役割を果たすことから、国家試験などをめぐっては「妥協」（免除など）もまた生まれる。それゆえまた、教育をめぐる何らかの規制は必至化される構造にある。その養成プロセスは、社会からの要請を意識した国家が前面に出ながら主導していくという特徴を持っているように見える。

本章では、ひとまず以上のような枠組みの理解を前提に、①まず、厚生労働省と文部科学省による養成教育に関する管轄のありようの概観、及びそこで頻出する「養成施設」「養成機関」「養成所」あるいは「養成学校」といった用語の意味、端的には「施設」と「学校」の関係について触れる。②次いで、それぞれの専門職領域における養成校の動向を学校種や入学定員などと絡ませて分析し、③続いて、それぞれのケア関連専門職国家試験受験資格に至る養成ルートの多様性の現状について確認する。④最後に、それらの構造がまた関係する指定規則の拘束性を必至にさせていくことに触れる。

2　厚生労働省と文部科学省管轄下の養成教育概観

さて、本書が対象とするケア関連専門職養成教育は、すでに度々強調してきたように強く国家の規制を受けている。とくに養成施設・学校の教育内容や規模あるいは施設条件などに関しては、関連する指定規則が大きな規制の役割を果たしている。そこでの大きな特徴は、それらが厚生労働省と文部科学省の両者による「共同省令」に基づいて行われていることである。

たとえば、「保健師助産師看護師学校養成所指定規則」（昭和26年8月10日文部省・厚生省令第1号）、「管理栄養士学校指定規則」（昭和41年3月2日文部省・厚生省令第2号）、「理学療法士作業療法士学校養成施設指定規則」（昭和43年3月30日文部省・厚生省令第3号）、「社会福祉士介護福祉士学校指定規則」（平成20年3月24日文部科学省・厚生労働省令第2号）、「社会福祉に関する科目を定める省令」（平成20年3月24日文部科学省・厚生労働省令第3号）のように、である。専門職の資格・免許は、厚生労働省管轄の法律に基づいているものであっても、その養成が「学校」において教育として行われるのだ

図２－１　管轄機構の概要

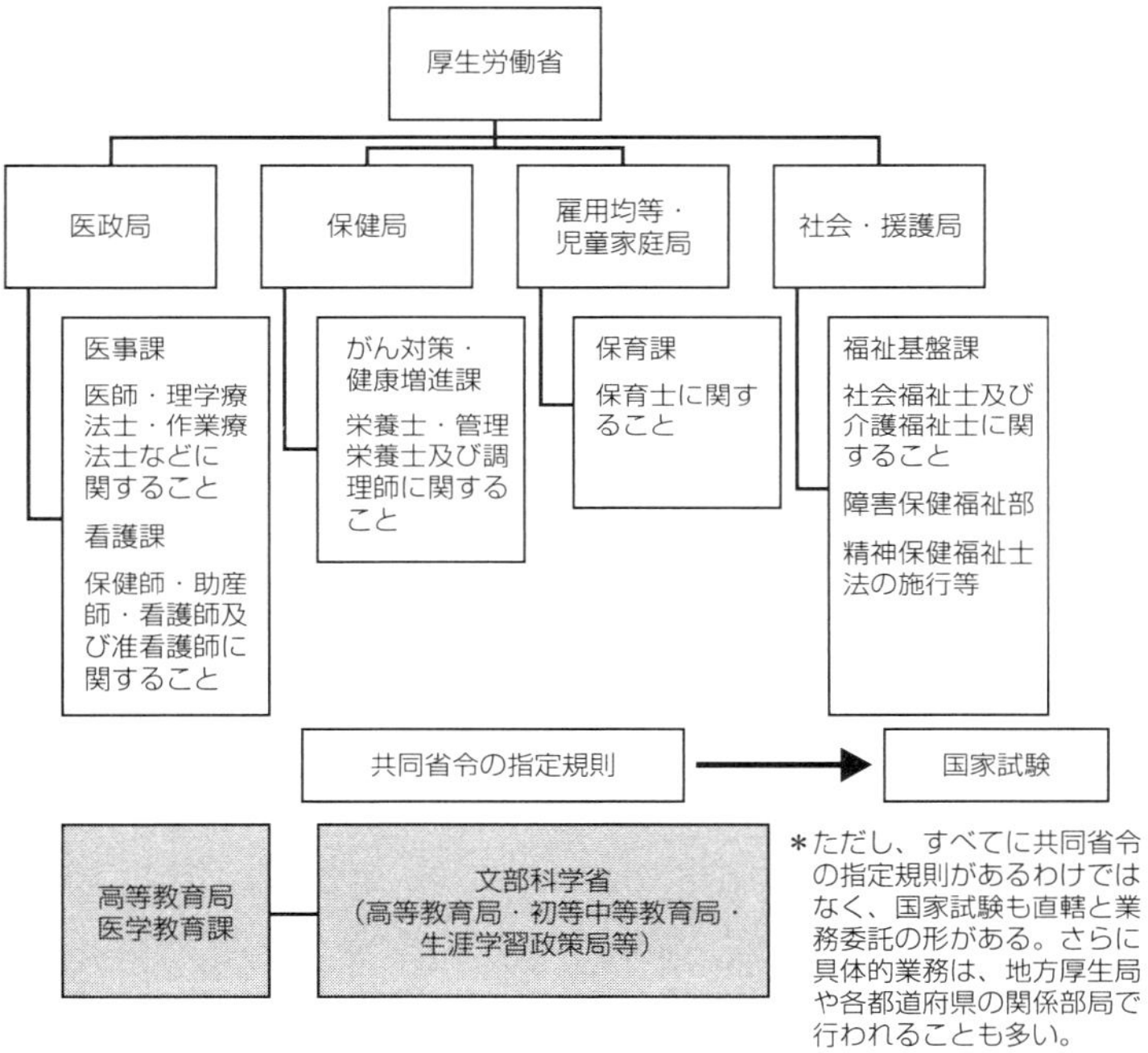

注）筆者作成

から当然とも言えるが、両者の関係は微妙である。しかし一方で、「社会福祉士介護福祉士養成施設指定規則」（昭和62年12月15日厚生省令第50号）のように、共同省令ではなく、単独のものもある。そこには、「学校」が対象ではないという意味がある。

もちろん、ケア関連専門職を総括的に管轄しているのは厚生労働省であり、具体的には図２－１のような縦割り機構のそれぞれの部署にそれぞれの専門職に関する業務が配置されている。

そしてこれが「学校」という側面からすると、今度は文部科学省の関係する部署とリンクしていくという関係にある。たとえば、関連する専門職養成をする大学の設置などでは高等教育局の高等教育企画課が、新たな教育方法の開発や導入事業などでは同大学振興課が、医療系人材教育（社会福祉系の場合も含んで、ただし栄養系は専門教育課）に関しては医学教育課などがかかわり、[1]専修学校・専門学校など（なお以下、専門学校とは「専修学校専門課程」と規定通りの意味で使用する）に関する件では、生涯学習政策局の生涯学習推進課などが関係してくるのである。

このように、それぞれの法律・指定規則による基準に基づいて展開される養成教育の場は、厚生労働省の管轄と文部科学省の管轄が交錯し合う場でもある。そこではつねに、一方で「養成施設」「養成機関」「養成所」、他方で「養成学校」あるいは「看護系大学」「福祉系大学」といった用語が頻出する。しかしいずれも、用語自体に関して、とくに何らかの法令による規定があるわけではないことから、部外者にとってこのあたりは関連資料を検討するにあたって戸惑うばかりであり、それぞれの理解はなかなか容易ではない。また実際、行政関係者・機関でもその言葉の使用の仕方は整理されていない面もあるようである。少し例をあげながら本書での用語の使用方法を説明しておこう。

まず看護師等（保健師、助産師、看護師及び准看護師を含む）では、厚生労働大臣の指定する「養成所」（保健師養成所、助産師養成所、看護師養成所、准看護師養成所）があり、さらに文部科学大臣の指定する「学校」がある。「保健師助産師看護師学校養成所指定規則」には、その両者を折衷した「学校養成所」という用語が使われている。この指定規則で言う「学校」とは、学校教育法に定める大学院、大学、短期大学、高等学校などの第１条校だけのグループではなく、同第１２４条（専修学校規定）あるいは第１３４条（各種学校規定）に区分されるグループも含んでいる。しかし、第１条校を除いたグループで文部科学大臣指定されている例はきわめて少ない。つまり、なお看護教育の主力機関である高卒後入学する三年制のいわゆる看護専門学校（専修学校専門課程）のほとんどは、厚生労働大臣指定の「養成所」（「学校」ではなく「施設」）として扱われている。しかしそれは、上記の指定規則とかかわりのない「学校種」という一般的区分からすれば、専門学校、専修学校あるいは各種学校としてカウントされるという関係にある。(2)

したがって、文部科学省の関連文書ではほとんど見かけないが、たとえば毎年、同省が公表している「文部科学大臣指定（認定）医療関係技術者養成学校一覧」に掲載されている各種統計の「看護師・准看護師養成施設・入学定員年次推移一覧　文部科学大臣指定学校種別・年次別内訳」のように、「養成施設」という用語が使われている場合もある。(3) ここには、「施設」（厚生労働省管轄）を基礎にした「学校」という関係が反映されていると思われる。

それでは、社会福祉士、介護福祉士、保育士あるいは管理栄養士、理学療法士・作業療法士などではどうか。この場合、看護師等の養成の場合とは異なって、「養成所」あるいは「学校養成所」という用語は、どの専門職養成の場においても使われてはおらず、いずれも「養成施設」という名称で括られている。すなわち、法令の定めのある厚生労働大臣の指定する養成施設（たとえば「社会福祉士養成施設」「介護福祉士養成施設」「指定保育士養成施設」「管理栄養士養成施設」「理学療法士作業療法士養成施設」）といったように、である。だから、学校種との関連で言えば、これら養成施設に四年制大学もあれば短期大学や専門学校などが含まれているという関係になっている。

ただそのなかで、「社会福祉士養成施設」はいくぶん特徴的で、社会福祉士国家試験の指定科目の開講の承認を受けた四年制の「福祉系大学」という区分がまずなされ、ついで「福祉系大学」以外の「一般大学」卒業者を対象にした「一般養成施設」という名称の施設もあれば、「指定された資格」（たとえば福祉事務所の査察指導員、児童相談所の児童福祉司など）を持った実務経験4年以上の者などを対象にした「短期養成施設」という名称の施設もある。つまり、「学校」というより、養成プログラムあるいは研修に近い意味合いの教育が行われる施設と性格づけてもいいかもしれない。なおそれらは、主に専門学校などにおいて通信課程として実施されている。

いずれにしても、とくに厚生労働省サイドからして、「養成施設」という用語（看護もまた、かつては養成施設とも呼ばれていたことは関連資料等からも確認される）があらゆる養成教育の場を包含するものなのであろう。しかし以下では、基本的にすべてのケア関連専門職養成の場を「養成校」「養成学校」として表現していくこととする。

3　養成学校数等の推移――高学歴化・階層化

⑴ 看護師等養成校

看護師等の養成教育が「保健師助産師看護師学校養成所指定規則」に基づいて、すなわちその教育内容も含んで、今日のように厚生労働省主導によって「厳格」に行われるようになってきたのは、1

970年代以降とくに1990年代に入って以降である。それまでは主に需要者側の医療機関に付設された准看護師養成施設などで養成教育がなされ、しかもその背景にはそもそも看護学教育自体の未確立という問題があったことから、実習はすなわち看護業務でもあるという側面を持っていた。

たとえば、そのあたりを日本看護歴史学会『日本の看護のあゆみ』はこう語っている。「1960年代の半ばまでの看護婦・准看護婦教育は、病院付属の開設による教育機関が多いため、各病院のための看護婦養成の色合いが濃厚であった。専任教員は『看護原理と実際』の教育と講師依頼や実習調整に加えて、事務的な業務に追われ、ほかの学科目の講義は病院の医師・看護婦に依頼し、実習は病院看護責任者が中心となって指導していた」「このような経緯を経て、看護教育の基礎である看護課程は、4専門学科目『看護学総論』『成人看護学』『母性看護学』『小児看護学』に体系化され、各分野に専門教員を置き、看護学と看護の専門性を追求する教育へ第一歩を踏み出した。『保健婦助産婦看護婦学校養成所指定規則』は1967年11月に改正され、翌1968年から実施された」[4]。

いくぶん繰り返しにもなるが、さらにこのような養成上の構造的な性格について、井本佳宏が以下のように述べているのは興味深い。すなわち、「医療機関は看護師の雇用者すなわち直接の需要者であり、中医協における診療報酬をめぐる審議の当事者すなわち需要の喚起者である。また、保険者も、中医協に代表を送っている。養成機関の設置者からみた場合、看護師の供給は、需要者によってコントロールされてきた」「需給計画の順調な達成は、様々な対策もさることながら、需要と供給の現場すなわち医療機関と看護師養成の場が一体的に運営されてきたことによるものといえる。そうであるならば、需給計画は、需要と供給の調和的な増大傾向を主導したのではなく、むしろ実態として先行する増大傾向に手当てすべく後追い的に策定されてきたとさえいえる……需要者＝供給者一体の体制の下で、需要に応じて供給が増やされる形で、常に幾分か需要が供給を上回りつつ、需要量、供給量双方の拡大傾向がともに維持される状態は、需給のアンバランスを意味するよりはむしろ、動的な安定状態を意味していた⑸」。つまり、ある段階までは、国家が強力なリーダーシップを取らなくてもすむような、いわば「自給自足的養成体制」に看護師養成はあったということである。

ところで、いわゆる政府の「看護職員需給見通し」は、看護職員確保にかかわる基本資料として、概ね5年ごとに厚生労働省によって策定され、都道府県レベルでもこれに合わせて作られている。これまで、第1次1974年、第2次1979年、第3次1988年、第4次1991年、第5次2000年、第6次2005年、第7次2010年、第8次2015年（予定・検討中）と実施されてきている。このことは、国家・政府が行政施策として看護師等の需要と供給の調整（確保）に介入していることを意味している。この間、看護師不足に大きな影響を与えた1985年の医療法の改正（病床数の規制）に関連した駆け込み需要の拡大があり、それらの不足対応策としての「保健医療・福祉マンパワー対策本部」の設置（1990年）、そして「看護師等の人材確保の促進に関する法律」の制定（1992年）などがあった。

とくに、右の法律に基づく「看護婦等の確保を促進するための措置に関する基本的指針」（1992年告示）は、文部省、厚生省、労働省の共同告示であり、そこでは「近年の医学・医療の進歩・発展に伴う高度化・専門分化等に十分対応し得る看護の専門的知識・技術と豊かな人間性や的確な判断力を有する資質の高い看護婦等を大学において養成することが社会的に要請されている。また、看護婦等学校養成所の看護教育の充実のためには、これらの学校養成所の教員としてふさわしい資質を備えた優秀な人材を確保する必要があり、その基盤となる看護系大学……の整備が課題となっている。このため、看護教育の充実と教員等指導者の養成を図る観点から、看護系大学の整備充実を一層推進していく必要がある」[6]としていた。またこの頃、自治省（現総務省）は、いわゆる「高齢者保健福祉推進10カ年戦略」（通称ゴールドプラン、1989年）への対応もあり、財政措置を通じて、看護系の公立大学設置を促していた。[7]それは、中央政府・地方政府挙げての看護系の大学化の促進でもあり、他の関連専門職への対応とは異なるものであった。

以上のような背景を念頭に、1970年以降のおよそ5年ごとの看護師等養成校数の推移を表2－1から確認しておこう。ここから言えるのは以下の諸点である。①まず准看護師養成については、文部科学大臣指定と厚生労働大臣指定では様相に違いがあるが、厚生労働大臣指定の准看護師養成校数は一貫して減少傾向にあり、とくに両者とも2000年頃以降はっきりと減少してきている。②准看護師養成校数と看護師養成校数との比較では、一般的な高校進学率の上昇も背景にしながら、1975年から1980年にかけて看護師養成校が准看護師養成校を上回る状況となった。その意味では、この頃より「自給自足的養成体制」の変化が明らかになってきたと考えられる。③看護師養成校における厚生労働大臣指定施設（養成所）は、2000年頃が最大数であり、以降減少傾向にあるものの、なお数としては現在においてももっとも多い。④文部科学大臣指定の看護師養成校は一貫して増加傾向にあり、とくに1990年代以降の四年制大学の増加は顕著であり、いまも増加し続けている。以上のように、看護師養成はその体制内部において大きな学校種の編成替えが進行してきている。

表2－1　看護師等養成校数の推移

	看護師			准看護師		看護師養成校総数	准看護師養成校総数
	文部科学大臣指定	うち四年制大学	厚生労働大臣指定	文部科学大臣指定	厚生労働大臣指定		
1975年度	121	10	603	135	625	724	760
1980年度	137	10	675	134	538	812	672
1985年度	145	9	686	135	495	831	630
1990年度	177	11	706	134	472	883	606
1995年度	193	40	832	131	455	1,025	586
2000年度	226	84	843	124	399	1,069	523
2005年度	252	127	761	21	271	1,013	292
2010年度	307	188	710	18	239	1,019	257
2014年度	340	226	686	15	217	1,026	232
入学定員(人)	26,794	19,454	36,447	820	9,965	63,241	10,785

注）学校数については、3年課程・2年課程、全日制・定時制・本科・別科などの複数の課程を置く場合、1つの課程を1校として計上している。入学定員数は2014年の数字のみを掲載。
文部科学省「看護師・准看護師養成施設・入学定員年次推移一覧」より作成。

このような看護師養成の高学歴化は、政策的にも推し進められてきたが、それはまた私立学校法人側からすれば、少子化のなかでの「生き残り」をかけた積極的な対応でもあった。先にも引用した井本佳宏は、そのようなプロセスを「1990年代末には養成機関の設置者の構成の変化が顕著になってくる。大学における看護師養成課程の設置が進む中で、それまで医師会や医療法人などが中心となってきた養成機関設置者に占める学校法人の割合が高まってきた。私立大学は少子化の中で入学定員確保を至上命題とせざるをえない環境の中にあり、医療機関の要請に応えるよりは、受験生のニーズに対応して自律的にふるまう傾向を強く持っている。こうした結果、養成機関が現場から自立して従来の二者関係（国家・政府―市場（現場）：引用者挿入）が、国家・政府―高等教育機関（養成機関）―市場（現場）の三者関係へと変化しつつある」[8]と特徴付けている。

とはいえ、再び表2-1に戻れば、2014年の看護師等養成校の入学定員数から明らかなように、四年制大学が増えてきているものの、それが占める割合は、准看護師も含んだ看護師養成校入学定員全体の26・3%であるのに対して、厚生労働大臣指定の養成所=専門学校・専修学校の入学定員は49・2%とほぼ半分を占めていることは見ておきたい。なおついでに触れておくと、栄養士養成校と管理栄養士養成校の割合はほぼ半々である[9]。

(2) 社会福祉士養成校

社会福祉士は介護福祉士とともに1987年に誕生した「新しい」職種である。その後の動きは、先の看護師養成校の動向を裏付けている法的整備状況との比較で言えば、政府・厚生労働省などの主導のもとに生まれた医療・福祉関連のマンパワー確保対策重視の路線に沿って、1990年代に入って社会福祉従事者や介護職に関する単独法の制定、社会福祉事業法の「社会福祉事業に従事する者の確保の促進」に基づいた「社会福祉事業に従事する者の確保を図るための措置に関する基本的な指針」（厚生省告示、1993年）となって具体化された。そしてさらに、社会保障審議会福祉部会の「介護福祉士制度及び社会福祉の在り方に関する意見」（2006年）を受け、福祉部会はこれを見直し、新たな「社会福祉事業に従事する者の確保を図るための措置に関する基本的な指針」（厚生労働省告示、2007年）として再登場させた。しかし、その内容は主に介護職の確保であった。

そこには、高齢化社会の深まりと高齢者政策の比重の増大、それらに伴う社会福祉関連サービスのありようの変化、いわゆる社会福祉基礎構造改革の推進、そして何よりも２０００年の介護保険法の施行、２００５年の同法の改正、２００７年の社会福祉士及び介護福祉士法の改正へと至っている大きな流れがあった。それは、介護職の確保が中心であったにせよ、たとえば地域包括支援センターの設置あるいは市町村レベルにおける社会福祉関係の計画策定業務などの拡大にかかわって、社会福祉士の需要が高められてくる過程でもあった。

この間の社会福祉系の養成校の増加に関しては、文部科学省の方針もまた、大学等の新規増設は原則抑制の方向であったが、社会福祉関係は社会的ニーズの高まりの領域として認識され、看護系とともに新設・定員増が認められていた影響が大きかった。このような動きを念頭におきながら、ここで社会福祉士養成校数の推移を学校種及び国公私立別に、とくに看護師養成との比較で見たものが表２－２である。ここからいくつかの特徴が浮かび上がってくる。

まず、社会福祉士の法制定前は直接関係ないことであるが、ここでカウントしている「日本社会福祉教育学校連盟」（当時、日本社会事業学校連盟）会員数の動向が社会福祉士養成校の基盤となった（なお、上記団体の他、日本精神保健福祉士養成校協会、日本社会福祉士養成校協会からなる3団体は、２０17年4月から一般社団法人日本ソーシャルワーク教育学校連盟として発足する）。ここから特徴的な動向を見ると、①四年制大学は１９９０年代以降（表示はしていないが）およそ２０１０年頃まで増加し続け、短期大学も２０００年頃までは同じく増加してきていたが、以降は減少傾向に転じている。②２０００年代に入って以降の公立四年制大学の増加はあるものの、社会福祉系大学は圧倒的に私立四年制大学中心の構成になっていることに変化はない。③また、専門学校もすべて私立であり、２００

表２－２　学校種別に見た社会福祉士養成校数（日本社会福祉教育学校連盟正会員数）の推移――看護師養成との対比

			1975年度	1985年度	1995年度	2000年度	2005年度	2010年度	2014年度
看護師養成	大学	国立	7	6	17	30	42	42	42
		公立	1	1	8	29	41	46	48
		私立	2	2	15	25	44	100	136
	短期大学	国立	9	17	21	13	10	3	1
		公立	11	22	31	27	21	24	21
		私立	12	16	24	28	31	27	22
社会福祉士養成	大学	国立	0	0	0	3	4	4	4
		公立	0	2	6	12	15	16	15
		私立	30	34	49	89	123	128	116
	短期大学	国立	0	0	0	0	0	0	0
		公立	2	2	2	2	3	3	2
		私立	8	8	14	25	14	9	8
	専門学校	私立	1	1	14	16	11	7	5

注）ここでの社会福祉士養成校は「日本社会福祉教育学校連盟」の正会員を指し、さらに数の多い「日本社会福祉士 養成校協会」のそれではない。その理由は、もっぱら年度別・学校種別データの取得上の不備による。日本社会福祉教育学校連盟資料。なお専門学校はすべて私立。また、看護師養成校数のそれは前掲表２－１と同じ。

0年頃をピークに減少し続け、短期大学とともにマイナーな存在になっていることなどがわかる。

このような社会福祉士養成校の動向を見る場合、福祉事業そのものが持つ民間出自という性格、戦後初期の頃までは、一部の公立大学などを除いて、多くが伝統を持った宗教系大学であったこと、その後もほとんどが四年制の私立大学によって社会福祉教育がなされていたことなどにも留意しておきたい[10]。そして同時に、いわゆる社会福祉主事（3科目主事とも呼ばれる）もまた、国公私立を問わず四年制大学卒業者で占められていたことも併せてみると、看護とはかなり異なって、少なくとも戦後の専門職的な社会福祉職従事者は相対的に「高学歴」の傾向にあったと思われる。しかし、それらが社会福祉士養成を特徴付けながらも、一方での右に見た養成校の動向（停滞）に対する危機感、他方での看護職の高学歴化や職能団体としての圧倒的存在感やその業務拡大志向など、これらが相まって今日の関連する社会福祉専門職養成団体の統一化を促している面もあるのだろうと推測される。

同表から、あらためて対比のなかでの看護師養成の特徴を見よう。注目されるのは以下の諸点である。①１９９０年代以降、四年制大学が増え続けてきたのは社会福祉系と似ているが、すでに社会福祉系は停滞あるいは減少期に入ってきているものの、看護系は現在も伸び続け、その急増ぶりは目を見張るものがある。２００５年頃以降の伸びの中心は私立四年制大学に移ってきている。そこには、まったく医療系とはかかわりのないような性格を有する大学なども増設に参画してきている特徴がある。②さらにその四年制大学の動向について言及すれば、１９９０年代後半以降から２００５年頃の10年間にかけて、国公立大学の増加が目立っている。とくにこれは、社会福祉系学部・学科が国立大学にはほとんどないに等しいことを考えると、その増加（短期大学からの四年制への移行が中心だが）は「官による支え」として興味深い。③短期大学全体では、そのピークは国立が１９９０年代前半、公立が１９９５年頃、私立が２００５年頃と見られるが、いずれもそれ以降は減少している。またこれ以外に専門学校（養成所）があるが、国公私立別には関連する統計が見つからないため表示できない。しかし、たとえば２０１５年の北海道における看護師3年課程・全日制の看護師養成所を見ると、33校のうち11校が国公立となっているので、やはり社会福祉養成校とは異なっている特徴が確認できる。

このように、社会福祉士養成は、たしかに日本の高齢社会の進行とそれに伴う福祉系人材確保政策と密接な関係の下に位置付けられてきたものの、第5章で再び触れるが、先にも言及した社会福祉主事との関係も整理されないままに、停滞期に入っている。もちろん、関係団体などによる任用の拡大や待遇の改善の提言などが行われ、各大学の学生獲得の努力はあるものの、社会福祉士及び介護福祉士法が基本的に非予算関連法であるため、措置費上の裏付けが乏しいことの影響は大きい。看護分野との違いは決定的である。

(3) 介護福祉士養成校

介護人材確保の課題はいまも「福祉分野」の最大の課題である。その介護福祉士養成校について見ると、社会福祉士養成校との対比で言えば、似ている面と異なっている面の二つを指摘することができる。まず似ている面として言えるのは、養成校の大半が私立学校法人であることがある。すなわち、たとえば日本介護福祉士養成施設協会2014年度のデータによれば[11]、四年制大学60校（会員数）のうち国公立は6校、短期大学85校のうち2校だけである。また異なっている面ではっきりしているのは、専門学校と短期大学、とくに専門学校が養成校全体の数の上で中心であり、しかも四年制大学の場合でも、学部名はもちろんのこと、学科名においても「介護」を冠にしているのはわずかに1校だけであり、ほとんどが「コース」あるいは「専攻」扱いになっていることがある。つまり、社会福祉士養成と介護福祉士養成では、両者の間に明白な学歴格差、学校種間格差がある。

具体的に養成校数の推移を学校種別に見ておくと表2-3のようになっている。どの学校種も2008年頃までは増加傾向にあったものが以降減少傾向に転じている。しかもその減少度合いが激しい

表２－３　介護福祉士養成校（学校種別）数の推移

	(1988年度)	1990年度	1995年度	2000年度	2005年度	(2008年度)	2010年度	(2014年度)
大学	0	0	3	17	45	63	68	60
短期大学	6	24	32	75	112	113	101	85
専門学校等	16	68	142	271	318	328	280	227
高等学校専攻科	0	0	1	3	3	3	2	2
総数	22	92	178	366	478	507	451	374

注）日本介護福祉士養成施設協会資料より作成。（　　）内の年度は、5年ごとの数字を掲載した表の作成であることからはみ出した年度。とくに1988年度は社会福祉士及び介護福祉士福祉法制定後の年度、2008年度は養成校数が ピークの年度、2014年度は最新の年度の意味である。

ことが注目される。２００８年度時点と２０１４年度時点の数字を比較してみると、その間に大学３校、短期大学28校、専門学校１０１校で関連養成部門が閉鎖・廃止されているのである。介護福祉士制度の発足、介護保険制度の展開があり、さまざまな介護人材確保策が議論され、その不足が社会問題化しているにもかかわらず、である。

このような様相を、白幡希実子は、「福祉系人材養成校の大部分を私立学校が担っているということは、人材輩出の国によるコントロールがしにくい状況となっていることを示している。特に、介護福祉士の場合、専修学校がその養成校の主となっていたが、専修学校は学科編成を柔軟に変えることができる。仮に、定員割れが生じた場合、介護福祉士の養成を継続する方針を各学校法人が選択することは難しいだろう。つまり、現在の福祉系人材の養成システム、特に介護福祉士の養成システムは、一定数の人材を恒常的に現場へ排出していくという確固たる基盤を確立する状況に至っているとは言いがたい状況に置かれている[12]」と評価している。その不安定性は明らかである。社会における介護職の存在意義と役割はまさに看護師に劣るとも勝るとも言えないものだが、看護職養成とはあまりに対照的である。

介護福祉士養成に関しては、学生たちにダブルの資格（たとえば社会福祉士＋介護福祉士）を取らせる用意をしていたとしても、国公立にはもともと介護福祉士養成が準備されている学部・学科もきわめて少ないし、私立大学などにおいてもその経営戦略の射程外に置かれているのがこの領域でもある。それは文字通り、ケアの「低すぎる」社会的評価をめぐる壁が実際に養成校のありようまでを大きく規定していることの証左である。これでは、養成校以外の大学研究者が自由にケア（介護のありようなど）について発言できても、養成校から「ケアの未来をひらけない」。少なくとも至難の業であることは確かだ。

(4) 保育士養成校

かつては保母と呼ばれていた保育士は任用資格であったが、2001年の児童福祉法改正に伴い、国家資格化（2003年施行）され、名称独占の資格となった。また、2008年のいわゆる「保育所保育指針」からはそれが告示化され、施策上の扱いが格上げされた。さらに〝幼保一体化〟〝幼保一元化〟などに関する議論を背景に、認定こども園制度が発足した。また女性の社会進出などに伴う保育所依存率の高まりを背景に、少子化傾向という逆風にもかかわらず養成校数は増加してきている。そこでは、さまざまな障害を抱えた子どもや家族の支援といった複雑なニーズへの対応から、よりいっそうの保育の専門化に対する要求も高まっている。このような背景を念頭におきながら、指定保育士養成校数の動向を見たものが次の表2-4である。

表２−４　指定保育士養成校数の推移

	大学	短期大学	専門学校	その他	計
1990年度	21	221	55	38	335
1995年度	22	219	55	30	326
2000年度	40	217	60	16	333
2005年度	119	255	90	5	369
2010年度	223	258	103	2	586
2014年度	250	241	127	4	622
入学定員（人）	18,514	28,995	8,789	150	56,118

注）入学定員は2014年度。厚生労働省保育課調べ。

まず学校種別に見ると、「その他」（各種学校等）は大きく減少している。表示していないが、短期大学は２００７年の２６６校から減少傾向に転じ、代わって四年制大学が増加し続けてきており、とくに２０００年以降の増加は大きい。また専門学校も増加してきている。その構成比は、養成校数では（２０１４年度）大学40・２％、短期大学38・７％、専門学校20・４％などとなっており、四年制大学が短期大学を数ですでに上回っている。しかし入学定員数では、短期大学がなお51・４％と半分以上を占め、四年生大学が32・８％、専門学校が15・６％となっている。

また国公私立別では、「指定保育士養成施設一覧[13]（２０１５年４月１日時点）」によれば、総施設数６４１校のうち、国公立合計で38（うち国立四年制大学19、公立四年制大学10、短期大学及び専門学校９）であり、それらは全体の５・９％にすぎない。しかも、国立のほとんどは教育大学・教育学部のなかの「コース」「専攻」「専修」といった位置づけである。公立四年制大学でも同じ傾向にあり（教育系ではなく社会福祉系に属している場合が多い）、短期大学だけが学科名の冠として「保育」あるいは「児童」を付けているだけである。社会福祉士及び介護福祉士養成校と同じく、保育士養成の圧倒的多数は私立学校法人によって担われている。

このような動向は、これまでとは社会状況が大きく変化した現在でも、子育ては専門的な知識を必要とするものではないという社会的認識があり、その延長に保育が捉えられ、同時に保育現場における深刻な「労働力不足」を補うため、安価な女性の労働力を迅速かつ大量に保育現場に投入してきたのが、これまでの保育士養成の特徴であったことを物語っている。それを吉田幸恵は、「ここで「『迅速に』とは、二年制養成のことであるが、『大量に』とは、『指定保育士養成施設指定基準』……『学生定員は原則として100名以上とすること』という文言に表れている」[14]としている。定員の管理に関する「規制」は、他の分野に比較して相当「緩やか」であると言える。

4　資格取得ルートの多様性という共通する特徴

指定規則に基づいて展開される専門職教育は、学校が舞台である限りにおいて文部科学省との関係は密になっていく関係にある。しかし全体として、関連する法律、養成教育の基礎(指定規則)から国家試験まで、厚生労働省の管轄下にあるという構図がある。そのことをもっとも直截に表すのが国家試験である。

ここで、養成の仕上げの確認という意味での国家試験の管轄部署(厚生労働省)に触れておけば、次のような現状にある。たとえば、医師、歯科医師、保健師・助産師・看護師、診療放射線技師、臨床検査技師、あるいは理学療法士や作業療法士などの国家試験は医政局医事課、薬剤師国家試験は医薬食品局総務課、管理栄養士国家試験は健康局がん対策・健康増進課である。また、社会福祉士及び介護福祉士国家試験は社会・援護局管轄下の（公財）社会福祉振興・試験センター、保育士試験は雇用均等・児童家庭局管轄下の都道府県児童福祉主管部局・（社）全国保育士養成協議会保育士試験事務センターとなっている[15]。興味深いのは医療関係と福祉関係の違いである。前者は直接厚生労働省内の担当部局・課にあるのに対して、後者はその業務が委託されている。

以下、具体的に国家試験受験資格取得ルートをそれぞれ見ていくが、これまでの分析にくわえて、それぞれの領域の歴史的規定性（その養成のされ方あるいは資格制度化のタイムラグなど）や社会の急激な変貌（とくに高齢化の進行と家族の扶養力の低下、女性の社会進出などによるライフスタイルの変化やワークライフバランス問題の顕在化、そしてそれらに伴う関連人材確保の社会的要請の高まりなど）を重ね合わせながら推測していくと、いわば上からの政策的対応（国家・厚生労働省主導のそれ）に関するかなり無理を伴った、あるいは私立学校への安易な依存や妥協を伴った養成制度といった側面も透けて見えてくる。

具体的には、何らかの資格が制度化し、国家試験が必須となった場合、それぞれこれまで同じような仕事に従事していた人びと、言い換えれば後述するようないわゆる実務家受験ルートに括られる人びとなど、また社会人として別の仕事に就いていたあるいは専業主婦などの再就職動員的要素への配慮も必要となる。さらに、とくに新卒者に関しては私立学校法人などの少子化のなかでのサバイバル状況に依拠した養成校志向やそれに関連した国家試験の免除などの「要求」もある。それらがまた、ルートの多様性につながっていく。ここでは、代表的な国家試験受験資格取得基本モデルを紹介しておくが、これまでのように「養成校」という表現で統一するのではなく、通常、このような養成ルートを説明する際に使用されている「養成施設」という用語をそのまま使用している。

(1) 看護師の国家試験受験資格取得基本モデル

① 〔受験直結ルート〕

A　高等学校→大学等（大学4年課程履修、短期大学・専門学校3年課程履修）→国家試験

B　高等学校及び高等学校専攻科（5年一貫制課程履修）→国家試験

② 〔都道府県知事試験経由ルート〕

C　高等学校（3年課程履修）→都道府県知事試験・准看護師資格取得→短期大学等（短期大学・高等学校専攻科・専門学校2年課程履修）→国家試験

D　中学校→准看護師養成所（2年課程履修）→都道府県知事試験・准看護師資格取得→実務経験3年以上→専門学校等（2年課程履修）→国家試験

このような状況に対して、「看護師の教育制度では、大学や専門学校を卒業して資格を取得する者や、まず准看護師資格をとり進学課程を経て看護師の資格を取得する者まで多様である。資格取得の年齢も、高等学校衛生看護科から専攻科までストレートに卒業した者は20歳、看護専門学校から資格を取得した者は21歳、看護大学を卒業した者は22歳など、まちまちである。あまりに多様な道が存在

することが、看護師としての統一とアイデンティティを保つうえで問題ではないかとの指摘もある」[16]ようだ。なおついでに触れておくと、看護師の場合、准看護師もまた試験（ただし都道府県レベルの）が課されているが、栄養士に関してはそれもまたない（管理栄養士は国家試験が課されている）[17]。

なお、これは看護師試験に限ったことではないが、いわゆる技術試験が課されないことも一つの特徴である。この点に関して、下野恵子・大津廣子は、「職業能力を公的に査定することになる看護師国家試験では、受験者が専門的知識に裏付けられた安全で確実な技術を持った看護師であるか否かを適切に評価する必要がある。しかし、現在の看護師国家試験は、筆記試験による知識面の評価に重点が置かれ、既存の知識を活用し根拠に基づいた看護行為を選択し、それを行うという看護実践能力の評価は十分なされていない。それゆえ、現状では、卒業と同時に看護師の受験資格を与える看護系大学や看護専門学校が、看護師試験に相応しい一定の実践能力を保証しなければならないことになる」[18]と指摘している。

(2) 社会福祉士の国家試験受験資格取得基本モデル

① 〔福祉系大学等ルート〕

Ａ　高等学校→福祉系大学等（大学４年課程指定科目履修）→国家試験

Ｂ　高等学校→短期大学等（３年または２年課程指定科目履修）→指定施設（相談援助）実務経験（１年または２年）→国家試験

② 〔短期養成施設ルート〕

A　高等学校↓福祉系大学等（基礎科目履修）↓短期養成施設等（6月以上）↓国家試験

B　高等学校↓福祉系短期大学等（3年または2年課程基礎科目履修）↓指定施設（相談援助）実務経験（1年または2年）↓短期養成施設等（6月以上）↓国家試験

C　児童福祉司・身体障害者福祉司・査察指導員・知的障害者福祉司・老人福祉指導主事の経験4年以上↓短期養成施設等（6月以上）↓国家試験

D　社会福祉主事養成機関↓指定施設（相談援助）実務経験（2年）↓短期養成施設等（6月以上）↓国家試験

③**〔一般養成施設ルート〕**

A　高等学校↓一般大学等（4年課程で基礎科目を履修していない者）↓一般養成施設等（1年以上）↓国家試験

B　高等学校↓一般短期大学等（3年または2年課程で基礎科目を履修していない者）↓一般養成施設等（1年以上）↓国家試験

C　指定施設（相談援助）実務経験（4年以上）↓一般養成施設等（1年以上）↓国家試験

社会福祉士試験の合格者は、①と③でほとんど占められている。たとえば2013年度の場合、①の福祉系大学等ルート7442人（59・3％）、②短期養成施設ルート395人（3・2％）、③一般養成施設ルート4703人（37・5％）となっている。[19] その特徴は、社会福祉士の場合は大卒が中心だが、その合格率は他の職種に比較してかなり低い（たとえば、看護師国家試験の場合の合格率はほぼ毎年90％前後だが、社会福祉士の場合には26～30％の範囲内で推移している）ことである。

そして国家試験に対する批判が付きまとっているのも特徴である。秋山智久はこの点について、「この『社会福祉士』という『相談援助』を業務とする者がペーパーテストによる国家試験という選考の方法になじむものであるかどうかは論議にあるところである（国家試験の準備段階である社会福祉専門教育に、科目や内容などによって、ある種の国家統制が介入するという別の角度からの批判もある）。そして端的に言えば、『社会福祉士』の試験に合格したところで、それが優れた実践のできるソーシャルワーカーであるという証明にはならないという批判（評価）は浸透しているようである。また一方で、国家試験という権威がソーシャルワーカーの社会的評価を高め、社会福祉利用者の生活と人権を擁護するための社会的発言力を強化することになるという意見もある」[20]としている。

(3) 介護福祉士の国家試験受験資格取得基本モデル

①〔養成施設ルート〕高等学校→大学等（大学４年課程履修、短期大学・専門学校２年課程履修等＝介護福祉士資格取得）→国家試験未施行（延期）

②〔福祉系高等学校ルート〕中学校→福祉系高等学校（３年課程履修）→国家試験

③〔実務経験ルート〕指定施設実務経験３年以上→実務者研修６月以上（未施行）→国家試験

介護福祉士では、２０１３年度の場合、①養成施設ルート約１・３万人（12・６％）、②福祉系高等学校ルート約０・３万人（０・３％）、③実務経験ルート約８・７万人（84・５％）であり、③が圧倒的多数派となっている。[21] このような実務経験ルートの主流化にかかわっては、どれほどそれが影響しているかは別として、介護福祉士誕生の裏話として野中ますみが次のように述べているのも興味深い。すなわち、「介護福祉士という新しい資格が創設されるにあたり、看護協会と家政婦協会という二つの大きな職能団体から、自分たちの職域を侵されるのではないかという懸念等から、反対や圧力があった。結果として、看護協会とは、医療行為をさせないこと、医療との連携規定を盛り込む等で決着し、家政婦協会とは『実務経験ルート』を用意することで落ち着いたということである」[22]。なお、この時点での家政婦協会の管轄は労働省にあった。

それはともかく、介護福祉士の国家試験実施をめぐっては、とくに養成校卒業者に対する延期に次ぐ延期といった事態が「問題」の所在を示唆している。すなわち、①の養成ルートの場合、当初は2012年度実施が、2015年度、2016年度、そして2022年度の全面実施というように先送りされてきているのである。そこには、専門学校などを中心とする一部の反対論（利害に基づく）とまずは量的確保を優先したい側（厚生労働省など）との妥協があるのだろう。

このような状況を白旗希美子は、「社会福祉士と介護福祉士では、国家試験を通しての量と質のコントロールという側面で異なる方向性が取られていた。前者は、社会福祉士の教育団体が中心となって、国家試験を通して量の調整を行い、社会福祉士全体の質を保障することで、その任用・待遇の改善へとつながるように努めていた。その一方、後者は厚生省（厚生労働省）が中心となって、多数の職業従事者に資格取得の道を開くための試験制度の改善を行うことで、医療や在宅、障害者や児童関係の社会福祉施設などの多様な領域における職業従事者を介護福祉士として統合し、量の確保を優先する形がとられている」[23]と指摘している。

(4) 保育士の資格取得基本モデル

① 〔養成施設ルート〕高等学校→大学等（大学４年課程履修、短期大学・専門学校等２年課程履修等）→保育士資格取得（保育士試験＝国家試験なし）

② 〔保育士試験受験ルート〕

Ａ　高等学校→短大等（短大を卒業した者またはそれと同等以上の者　＊卒業見込みを含む）→保育士試験

Ｂ　高等学校を卒業した後児童福祉施設において２年以上児童の保護に従事した者、平成８年３月31日までに高校保育科を卒業した者、平成３年３月31日までに高校を卒業した者→保育士試験

Ｃ　中学校→児童福祉施設において５年以上児童の保護に従事した者→保育士試験

保育士では、２０１３年度においては、保育士となる資格取得者４万８３６１人、うち保育者養成施設割合81・６％、保育士試験割合18・４％であった[24]。つまり、国家試験はあるものの、大半は受験して資格を取得しているわけではない。なお、その国家試験導入に関しては、「なんらかの試験を課すことを求めているものは、施設（現場：引用者挿入）では７割以上となっているのに対して、養成校では約４割であり、養成校の約５割は『現行のままでよい』としている」[25]という報告もある。

このように見ると、介護福祉士における国家試験の未施行あるいは栄養士資格取得にはそもそも国家試験がないことなどの評価にかかわる問題が、この保育士養成領域でも共通する特徴としてあることがわかる。このような国家試験導入・施行の課題がこれらの業界でつねに議論されていることは、関連する全国レベルでの養成校協議会あるいは養成施設協会などの文献などからも明らかである。そしてそれがまた、養成校の利害関係やさしあたっての担い手確保優先策とかかわっていることを示唆している。

5　多様性がもたらす指定規則による「規制」の必至

第1章で見たように、それぞれの専門職の法的裏付け（関連する法律の制定）の時期は異なっており、そこには相当のタイムラグがある。その違いは、その時代々の社会からの需要の高まりや国家の対応の仕方によって生まれる。とくに新しいのは、高齢長寿化社会への移行や女性の社会進出と家族のケア力の低下などが相まって需要が急拡大してきている介護職（介護福祉士）などである。しばしばそこでは（介護職に限らないが）、量的確保を優先せざるを得ないような事態の出現が多様な資格付与のコース設定をせざるを得ない状況を生み出す。

その過程は、同一の職種における養成ルートの多様性として結果する。さらにこれらが、業務独占と名称独占に絡んだ職種間の資格格差だけでなく、とくに就業・待遇条件格差などとも関連した、受験生人気や偏差値格差とかかわった学校間格差構造にも結び付いていく。そのなかで、看護だけが学校設立主体をめぐっていくぶん違う傾向（国公立の多さという特徴）も見せているものの、全体としてケア専門職養成の私立学校法人依存傾向は明白である。言い換えれば、それはケア関連専門職養成教育の「民間丸投げ」と言ってもいい。

その点ともかかわってもう少し言及しておけば、私立学校法人にとってケア関連専門職を養成することの意味は以下のように捉えられるかもしれない。①端的に、学生を集めやすい。すなわち、ある時点では〝養成した労働力商品が確実に売れる加工型学校〟として、経営的にペイでき、存立できる可能性が高い（そのように想定される）。それを間接的に保障する国家と社会の支持を得た医療・社会保障・社会福祉制度などがある。②関連する教育市場へ新規参入する場合、それまでの各種学校・専門学校、医療福祉関連施設事業などの歴史を有する小規模な「学校資本」が入りやすい。アカデミズムを売りにする国立大学や社会的に名の通った私立大学、それ以外の実績のある国公私立大学とも競合しない、競争を避けて開校できる。③だが他方で、専門職養成といえども、その社会における評価（待遇条件など）が介護職および保育職に代表されるような「低さ」から抜け出せないでいる現状は、やがて入学定員割れとともに、もともと上記のような小規模零細企業としての私立学校法人をして、簡単に閉鎖に結び付かせる必然性を内包している。その点で、社会の「ケアの評価」がケア関連専門職養成学校を大きく左右する関係にある。

それらのことを前提に、関係官庁（国家・政府）、関係専門職団体、養成施設・学校などの諸アクターの動きと関連して、専門職養成の量と質が決定されていくと考えていいだろう。橋本鉱市は、医師や法曹関係者あるいは本書が対象としている看護師、社会福祉士などの養成プロセスについて、次のように述べている。

「専門職が実際の業務に従事するまでには、高等教育―資格試験―現場採用という三段階から構成されるプロセスが想定でき、また専門職の『量』と『質』は、それぞれの段階ごとに様々な要因に左右されており一貫した整合性があるわけではない。したがって専門職養成に重要となるのは、その量と質を誰が決定しているのか、つまり養成プロセスの各段階でどのような集団・勢力が支配的な影響を持っているか、という点である」[26]。かくして資格試験についても、「現代では『国家』資格試験が、付与されるチャーターとして最も正統的であり、また権威があるとされる。しかし、資格試験によって『量』と『質』の両面をコントロールするのは必ずしも国家である（あった）わけではなく、専門職団体が市場を独占するだけの影響力を掌握している場合には、そうした団体による資格付与も旺盛に続けられてきた。また業務独占に至らない場合でも、市場を仕切る各種の関連団体がその実施者としてヘゲモニーを握っている場合もある」[27]としている。

だが、以上に見たような多様な養成ルートの形成――それなしには関連する人材そのものが量的に確保できない――は、国家試験以前の段階、つまり養成校の新規開設や途中の点検評価時だけでなく、毎年の入学から卒業までの教育内容やそれを提供する人的・物的設備条件など、その最低条件を共通して満たすことを必至化させる。なぜならば、多様な養成ルートであっても、同じ職種の資格取得である限り、修得内容は同じでレベルであることが求められるからだ。それは、関連職種養成上の指定規則をして、そして国家試験を通じて、「教育の質保証」の担保となるはずのものだからである。しかし、それは時として、有力な高等教育機関にとって自由な教育への制約条件として意識される。

【注・文献】

（１）文部科学省高等教育局医学教育課へのヒアリング（2016/04/11）。
（２）厚生労働大臣指定の「養成所」は、文部科学省（高等教育局医学教育課）への電話での確認によれば、学校教育法上の学校種別では「専修学校（専門学校）」「各種学校」の扱いとしている。
（３）http://www.mext.go.jp/a_menu/koutou/kango/1353401.htm（2016/04/11）
（４）日本看護歴史学会『日本の看護のあゆみ—歴史をつくるあなたへ—（第２版）』日本看護協会出版会、２０１４年、９頁。
（５）井本佳宏「看護師—その自給自足的養成体制のゆくえ—」橋本鉱市編著『専門職養成の日本的構造』玉川大学出版部、２００９年、94〜95頁。
（６）「看護婦等の確保を促進するための措置に関する基本的な指針」「看護系大学ホームページに聞け—看護婦等の確保を促進するための措置に関する基本的な指針」http://jukai.jp/modules/yorozu/index.php?content_id=1（2015/10/31）
（７）日本看護歴史学会『前掲書』49頁、田村やよひ「社会の変遷と看護の発展」田村やよひ編『看護学基礎テキスト（第3巻）社会の中の看護』日本看護協会出版会、２０１１年、63頁。

（8）井本佳宏「前掲」１０１頁。

（9）両者の養成校総数を１００％とした場合（２０１４年度）、栄養士養成校52・1％、管理栄養士養成校47・９％となっている（全国栄養士養成施設協会情報）。

（10）菊池正治・清水教恵・田中和男・永岡正巳・室田保夫編著『日本社会福祉の歴史・付史料―制度・実践・思想―』ミネルヴァ書房、２００３年、94～95頁、１２２頁、黒木保博「学校連盟の成立、足跡と現状」ソーシャルケアサービス従事者研究協議会編・大橋謙策編集代表『日本のソーシャルワーク研究・教育・実践の60年』相川書房、２００７年など参照。

（11）日本介護福祉士養成施設協会「養成施設を見てみよう」http://kaiyokyo.net/member_data/univ.php (2015/08/17)

（12）白旗希実子『介護職の誕生―日本における社会福祉系専門職の形成過程―』東北大学出版会、２０１1年、１８７頁。

（13）www.mhlw.go.jp/bunya/kodomo/pdf/hoiku_youseikou.pdf (2015/08/17)

（14）吉田幸恵「保育士養成における課題」『名古屋経営短期大学紀要』51号、２０１０年、85頁。同様な指摘は、海口浩芳「保育者養成における専門性確保の問題―保育者は『専門職』たりえるか―」『北陸学院短期大学紀要』39号、２００７年、40～41頁、にもある。

（15）厚生労働省資格・試験情報。www.mhlw.go.jp/kouseiroudoushou/shikaku_shiken/ (2015/08/17)

（16）森山幹夫「日本の社会保障制度と看護」田村やよひ編『前掲書』１０４頁。

（17）管理栄養士国家試験に関しては、栄養士職養成制度が、栄養士養成から始まり、１９６２年にその上位職である管理栄養士資格が誕生したという経緯を考慮しておく必要がある。鈴木道子「管理栄養士――養成システムの二重構造」橋本鉱市編著『前掲書』（５）参照。

(18)下野恵子・大津廣子『看護師の熟練形成―看護技術の向上を阻むものは何か―』名古屋大学出版会、２０１０年、１３５～１３６頁。

(19)第６回福祉人材確保対策検討会（２０１４年10月３日）「社会福祉について」、13頁。www.mhlw.go.jp/file/05-Shingikai.../1.shiryo_1.pdf（2015/08/17）

(20)秋山智久『社会福祉実践論［方法・専門職・価値観］（改訂版）』ミネルヴァ書房、２００５年、２８９頁。

(21)第１回社会保障審議会福祉部会・福祉人材確保専門委員会（２０１４年10月27日）資料２「介護人材の確保について」36頁。www.mhlw.go.jp/file/05-Shingikai.../0000062879.pdf（2015/08/17）

(22)野中ますみ『ケアワーカーの歪みの構造と課題』あいり出版、２０１５年、１６６頁

(23)白旗希実子『前掲書』79頁。

(24)厚生労働省「第１回保育士養成課程等検討会の資料」（２０１３年６月５日）参考資料１「保育士試験・養成課程検討資料」http://www.mhlw.go.jp/stf/shingi2/0000008260.html（2016/04/07）

(25)大嶋恭二「保育士の専門性と養成の課題」『東洋英和大学院紀要』４号、２００８年、６頁。

(26)橋本鉱市「本書の分析枠組みと概要」橋本鉱一編著『前掲書』（５）16頁。

(27)橋本鉱市「同右」17頁。

第3章 専門職養成教育のコントロール——教育の分化の困難と対置できない理想

1　教育の分化はどこまできているか——共通性の確認とともに

　同一職種でさえ、多様な養成・国家試験受験資格取得ルートがあり、それに合わせて養成校の学校種の違いなどの階層性が形成されている。このような国家試験受験資格取得方法の多様性といわば表裏の関係として、厚生労働省や文部科学省など各関係官庁・部局が指導する指定規則などがある。それは少なくとも形式的にも実質的にも「教育の質保証」や国家試験の内容や水準を裏付ける、担保するものとなっている。そして指定規則の中核には「教育内容」や「指定科目」があり、それぞれの養成校ごとのカリキュラムへと反映される関係にある。

　とくに、共同省令の指定規則に基づいて展開される専門職教育は、およそ学校と名付けられる場で具体的に展開されるにしたがって、文部科学省とのかかわりが密接になってくる関係にある。とはいえ、養成教育プロセスの入り口・途中（法律による資格制度に基づいた指定規則の振り出しと規制）及び出口（国家試験実施）までは、主として厚生労働省の管轄にあることは動かない。

しかし前章で見てきたように、国家・政府（とくに厚生労働省）と関連労働市場及び職能・職業団体と国公私立を含んだ学校法人の経営戦略、といった三者の関係のなかで、とくに学校法人はそのサバイバルと発展に賭けてこれを受けとめ行動する。それは、ときにはどっぷりと専門職養成機関として特化することもあれば、逆に縮小・閉鎖の方向を求め、あるいは相対的に社会的評価の高い大学では、より研究重視の大学への志向性を高め、養成機関としての性格を薄めようとすることもある。そこには、専門職業労働市場の動向や代表的な関連職能団体あるいは学会などとの関係をバックにした、それぞれの学校の立ち位置をめぐる判断が働いている。専門職養成教育にとってもっともキーパーソンとなる教員もまた、このなかで自らの力量と希望する先の大学の性格や位置づけとを比較考量しながら移動する。その率は感覚的なものだが、とくに看護系を中心にした専門職養成校においては（当然学校によって差はあるが）相当高いはずである。

そしてそれらは、学校種や社会的評価の階層性を帯びた養成校の教育面に焦点を当ててみれば、とくにカリキュラム構成の自由度と分化をめぐる動き、あるいは画一化・形式化への収斂として、また教員の質や量を基礎とした構成状況に反映されてくる。とはいえたいていの場合、それまでの養成校の持つ教育基盤の弱さが大きな制約条件になる。さらにそうではなくても、それぞれの分野の専門職の「専門性とは何か」あるいは学問領域の「固有性とは何か」、さらにはそもそも学問として「自立」しているかどうかなどという大きな課題（壁）にぶつかることによって、容易には具体化されない状況に直面することもある。それゆえ、一部にある指定規則による「教育の自由」の侵害という批判も、説得力という点ではしばしば物足りなさを感じさせるものとなる。そしてたいていは、大半が理想より現実路線を踏襲することとなる。したがってある意味、国家試験の合格だけを念頭におけば「こと足りる」環境にもあるのが専門職養成教育の一面ともなる。

また、本書で扱うケア関連専門職という共通する性格は、その教育目的や教育の展開方法において似た特徴を帯びているのも事実である。そこにまた、大学によってはケア関連専門職にかかわる総合的な理念を示す言葉を掲げる理由も生まれ、現実のケア・ケアリング実践が多くの専門職・非専門職の連携の下で行われていることから、現場に入る前の連携教育への期待も高まり、少なくない大学がそれに取り組むようになっている。そして、それは偏りもあるものの世界的な「流れ」としてもある。

およそ以上のような枠組みの理解の下に、ここでは、①それぞれの専門職養成教育分野の指定規則とカリキュラムの関連、あるいは追求されている実践能力像などを検討しながら、学校種などによる教育分化の特徴と問題点について触れていく。②次いで、それぞれのケア関連専門職養成教育における追求すべき実践的能力像など、かなりの部分が互いに重なり合っていること、あるいは問題対象へのアプローチの基本的手続き・形態もここで扱うすべての専門職が多かれ少なかれ対人援助専門職でもあることから、そこに共通する性格があることもラフだが触れていく。③そのなかで、「ケア」が授業カリキュラムのなかにどう扱われているか、あるいは関連する大学が掲げている「ヒューマンケア」「ヒューマンサービス」などの教育内容、またそれに裏付けられているはずの連携教育についても概観していく。

2　看護師養成とカリキュラム基礎

(1) 指定規則の変遷と教育の内容等——実践的能力像

1951年に初めて制定された指定規則は、基礎となる看護師教育カリキュラムにかかわっては、以降4回の改正があった。それは歴史的に概略次のように特徴付けられるものであった。

①看護学の体系もなく、医学モデルによる教育課程が中心であった枠組みから看護学への枠組みへと脱皮が目指された第1次改正（1967年）。はじめて看護学の構成として「看護学総論」「成人看護学」「小児看護学」「母性看護学」の4分野が特定された。②高度成長による生活水準の高まり、医療制度・医療技術の急速な発展、とくに高齢化の進行を背景に行われたのが第2次改正（1989年）であり、「老人看護学」が新たに科目立てされた。③高齢化社会への対応にくわえて、精神保健課題への対応が求められる背景の下で、第3次改正（1996年）が行われた。少子化とともに高学歴化も進み、大学化を進めるという方針の下に看護系大学設置が促進され、関連して指定規則の表示は教育科目ではなく教育内容の記載に変えられ、時間制が単位制になった。④医療の高度化や国民の医療に対する意識の高まりなどもあり、とくに看護の質の向上が問題となり、第4次改正（2008年）が行われた。専門職としての臨床実践能力の強化が課題となり、教育内容も基礎看護学を「専門分野Ⅰ」、対象別看護学を「専門分野Ⅱ」、そしてより実戦に近い形をとった「統合分野」が新たに設

けられた。また卒業時の看護技術の到達目標も提示され、標準化が目指されるようになった[1]。

ところでこの指定規則、その役割は国家試験受験資格を取得するための必要な教育内容を規定していることにある。しかし看護師等の養成には、同じ資格取得が目的であっても、専門学校としての看護師等養成所と看護系大学（とくに四年制）とでは、その教育内容や目標・ねらいに違いがあって当然でもある。それゆえそれは、看護系大学の養成教育カリキュラムとのかかわりでつねに議論されるところでもある。そのような意味合いも含んで、大学における看護系人材の在り方に関する検討会の「最終報告」（２０１１年3月11日、文部科学省高等教育局医学教育課）が次のように述べていることは、現状における全体の議論状況をよく示している。

「専修学校、短期大学、大学等、学校種を問わず最低限の教育の質を保証する指定規則は、看護師等の資質の向上に大きな役割を果たしてきた。大学における看護学教育の多様化が予測される中、一定の教育水準を保つために、指定規則による質保証の重要性が今後高まるという見解がある。また、大学教育の独自性を尊重する立場からは、大学における看護学教育の創造性に一定の制約を課してきた側面があるとの指摘もある[2]」

ここからは、この背後にある諸事情の存在が読み取れる。とはいえ、後に見る社会福祉教育と国家試験をめぐる議論との対比で言えば、上記のように指定規則による「創造性の制約」といった批判はあるものの、看護研究の分野においては、看護師等国家試験そのものが大学等の教育を「歪めている」といった議論はほとんど見ないのも一つの特徴である。[3]もちろん、前章でも触れたように、国家試験における技術のチェックもないことから、修得できる実践的技術能力の水準にも学校間格差が生じている可能性は否定できない。

さて、そのような構図を念頭におきながら、現在の決められた教育内容について概観しておけば、高校を卒業し、看護系大学に入学あるいは看護師養成所に入所した者などで、修業年限が3年以上である場合（前章で見た養成ルート①）に対しては、保健師助産師看護師学校養成所指定規則第4条の3によって「教育の内容は別表3に定める以上のものであること」とされている。ここでそれを示しておけば表3－1の通りである。

さらに、この教育内容を補足する観点から、とくに第4次改正（2008年）にかかわって強調されてきた「看護実践能力」の向上に関する議論について、厚生労働省「看護の基礎教育充実に関する検討会報告書」（2007年4月16日）及び同「看護教育の内容と方法に関する検討会報告書」（2011年2月28日）、そして同医政局長「看護師等養成所の運営に関する指導ガイドラインについて」（2015年3月31日）などから、この間の変化の特徴について何点か言及しておきたい。

第1は、先に触れたカリキュラム改正にかかわった「統合分野」の創設についてである。この統合分野は「在宅看護論」と「看護の統合と実践」からなる。前者は「地域で生活しながら療養する人びととその家族を理解し、自宅での看護実践の基礎を学ぶ内容とする。また、終末期看護も含め、在宅での基礎的な技術を身につけ、他職種と協働する中で看護の役割を理解する内容とした」[4]とある。後者は「基礎分野、専門基礎分野、専門分野Ⅰ、専門分野Ⅱで学習した内容をより臨床実践に近い形で

表３－１　看護師養成基礎カリキュラム

教育内容		単位数
基礎分野	科学的思考の基盤	13
	人間の生活・社会の理解	
専門基礎分野	人体の構造と機能	15
	疾病の成り立ちと回復の促進	
	健康支援と社会保障制度	6
専門分野Ⅰ	基礎看護学	10
	臨地実習	3
	基礎看護学	3
専門分野Ⅱ	成人看護学	6
	老年看護学	4
	小児看護学	4
	母性看護学	4
	精神看護学	4
	臨地実習	16
	成人看護学	6
	老年看護学	4
	小児看護学	2
	母性看護学	2
	精神看護学	2
統合分野	在宅看護論	4
	看護の統合と実践	4
	臨地実習	4
	在宅看護論	2
	看護の統合と実践	2
合計		97

注）保健師助産師看護師学校養成所指定規則別表3より作成。

学習し、知識・技術を統合する内容とした。具体的には、卒業後、臨床現場にスムーズに適応することができることを目的とし、各看護学で学んだ内容を臨床で実際に活用することができるよう、チーム医療及び他職種との協働の中でメンバーシップ及びリーダーシップを理解すること、……［5］」としている。つまり、連携実践を想定した教育の重視である。

第2に、その背景には、たとえば「看護基礎教育で修得する看護技術と臨床現場で求められるものとにはギャップがある。学生は臨地実習の範囲や機会が限定される傾向にあり、卒業時に一人でできるという看護技術が少なく、就職後、自信が持てないまま不安の中で業務を行っている。新卒者の中にはリアリティショックを受ける者や高度な医療を提供する現場についていけないため早期離職する者もいる［6］」ことから、第4次のカリキュラム改正（2008年）では、「学生の看護実践能力を強化することが大きなポイント［7］」となった。以降「看護職員としての『能力』を育成する教育への転換［8］」が看護基礎教育の追求すべき方向とされた。

第3に、かくして基礎となる看護師等の「教育の基本的考え方」の目標として、それらは、最終的に「①人間を身体的・精神的・社会的に統合された存在として幅広く理解し、看護師としての人間関係を形成する能力を養う。②看護師としての責務を自覚し、倫理に基づいた看護を実践する基礎的能力を養う。③科学的根拠に基づき、看護を計画的に実施する基礎的能力を養う。④健康の保持・増進、疾病の予防及び健康の回復に関わる看護を、健康の状態やその変化に応じて実践する基礎的能力を養う。⑤保健・医療・福祉システムにおける自らの役割及び他職種の役割を理解し、他職種と連携・協働する基礎的能力を養う。⑥専門職業人として、最新知識・技術を自ら学び続ける基礎的能力を養う」[9]としてまとめられた。そしてさらにより詳細に、結果として獲得されるべき能力や技術に関しても、「看護師に求められる実践能力と卒業時の到達目標」「看護師教育の技術項目と卒業時の到達度」などとして明示化されることとなった。

なおついでに、養成教育の最大の要の位置にある看護教員の規定（養成所対象）について言えば、「看護師養成所の専任教員となることのできる者は、次のいずれにも該当する者であること。ただし、保健師、助産師又は看護師として指定規則別表３の専門分野の教育内容（以下「専門領域」という。）のうちの一つの業務に3年以上従事した者で、大学において教育に関する科目を履修して卒業した者又は大学院において教育に関する科目を履修した者は、これにかかわらず専任教員となることができること。(ア)保健師、助産師又は看護師として5年以上業務に従事した者　(イ)専任教員として必要な研修を終了した者又は看護師の教育に関し、これと同等以上の学識経験を有すると認められる者」[10]となっている。ここでのポイントは、他の専門職養成教育（たとえば、社会福祉士や保育士養成教育）とは異なって、看護職の業務経験を不可欠な条件としていることである。むろん大学教員となれば、上記の内容を勘案しながらも、大学設置基準の教員要件に照らしあわされて採用されることとなる。

さらにここで、看護教員の実務経験（現場経験）について言えば、厚生労働省自体もこれを「教員の質」の問題と関連させ、重視していたことは注目しておいていい。たとえば、省内に設けられた検討会による『今後の看護教員のあり方に関する検討会報告書』（２０１０年2月17日）では、「看護教員の資質・能力に関する課題」として、看護実践能力と教育実践能力のバランス（とくに前者の維持困難）をまず議論していることがそのことを示している。さらにそこでは、「看護教員の向上すべき資質と求められる能力」として、人として看護職として学生等の目標となることができる「人間性」までが言及されていることなども興味深い。そして「看護教員の養成は、質的にも量的にも平準化されていない状況である」[11]ことを指摘し、看護教員養成の重要性を強調している。

参考だが、この「看護実践能力」の維持に関しては、大学の看護系教員はもと病床の看護職経験者であっても、現役の臨床看護職者ではないことが、看護教育の「問題点」[12]とする外部からの批判的意見もある。しかしもちろん、いわゆる臨地実習においては、現場に「臨床指導者」が配置され教育が行われているので、この批判は当たっていない面もある。またその濃淡あるいは長短はあれ、この形態の教育は他のケア関連専門職でも採用されている方法でもある。ただ、臨床現場における医師教育との対比においては違いはあるだろう。

大学における「教員の質」に関して言えば、そのことにくわえて、とくに「学校教育法」「大学設置基準」等の枠組みで人事も判断されることもあり、その点からの歪みが無視できない問題としてあることも留意しておきたい。すなわち、大学によってはたいてい、看護の「実践の学」「専門職養成」といった特殊性を配慮した人事制度があるものの（そのほかの専門職分野も同じ）、学位・学歴や研究業績を重視する雰囲気の濃い大学像といった壁は厚く、その影響がもたらす作用は免れがたいものがあるからである[13]。それゆえまた、教員の大学間移動を媒介にした、急増する看護系大学の間の教員の不足や質的格差も必然的に生まれるのであり、関係者の間ではこのことはつねに話題となる[14]。なお再び、学校種の違いという視点に戻れば、当然のことながら、専門学校としての看護師養成所と看護系大学における看護教員の学歴格差は大きい[15]。

⑵大学における看護師養成教育のあり方に関する検討――モデル・コア・カリキュラム

ところで、先に言及した身につけるべき「実践能力と卒業時における到達目標」などは、文部科学省と厚生労働省が「連携」しつつ検討してきた成果でもあるという形式をとっている。たとえば厚生労働省『看護教育の内容と方法に関する検討会報告書』（前出）では、その作成にあたって「……本検討会において表明された意見、国際看護協会の能力の枠組や、『看護学教育の在り方に関する検討会報告書』（文部科学省）で示された『看護実践能力育成に充実に向けた大学卒業時の到達目標』の枠組を参考にした[16]」などとある。実際ほぼ同じ時期に、文部科学省からは先に触れた大学における看護系人材養成の在り方に関する検討会による「最終報告」（前出）が出されている。

この文部科学省主催の「検討会」の目的は、看護学基礎カリキュラム、教育の質保証そして大学院における高度専門職業人のあり方の３点であったが、そこでも右のすり合わせを踏まえた「学士課程においてコアとなる看護実践能力と卒業時到達目標の策定」として、五つの群と20の看護実践能力一覧が定義されている（表３-２）。ここでわざわざこれを掲載したのは、後に検討していく他の専門職養成教育との対比を意図しているからである。表現の違いは多少あるものの、当然だが両者（厚生労働省と文部科学省）の看護師に求められる「実践能力と卒業時の到達目標」の基本的構成と内容は同じである。

ただこれは、「説明」によれば、「学士課程修了時に……修得すべきコアとなる能力とそのために必要な教育内容を示すものであり、学士課程の教育内容すべてを網羅するものではない[17]」。その基本は

表3－2　看護師実践能力一覧

Ⅰ群　ヒューマンケアの基本に関する実践能力
1）看護の対象となる人々の尊厳と権利を擁護する能力 2）実施する看護について説明し同意を得る能力 3）援助的関係を形成する能力
Ⅱ群　根拠に基づき看護を計画的に実践する能力
4）根拠に基づいた看護を提供する能力 5）計画的に看護を実践する能力 6）健康レベルを成長発達に応じて査定（Assessment）する能力 7）個人と家族の生活を査定する（Assessment）する能力 8）地域の特性と健康課題を査定する（Assessment）する能力 9）看護援助技術を適切に実施する能力
Ⅲ群　特定の健康課題に対応する実践能力
10）健康の保持増進と疾病を予防する能力 11）急激な健康破綻と回復過程にある人々を援助する能力
12）慢性疾患及び慢性的な健康課題を有する人々を援助する能力 13）終末期にある人々を援助する能力
Ⅳ群　ケア環境とチーム体制整備に関する実践能力
14）保健医療福祉における看護活動と看護ケアの質を改善する能力 15）地域ケアの構築と看護機能の充実を図る能力 16）安全なケア環境を提供する能力 17）保健医療福祉における協働と連携をする能力 18）社会の動向を踏まえて看護を創造するための基礎となる能力
Ⅴ群　専門職者として研鑽し続ける基本能力
19）生涯にわたり継続して専門的能力を向上させる能力 20）看護専門職としての価値と専門性を発展させる能力

注）大学における看護系人材養成の在り方に関する検討会「大学における看護系人材養成の在り方に関する検討会最終報告」（2011年3月11日）より作成。

参照基準としての性格を持つものである。したがってモデル・コア・カリキュラムではないが、しかしそこへのアプローチの一歩であると言う。

なお、構想されようとしていたモデル・コア・カリキュラムについては、医学・歯学・薬学などが先行しているようだ。その点について橋本鉱市は次のように述べている。

「専門職の養成は、一連のプロセスで成り立っている……特に医師の場合、入学時点から卒業まで、モデル・コアカリ、CBT（Computer Based Testing：引用者挿入）、OSCE（Objective Structured Clinical Examination：同）といった共用試験など、いくつかの『仕掛け』が段階的に設けられ、それぞれが有機的に関連付けられている。そして試行が開始されてから10年近くを経ており、部分的な改訂はあるものの、医師養成における教育段階における質保証は制度的に定着していると言っていい。しかし、他の専門職ではこうした仕掛けが未だに導入・実施されていないことを考え合わせれば、同じような仕掛けがどの分野にも適用できるわけではないだろう。医師養成だからこそ、この『成功』を支えるロジックと戦略がかみ合っていたと考える方が理に適っている[18]」

いささか途をそれるようだが、いま少し具体的に医学の状況を見ておけば、モデル・コア・カリキュラム改訂に関する連絡調整委員会（モデル・コア・カリキュラム改訂に関する専門研究委員会）「医学モデル・コア・カリキュラム―教育内容ガイドライン―（平成22年度改訂版）」は、その提言趣旨を①基本的診察能力の確実な習得、②地域の医療を担う意欲・使命感の向上、③基礎と臨床の有機的連携による研究マインドの涵養の観点からする、「医学教育モデル・コア・カリキュラム」の改訂にあるとし、そのうえで「医学教育モデル・コア・カリキュラムは、著しく膨大となった医学教育の内容を精選し、卒業時（一部は臨床実習開始前）までに学生が身に付けておくべき必須の実践的能力（知識・技能・態度）の到達目標を分かりやすく提示したものである[19]」と、これを性格づけている。

しかし、看護教育のモデル・コア・カリキュラムに関しては、大学における看護系人材養成の在り方に関する検討会の「最終報告」（前出）は次のようにまとめている。右と対比してみると興味深い。

「『学士課程版看護実践応力と到達目標』を検討する中では、これを医学・歯学・薬学で使用されている『モデル・コア・カリキュラム』と同様の基準とするべきであるとの意見があった。その理由として、同じ医療人養成の中で類似する基準が混在することが国民の視点からわかりにくいことや、他領域の基準との比較や融合が可能な様式に整えていくべきであることが挙げられた。これに対して、看護師等の基準としては指定規則があることから、モデル・コア・カリキュラムを作成したとしても他分野と同じように運用はできないという指摘があった。さらに本検討会の検討素材となった委託研究の調査結果は、『実践能力 Competency』に基づき卒業時到達目標を検討しており、『一般目標・到達目標』で構成される『モデル・コア・カリキュラム』の形態に変更することは困難であったことから、今回は『学士課程版看護実践能力と到達目標』という形で成果をまとめた[20]」

このあたり、看護師養成と学校種の多様性の関係なかでの指定規則、あるいは養成所対象の厚生労働省作成「看護師に求められる実践能力と卒業時の到達目標」や大学における看護系人材養成の在り方に関する検討会による「学士課程におけるコアとなる看護実践能力と卒業時到達目標」、そしてそれぞれの学校独自のカリキュラムの策定などとの関連でどう整理されていくべきか、といった課題が付きまとう。さらにそれだけではなく、次に言及する看護教育の独自性とも関連した「ヒューマンケアリングカリキュラムの哲学―行動主義的教育への批判―」と、構想されようとしたモデル・コア・カリキュラムに随伴するＯＳＣＥやＣＢＴとの一体化の教育システムが、果たして整合性が取れていくものになるかどうかも気になるところである。

(3) カリキュラム分化基盤——併せてケアリングカリキュラムの検討

看護師養成にかかわるカリキュラムについては、カリキュラムの意味・概念や類型区分から開発や作成まで、詳しく述べている文献もあれば[21]、それぞれの大学での個別カリキュラム改正にかかわる成果や問題点の検証に焦点を合わせた研究も多い。しかし、これを学校種間あるいは大学間で比較研究しながら「質の差」について評価しているようなものは、いくぶん古いもの[22]を除いては、まだ管見の限り見いだせていない。とはいえ、指定規則の拘束性からどこまでカリキュラムの構成上の差が広がっているかはある程度わかるし、少なくともその分化の基盤は示すことができる。

たとえば看護師養成に必要な指定規則で定められている97単位の履修科目は、３年間の短期大学や専門学校で修得するか、４年間の大学で修得するか、それだけでも余裕の有無で言えば確実に違いが生まれる。そして同じ大学でも、看護の単科大学と総合大学とでは選択の幅が異なってくる可能性は大きいであろう。さらにその他、高等学校入学後の５年一貫性の課程や専攻科２年課程などの形態もある。それらをいわゆる選択科目の履修と併せ考えてみれば、そこには差が生まれることは当然のようにも思える。

この点でこれまで度々引用してきた、大学における看護系人材養成の在り方に関する検討会「最終報告」では、看護師等が多様な学校種によって養成されてきている現状を前提に、学士課程における看護系人材養成のあり方を検討する際には、何よりも当該課程において養成することの意義に留意する必要があるとし、「看護系人材を養成する学士課程では、この教養教育と看護学分野における専門教育を担うことが期待されているが、後者は一面において職業教育の性格を併せ持つ。大学における職業教育は、教養教育の基礎の上に立ち、理論的背景を持った分析的・批判的見地から取り込まれるものである点に特徴があるとされている」[23]と、大学における看護教育の優位性を述べている。

しかし、これは看護教育に限ったことではないが、「教養教育」「一般教育」が専門教育とどのようにかかわってやがて血肉化していくかはそれほど明確なことが示されているわけではない。また、看護系四年制大学と看護師養成所（専門学校）や短期大学との比較において、たとえば前者の方がもしも「新人看護師の基礎的な看護技術が若干劣る」[24]とすると（その後の成長は別として）、あるいは「看護系大学として育てるべき教養とは、机上の学問だけでなく、臨床でのさまざまな〈経験〉なのである」[25]という議論もそれなりの正当性を持つと考えると、四年制大学の「時間的余裕」による影響以上のことはなかなか優位性としても証明しにくいところもある。[26]もちろん、専門学校や短期大学の立場からしても、「短期間の教育でも変わりがない」ことが証明できなければ、その不利を克服しているとは言えない。[27]

さらにここで、看護系の教育において一部で注目されてきた、いわゆる「ケアリングカリキュラム」に関して少し検討しておきたい。その理由は、これまで見てきた大学・学士課程を対象にした看護教育のあり方とかかわって言えば、少なくとも学士課程以上においては、「指定規則による特定の職種に関する専門的な知識・技術の教育に留まらず、批判的な思考力や創造性の涵養、研究能力の育成が求められる」[28]はずだからである。その理想がまた、いわゆる教育の「行動主義」（それはとくに専門学校や短期大学の議論とも重なってくることでもある。以下の引用も参照）に批判的な立場に立ったケアリングカリキュラムの主張とかかわってくるように見える。

たとえば、Ｅ・オリヴィア・ベヴィスは、ジーン・ワトソンとの共著『ケアリングカリキュラム』において、看護教育の新しいパラダイムとして次のように主張している。「すべての一般的プログラムには、何らかの訓練を含んでいる。また、看護学の内容には記憶すべきものもあるし、技術の使い方やその基本となる原理を学ばなければならないものもある。しかし専門看護職の中心は、将来を特徴づける研究であると同時に臨床家でもある卒業生を育てるために、自主性を育む教育的学習に向かって方向を転換する必要がある」[29]。「このパラダイムにおいては、このような特性をもつ学習者は、成熟した学習者と呼ばれる。本書の基本的理論は、学習者の成熟は、自主的な学習を促進する教師と学生との相互作用を選択する教師によって支持され、また統合的な学習や状況に応じた学習、そして探究的学習に分類される個々の学習項目を設定し、選択する教師によって支持されるということである」[30]。

このようなケアリングカリキュラムの志向性は、看護ケア論の有名な研究者たちの著作からうかがわれるし、その意味も理解できる[31]。しかし現実には、それはアメリカにおいてもなお一部に普及はとどまっており、日本でも大学にその理念を導入しているところもあるが、なお試行段階のようでもある。ケアリングカリキュラムの文献検討などを行った研究者によれば、「ケア／ケアリングは、看護の中核をなすものとされながら、看護教育においては、その概念の不明瞭さや抽象性から教育することの難しさ、臨地・臨床実習が軽視される傾向、教育者全体のケア／ケアリングに対する認識や価値観の不一致、ヒューマンケアリングを基盤としたカリキュラムが確立されていないといった問題が読みとれる[32]」とまとめている。そしてアメリカなどでも、「多くの看護リーダーが、ケアリングの重要性を説いていながら、看護教育の中ではケアリングは、それほどに強調されていない[33]」としている。

なお以上のようなケアリングカリキュラムの問題提起は、看護職あるいは看護学の専門性の明示化主張ともかかわったことでもある。すなわち、従来の医学モデルに依拠したカリキュラムから看護学独自のカリキュラム構成への転換を志向したものでもある。しかし、その転換あるいは医学・医師からの離脱・自立といった議論に関して言えば、その変化を認めつつも、「逆説的であるが、看護職能が医学モデルからの脱却を願いながらも叶わず今日に至ったことが、はからずも『介護福祉士』という隣接専門職との専門性の線引きに貢献しているともいえる[34]」といった見解もある。たしかにそのことは、次章でも検討していくように首肯できる面も多い。

3　社会福祉士養成とカリキュラム基礎

(1) 指定科目と基礎科目の区分

社会福祉士及び介護福祉士法成立後、社会福祉士養成に関するカリキュラム改正は2度行われた。1回目は、法改正そのものはないままに1998年に厚生省（当時）に検討委員会が設置され、2000年度から施行された。そこでは、地域での自立生活が可能となるような援助方法へと法体系が変化してきていることを踏まえ、社会福祉援助技術重視の方向が追求され、たとえば社会福祉援助技術演習の履修時間が従来の2倍の１２０時間となった。

２回目は、２００７年の法改正（社会福祉士及び介護福祉士法）に伴うもので２００９年度から施行された。法条文の「相談援助」に新たに「連絡調整機能」がくわわったこともあり、相談援助技術の重視という観点から実習指導にあたる担当者の資格要件がより厳しくされた。さらにカリキュラムは、それまでの科目並列的な印象から「構造化」されたものへと変えられた。結果として新カリキュラムは五つの科目群となり、指定科目が22科目、基礎科目が16科目となり（旧カリでは12科目、６科目）、大幅な増加となった。[35]

看護師等の教育内容のあり方とは違って、すでに前章でも言及したことだが、社会福祉士受験資格において特徴的なことは、「社会福祉に関する科目」と「社会福祉に関する基礎科目」が設定されていることである。すなわち「社会福祉に関する科目を定める省令」（平成20年3月24日文部科学省・厚生労働省令第3号）第1条において、社会福祉士及び介護福祉士法第7条（国家試験受験資格）第１号にかかわる「社会福祉に関する科目」が定められ、第２条において、同法第7条第2号にかかわる「社会福祉に関する基礎科目」が定められ、そこでは相談援助演習や相談援助実習などは外されている。この背景には福祉系大学の卒業生の進路の多様性といった現実がある。

たとえば日本社会福祉教育学校連盟『社会福祉系学部・学科卒業生の進路等調査報告書』（２０１３年）によれば、２０１１年3月卒業生対象の結果は、連盟参加の四年制大学の有効回答卒業生総数１万７０２６人のうち、福祉・医療系８５９０人（50・５％）、一般企業社員３５３０人（20・７％）

などであり、さらに職種別（医療・福祉系のみを100％として）では、相談援助28・2％、介護41・1％、保育10・6％、事務職4・5％、その他15・7％となっている。この28・2％の「相談援助」は卒業生総数対比では14・2％に過ぎない。

さらにもう少し実感に近づくために、対象をそのうちの「社会福祉士受験資格取得が含まれる学科・コース」に絞ってみても、総数1万5475人のうち福祉・医療系は53・0％、一般企業社員20・7％、教育3・1％、その他の就職者3・6％、進学3・9％、就職活動中5・5％、就職希望しなかった5・3％、不明4・8％となっている。[36] ここからは、端的に社会福祉系大学のカリキュラムや理念の統一の難しさが示唆されてくる。[37]

表3-3は、社会福祉士介護福祉士養成施設指定規則（昭和62年12月5日厚生省令第50号）、同学校指定規則（平成20年3月24日文部科学省・厚生労働省令第2号）の別表3を基礎に、上記の「社会福祉に関する科目」「社会福祉に関する基礎科目」、さらに国家試験科目との関連を見たものである。この指定規則の別表第3で特徴的なことの一つは、保健師助産師看護師学校養成所指定規則のそれとは異なって、時間数はあるが単位数は明示されていないことである。

そしてそのことは、社会福祉士養成ルートの多様性とも関係している。すなわち、たとえば福祉系四年制大学において指定科目を履修した場合と、基礎科目しか履修しなかった場合とでは、国家試験受験対応に違いが生まれる。後者であれば、どこかの社会福祉士短期養成施設において必要な知識や技能を修得することが必要条件となる。また、一般大学卒業であれば、社会福祉士一般養成施設において必要な知識や技能を修得することとなる。したがって同じ四年制大学卒業者であっても、このよ

表３－３　社会福祉士養成基礎カリキュラム

「社会福祉に関する科目を定める省令」による指定科目及び基礎科目		「指定規則」の別表３の社会福祉士一般養成施設（学校）の時間数		
		講義	面接授業	実習
1　次に掲げる科目のうち1科目				
イ　人体の構造と機能及び疾病	○	90		
ロ　心理学理論と心理的支援	○	90		
ハ　社会理論と社会システム	○	90		
2　現代社会と福祉*	○	180		
3　社会調査の基礎	○	90		
4　相談援助の基盤と専門職	○	180		
5　相談援助の理論と方法*	○	360		
6　地域福祉の理論と方法*	○	180		
7　福祉行財政と福祉計画	○	90		
8　福祉サービスの組織と経営	○	90		
9　社会保障	○	180		
10　高齢者に対する支援と介護保険制度	○	180		
11　障害者に対する支援と障害者自立支援制度	○	90		
12　児童や家庭に対する支援と児童・家庭福祉制度	○	90		
13　低所得者に対する支援と生活保護制度	○	90		
14　保健医療サービス	○	90		
15　次に掲げる科目のうち1科目				
イ　就労支援サービス	○	45		
ロ　権利擁護と成年後見制度	○	90		
ハ　更生保護制度	○	45		
16　相談援助演習*		405	45	
17　相談援助実習指導*		243	27	
18　相談援助実習*				180
合計時間数		2988	72	180

注）*印は法第7条第2号の「社会福祉に関する基礎科目」に入っていない科目。○印は社会福祉士国家試験の対象科目。「省令」及び「社会福祉士介護福祉士養成施設・学校指定規則」より作成。

うに多様であるとともに、これに短期大学・専門学校などの卒業生のためのルートや実務経験などを考慮した社会人ルートも用意されていることから、さらに養成教育は多様な形態となるのである。そこには、国家試験には大学などの教育団体がかかわることができても、養成システムには影響力を行使できない現実がある。

補論：社会福祉士の出発点

ところで、その養成システムの骨格の形成に関して、そのための詳しい歴史的検討は措くとして、社会福祉士及び介護福祉士法成立にかかわって少し触れておきたい。なぜなら、社会福祉士資格創設時の出発点における社会福祉士の性格規定、あるいはそのための養成ルートの多様性の仕組みや指定規則による基礎カリキュラム設定など、それらにかかわる方向性や設定のありようが、その後の社会福祉士養成教育あるいは広く社会福祉教育に大きな影響を与え続けているからである。

第1は、成立最優先及び介護福祉士との抱き合わせで生まれた社会福祉士の性格規定に関することである。すなわちそれは、たとえば生活保護ケースワーカー、医療ソーシャルワーカー、コミュニティワーカーなどをも想定したものでなかった。当時、本法の成立に推進面からかかわっていたという秋山智久が言うように、「その成立過程において、厚生省児童家庭局の関係者がジェネリックなソーシャルワーカー法ではなく具体的には『相談業務技術士』と考えるべきだと指摘した通り、まさにその部分（相談援助）に業務が限定されている。そして、相談・助言・指導・援助の概念そのものが明確ではないにもかかわらず、それを条文に謳っている[38]」ものとなったことである。つまり、社会福祉士の業務からは、基本的に「経済的問題」（端的に貧困・低所得に対する生活保護などの業務）は外されていた。[39] しかも、このような社会福祉専門職あるいはソーシャルワーカーの「すみわけ」からも示唆されるように、そこでの「ねらい」（漠然としたものであれ）は、どちらかと言えば「公的機関における相談援助職は、社会福祉主事である公務員が担い、それ以外の民間で社会福祉士が相談援助を行ってほしいという厚生省の方向性」[40] に沿うものであったとも言われている。

さらに以上のように、社会福祉士の業務が主として経済を除いた相談援助に限定されていたものであっても、一方でこれをリードした行政・関係者側からは、「社会福祉士はソーシャルワーカーである」と説明されていたことも興味深い。[41] しかしもちろん、他方でそのことに対する疑問も出し続けられていた。たとえば、法成立後しばらくたった時期のあるシンポジウム（日本社会事業学校連盟「戦後社会福祉教育の50年」１９９６年）で、司会の大橋謙作は、その挨拶を「社会福祉士イコールソーシャルワーカーではありませんが、事務局の考え方もございまして社会福祉士、ソーシャルワーカーのあり方を軸としながらそれと関連する形で介護福祉士、ケアワーカーの問題にも触れるというふうに考えて進めたい」[42] と始めている。とはいえ以降、基本的に社会福祉士＝ソーシャルワーカーの理解の下に議論は進められていく。

第2は、養成ルートの多様性の確保とかかわった社会福祉士養成教育の「幅の広さ」とカリキュラム作成への強い関与についてである。まず前者については、第1章でも見てきたように、基本ルートは福祉系大学において4年間の必要な履修課程を終え国家試験を受験するものだが、さまざまな実務経験あるいは福祉系以外の大卒などを念頭に、短期養成施設あるいは一般長期養成施設を経由する場合も含めて、かなり広範囲な確保策がとられた。それは、大学化の推進によって「自給自足養成体制」が徐々に変化していった看護師確保とも異なるものであった。そこでは、すでに存在する社会福祉主事あるいは国家資格が付与されないまま関連業務に従事してきた人びとがいるという、それまでの現実からの影響も大きかったのだろう。

次にその「幅の広さ」も含めて後者（カリキュラム）について言えば、法制定時に社会福祉専門官としてかかわっていた阿部實が次のように述べていたこと――とくに「社会福祉士法制定試案」（1971年）との相違点に関して――は、知っておいていいことであろう。それは、「今回の福祉士法は、現在においても国民が必要とし、国民が近い将来大量に必要とする専門職を今後如何に確保していくかというのが、その思考の原点にあった……制定試案が『福祉従事者のための資格』を指向したのに対し、福祉士法のそれは『高齢化に伴うニーズに対応するための資格』を指向した」、（しかし当時）「社会福祉士や介護福祉士に必要とされる専門的知識や専門的技術並びに基礎知識や関連知識を修得するのに必要なカリキュラムをすでに整備して、その養成を行っている大学や専門学校等は存在していなかった」[43]（傍点は引用者）という認識を持っていたことである。

だからその延長上に、法制定をリードしてきた一人であり、成立時から「社会福祉士は欧米諸国がいう有資格のソーシャルワーカーそのものである」[44]とする京極高宣をして、成立後およそ10年たった時点で、福祉系大学のカリキュラムは「原則的には社会福祉士養成を中心に再編成され、ほぼ標準化が完成されたということがいえる。しかもきわめて標準的な社会福祉士養成課程のテキストや新主事養成課程のテキストが作成され、どこの福祉系大学でも最低限の教育内容はおおむね共通となり、あとでそれにプラスアルファで個性化が図られる段階にきているといえる」[45]「四年制福祉系大学などが急増し……厳しい競争状態を引き起こし、ある意味では福祉系大学のお互いの切磋琢磨により、よりよいソーシャルワーク教育を創造する環境が生まれたということもできる。社会福祉の専門教育における量から質へのいわゆる弁証法的発展が今まさに起ころうとしているのである」[46]、と言わしめたのであろう。もちろん、このような評価が正しいかどうかは別である。しかしともあれ、その後も社会福祉士養成教育あるいは国家試験をめぐる議論は継続されていく。

なお、社会福祉士養成にかかわる教員要件に関して言えば、看護系のほとんどが実務経験を何らかの形で経験していること（いわゆる臨地実習の比重の大きさもあり）に比較すると、実習や演習などの科目を除いては、たいていの科目において、関連する教育や研究の経験があればその教員要件を満たすことからすると、そこには大きな差異があることにも留意しておきたい。それは、同じ実践でも命にかかわる禁止事項に力点がある看護師の業務独占と社会福祉士の名称独占の違いなどに基づくものなのだろう。

(2) 大学における養成教育のあり方に関する検討――カリキュラム基準の並列

国家試験に関してはこれまでも触れてきたが、看護系とは異なって、福祉系大学の教育プログラムが社会福祉士養成教育・国家試験に偏りすぎているという批判は度々指摘され、２００８年の日本学術会議社会学委員会社会福祉学分科会の提言にも、以下のように公表されている。

「社会福祉系大学の責務は、社会福祉現象をめぐる理論的・実証的研究の積み重ねを基礎に、その実践的応用として教育プログラムを開発し、社会福祉士を基礎にして多様なソーシャルワーカーを輩出する人材養成を行うことにあるといえる。しかしながら、1987年に成立した『社会福祉士及び介護福祉士法』による社会福祉士国家資格制度とともに、福祉系大学の教育プログラムはややもすると社会福祉士養成教育に偏りすぎ、国家試験科目に限定されるカリキュラムとなり、固定化した養成教育になっているきらいがある」[47]「社会福祉士養成教育に偏りすぎるきらいのある福祉系大学教育の是正には、社会思想・社会哲学・社会史、社会学、経済学、経営学、政治学などの社会科学や、生命倫理、人権思想、文化人類学などの人文科学等、幅ひろいカリキュラムで編成できる教育体制の構築が求められる。社会福祉制度の多元化に対応するためには社会計画論、社会運動論、社会起業論、福祉経営学など研究・教育内容を広げる必要があり、スピリチュアリティやホスピスなど現代社会が抱える人間科学的な内容やユニバーサルデザインなど行動科学的な内容にもリンクしたカリキュラム改革も必要とされる」[48]「社会福祉教育は、社会福祉士を養成する教育に限定されるものではない。福祉系大学等は、社会福祉士養成教育をコアカリキュラムの中心としながらも、それぞれの教育理念・方針に基づき、独自性のある社会福祉教育を行う自由が保証されている」[49]

しかしこれによって、社会福祉職の専門性を明確にするという方向、あるいは社会福祉教育のあるべき姿の追求は、より複雑にもなる面も免れないようにも思われる。以上のような「考え方」は最近の日本学術会議社会学委員会社会福祉学分科会「大学教育の分野別質保証のための教育課程編成上の参照基準・社会福祉学分野」（2013年）でも言及されている。

「社会福祉学教育は専門職養成教育から出発したこともあり、教育を受けた者の中に社会福祉士や精神保健福祉士等の資格を取得して専門職として就職していく学生が多い。その一方で、社会福祉学の教育を受け、一般企業等に就職していく者もいる。両者の学生の割合は大学により大きく異なることは事実であるが、両者を一体的に捉え、社会福祉学を専攻するすべての学生が習得すべき能力やスキルを明確にする必要がある[50]」「社会福祉学の固有性は、政策と実践の連関システムとしての把握、および実体と価値の関連を探求することであるが、社会福祉学を学ぶ学生が基本的に身に付けるべきことは、個人と社会の幸せを追求し、それらが相互に連関していることを理解し、個人の問題解決と社会の連帯をどのように実現するかを俯瞰的に捉えることである。そしてそのことを説明できる力が『福祉マインド』である。福祉マインドというと『やさしい心』や『思いやりの心』と捉えられがちであるが、社会福祉学における福祉マインドは、価値を踏まえて役割を実行するために必要な素養である[51]」

ここまでくると、繰り返し表れてくる社会福祉学の固有性とは何かといった基本的論点にくわえて、さらに「ねらいどころ」のわかりづらさが増しているようにも見える。なお関連して付けくわえておけば、そこでは「当該分野の学びを通じて獲得すべき基本的な能力」を、①まず社会福祉学に固有な能力として、(ア)個人の尊厳を重視し支援する能力、(イ)生活問題を発見し、普遍化する能力、(ウ)社会資源を調整・開発する能力、(エ)社会福祉の運営に貢献する能力、(オ)権利を擁護する能力、(カ)個人の力を高め社会を開発する能力、でおさえ、ついで②ジェネリックスキルとして、(ア)社会で暮らす一人ひとりの生活を重視し、多様な価値観を受容することができる、(イ)人権の視点をもち差別や社会的排除の問題に気づくことができる、(ウ)他人の話に耳をかたむけ、その人が抱えている課題を認識し、それが社会の問題であると把握することができる、(エ)日々の生活のなかで市民としての責務をはたし、市民性を発揮することができる、(オ)市民社会のさまざまな活動に積極的に参加し、広く人びとの生活の質の向上に貢献することができる、(カ)他者と協同して、よりよい共生社会を構築するための役割を担うことができる、といったことで説明している。[52]

このように、とくに「一般的・汎用的な有用性」を持つとされるジェネリックスキルまで触れているところに、今日の社会福祉を基礎とする学校（大学）の性格づけがよく表されている。そのまとめは、カリキュラムをめぐる議論で言えばこうなっている。すなわち、同文書（「大学教育の分野別質保証のための教育課程編成上の参照基準・社会福祉学分野」）は、一方でのすでに見た「指定規則に基づく養成カリキュラム」、そして他方での（一般社団法人社会福祉教育学校連盟による「社会福祉学コア・カリキュラム」と「社会福祉専門職養成コア・カリキュラム」の二つを統合した）「社会福祉学を基礎とするソーシャルワーク教育のコア・カリキュラム」（２０１１年）の提起という事情を踏まえて、[53]次のように述べている。

「これら二つのカリキュラムは、いずれも専門職養成の質保証には重要な役割をはたしているが、本報告が提起する参照基準とは目的を異にするものである。本報告でいう参照基準とは、学生の進路が多様化している状況において、教育内容の直接的、外形的な標準を示すのではなく、社会福祉学を学ぶすべての学生が身につけるべき基本的能力を同定し、各大学がそれぞれの教育理念や現実に即して自主的・自律的に学修目標や内容を検討する際に、参考として供するものである[54]」

こうして見ると、「社会福祉学を基礎とするソーシャルワーク教育のコア・カリキュラム」自体が、社会福祉学教育か社会福祉専門職養成教育かといった「対立」を内包して統一されたものとなっている。とすると事実上、「指定規則に基づく基礎カリキュラム」と併せて三つのカリキュラムが隠されて存在し、さらにくわえてもう一つ「参照基準」が存在しているようにも見えてくる[55]。文系・社会系の学問分野の「幅の広さ」「曖昧さ」は付きもののようにも思われるが、社会福祉学もまたそれを免れていないということだろうか。

4　介護福祉士養成とカリキュラム基礎

(1) 法改正とカリキュラムの変遷——医療的ケアの導入

２０００年の介護保険法の施行、２０１１年の同法の改正（介護職員による喀痰吸引等の行為を認めることなど）、また２００７年の社会福祉士及び介護福祉士法の改正及びその後の同法の一部改正（２０１１年）に伴って、介護福祉士養成カリキュラムも整備されてきた。

介護福祉士資格が誕生した当初は、寝たきり介護をモデルに介護が定義されていた。その後、介護福祉士が行う介護は「２００７年に『入浴、排せつ、食事その他の介護』から『心身の状況に応じた介護』へ改正され、介護とは、生活を支えるという考え方に変化した。２０１１年に『心身の状況に応じた介護』から『心身の状況に応じた介護（喀痰吸引その他のその者が日常生活を営むのに必要な行為であって、医師の指示のもとに行われるものを含む）』に改正された」[56]という経過をたどっている。

関連して介護福祉士の養成カリキュラムも段階的に改正されてきた。とくに大きな変化は、２００７年の社会福祉士及び介護福祉士法の改正に伴うカリキュラム改正（２００９年度実施）であった。そこでは、指定規則上の基礎カリキュラムにおいても、それまで単なる科目名扱いに過ぎなかった介護関連科目が大きな枠組みの３領域の一つとして、すなわち「介護」として独立した扱い（「介護過程」を新たに設置して）になったのである。具体的には表４-１にあるように、介護が実践の技術であるという性格を踏まえ、①その基盤となる教養や倫理的態度の涵養に資する「人間と社会」、②尊厳の保持、自立支援の考え方の上に成り立たせる生活を支えるための「介護」、③多職種協働や適切な介護の提供に必要な根拠としての「こころとからだのしくみ」、この３領域に再構成された[57]。こうして２年課程の基礎となるカリキュラムの時間数も、それまでの１６５０時間から１８００時間への延長となった。

そしていま、介護保険法等一部改正（２０１１年）などにより、介護福祉士がその業務として喀痰

表３－４　介護福祉士養成の基礎カリキュラム

領域	教育内容	時間数
人間と社会	人間の尊厳と自立	30以上
	人間関係とコミュニケーション	30以上
	社会の理解	60以上
	人間と社会に関する選択科目	
	合計	240
介護	介護の基本	180
	コミュニケーション技術	60
	生活支援技術	300
	介護過程	150
	介護総合演習	120
	介護実習	460
こころとからだのしくみ	発達と老化の理解	60
	認知症の理解	60
	障害の理解	60
	こころとからだのしくみ	120
医療的ケア		50
合計		1850

注）社会福祉士介護福祉士学校指定規則（別表第4）より作成。

吸引等を行うことが可能となった（２０１５年度以降）。それに伴って介護福祉士養成校等でも「医療的ケア」に関する教育を行うことが必要となり、基本研修時間50時間（これに演習及び実地研修がさらにプラスされる）がくわえられることとなった。

　このカリキュラム改正に関しては、その特徴を次のように批判的に捉えている見解もある。それは「①これまで体系だって行われていた学問領域ごとの科目が、『介護』軸で分断され、再編成されたこと、②技術の習得に重きを置いたこと、③個人に対する支援方法に限定したカリキュラムになっていること、④社会福祉に関する時間が大幅に削減されたこと」[58]とするものである。「介護」を軸に再編成されていくこと自体はカリキュラムの整序化とも言えようが、要は社会福祉援助技術（ソーシャルワーク）などの「切り捨て」による福祉視点の軽視ということだろう。このように捉えた場合、介護福祉士は看護師との関係では、その創設時からイメージされていたような、たとえば「生活介護の能力に秀でた看護補助者が増えることで、看護婦さんも医療行為の分野の仕事にウエイトを置くことができ、互いの就業環境も良くなることが期待できます」（前節で取り上げた1996年の日本社会事業学校連盟「社会福祉教育の50年」シンポジウムにおける工藤洋一の発言[59]）という考え方と照応させてみると、「生活介護」の「生活」視点の希薄化のなかで「看護補助者」の性格がより強められてきたように見えてくる。

その流れがまた、その後、次のような批判と結びつくものとなった。すなわち、「社会福祉の専門職として創設されたはずの介護福祉士は、医療領域において実質的に看護の代替として看護の下層に位置づけられるという矛盾した制度になっている。今日、問題化している介護職による『吸引』や『胃瘻チューブ』等の医療的ケアの問題も、看護であれば何の問題もなかったはずである。看護と介護を差別化するために、看護から医療的行為を除外し、『介護』としたことに根本的な問題がある」[60]。そしていま、進んできているのがもともとの看護業務（医療ケア）の介護福祉士による代替化である。

そのことはともかく、この介護福祉士養成基礎カリキュラムもまた、養成施設・養成ルートの多様性を踏まえ、厚生労働省主導の「規制」「拘束」を受けながら、その教育内容の質と量を担保するという形を取ってきている。そこには、実務家ルートが大半を占めるという介護福祉士養成の大きな特徴もある。しかも国家試験との関係で言えば、一方では実務家ルートの介護福祉資格取得者に対してはこれが課せられ、他方では養成校卒業者に対してもそれを課すことが決められているにもかかわらず、実施は引き伸ばされ続けて（2017年度より実施予定）いるという歪みがある。

それらを前提にして、カリキュラム改正後の現在の「資格取得時の到達目標と求められる介護福祉士像」について、とくに「資格取得時の到達目標」（国家試験に求められる水準）について紹介しておけば、以下のような内容となっている。「(ア)他者に共感でき、相手の立場に立って考えられる姿勢を身につける、(イ)あらゆる介護場面に共通する基礎的な介護の知識・技術を習得する、(ウ)介護実践の根拠を理解する、(エ)介護を必要とする人の潜在の能力を引き出し、活用・発揮させることの意義について理解できる、(オ)利用者本位のサービスを提供するため、他職種協働によるチームアプローチの必要性を理解できる、(カ)介護に関する社会保障の制度、施策についての基本的理解ができる、(キ)他の職種の役割を理解し、チームに参画する能力を養う、(ク)……利用者ひとりひとりの生活している状態を的確に把握し、自立支援に資するサービスを総合的、計画的に提供できる能力を身につける、(ケ)円滑なコミュニケーションの取り方の基本を身につける、(コ)的確な記録・記述の方法を身につける、(サ)人権擁護の視点、職業倫理を身につける」(61)。かくして、資格取得時の介護福祉士は、「介護を必要とする幅広い利用者に対する基本的な介護を提供できる能力」を身につけるとする。

なお介護福祉士養成校の教員要件に関して言えば、指定規則によって、①介護福祉士、看護師等及び社会福祉士の資格取得後5年以上の実務経験のある者、②大学等において、その担当する教育に関し教授する資格を有する者、③専修学校の専門課程（専門学校）の教員として、その担当する教育に関して3年以上の経験を有する者、などとなっている。介護福祉士養成校の教員の学歴構成に関する最近のデータは未見だが、おそらく専門学校の学歴を持った、看護師や介護福祉士の経験者が多いことは以上の内容からも推測される。なお、その専門学校の教員について補足しておけば、同じカリキュラムの教育をこなしていたとしても、大学とは異なって教授・准教授といった職階性はなく、すべて「教員」となっていることも見ておきたい[62]。

また、これは大学における介護福祉士養成教員の実情にかかわることだが、白旗希実子は、介護福祉士養成校としてマイナーな位置にある大学自体が、業界をリードして知識や技術の体系化あるいは専門化を推し進めることは難しい状況にあり、「それは、①教育カリキュラムの構成に際して厚生省(厚生労働省)や専修学校団体にその主導権があること、②実習・学生の就職などに関して施設側にその主導権があること、③大学内部においても他専門職養成と並列される傾向にあることが要因となっている[63]」などとしている。つまり、大学自体がカリキュラムに対する批判や対案もなかなか出せない状況を指摘している。

(2) 大学における介護福祉士養成の不利

看護領域が大学・学会・職能団体、さらには文部科学省との連携の下に、独自に「学士課程の実践能力」形成を強く意識して議論を進めてきたのに対して、介護福祉士の場合、上記のような状況に置かれているということは、学校種あるいは学校間の差異に応じたカリキュラム構成・教育内容の分化をさらに難しいものにしている。

たとえば、厚生労働省(社会・援護局福祉基盤課)に設けられた「福祉人材確保対策検討会」(2014年)の議論を受けて、介護福祉士養成大学連絡協議会では「四年制介護福祉士養成大学の教育の強みはどこにあるのか」の緊急アンケート調査を行っている。しかし、そこでのまとめは次のようなものとなっている。

「『介護福祉士』養成を大学教育で行う事により、介護福祉の理念、価値や知識を基盤に介護実践力のある学生を介護福祉の現場に送り出すことが強みとなる。そして、四年制大学の卒業生は、将来担う役割として、活躍の場所に限らずリーダーとして幅広い分野で活躍できる質的内容があり、『介護福祉のエキスパートリーダー』として期待される。また、教育の領域では、介護教員のベースラインとすることができるという回答も多くみられたことで、教育や研究の分野での活躍の可能性も期待される。独自科目については、もともと大学では、介護福祉士教育の他にも社会福祉の科目も学んでおり、教育やマネジメント等の科目がある。これらの科目は、短大や専門学校も取り組んでいるところがあるが、４年間の学びという１８５０時間＋アルファの量と質の内容によって総合的な成果が期待される(64)」

このような背景の下に、白旗希実子は二つの四年制大学を事例として検討し、以下のように指摘している。「大学におけるカリキュラムの独自性というのは、一般教養科目、選択科目の領域に表れていることがわかる……こうした教育カリキュラムの特徴は、各大学を設置する学校法人の特徴や、各大学が併せ持つ他学科・他専攻の構成によるものであり、『介護福祉』に特化した専門科目というわけではない。また、大学において介護福祉士資格の取得のみを目指す課程はほとんどなく、あわせて社会福祉の受験資格などの取得を目指している(65)」「これらはすべて、他の養成機関との差異化を図るプロセスであるが、それが介護福祉士に関する知識をより深めるという方向ではなく、他資格の取得や他学問の履修などを推奨する形で行われていることがわかる」[66]と。そのことはまた、保育士養成の場合も見られる現状でもある。

補足すると、介護福祉士資格取得後に現場に出ている四大卒の社会人を対象に課題を分析している佐々木宰は、「現場実践者が抱えるジレンマは理想と現実（目指すべき専門性と低い社会的評価・待遇等）、理論と実践のギャップからなり、養成校卒業生は在学中の学習経験の分だけそれが大きくなる可能性があること。四年制大学の場合、量的にも時間的にも学ぶ内容が多くなる分、二〜三年制の養成校よりもそれは大きくなるかもしれない[67]」とかれらの意識状況を分析している。ケア・ケアリングのまさに「本丸」で起きているあまりに重い現実と言えよう。そしてついでに、さらに短大卒の現場における介護福祉士を対象にした設問に対する「もっと学んでおけばよかった科目群」の回答には、医学的知識や技術科目が上位にあることが複数の調査結果で指摘されていることに言及している。[68]

5　保育士養成とカリキュラム基礎

(1) 保育所保育指針の告示化

保育士養成と国家試験の関係の特徴は、介護福祉士とは対極的に、新人保育士としての就職のおよそ8割以上は養成校の卒業をもって国家試験が免除され、国家資格としての保育士資格が取得できることである。しかもそれだけでなく、幼稚園教諭の二種免許もまた、すべてでないが2年課程のカリキュラムのなかで同時に取得可能な構成になっている[69]。そこには、学習内容にも重なりが多いことから、どちらにも必要な科目は2科目開設するのではなく、読み替え科目として1科目開設となっているような事情もある。それを裏付ける基盤として、幼稚園教育要領（文部科学省）と保育所保育指針（厚生労働省）による、いわゆる「5領域（健康、人間関係、環境、言葉、表現）」における教育内容の整合性が図られていることがある。

基本的に2年課程で資格が取れるが、すでに見たように多様な学校種が養成施設となっている。そのことを前提に、養成カリキュラムについて言えば、２００８年の「保育所保育指針[70]」の告示化に見られるように、文部科学省の幼児教育重視の動きと連動しながら、また共働き世帯の増加、ワークライフバランスの要請、子育て支援などと関連して、社会における保育自体の位置づけも大きな意味を持ち始め、養成課程のカリキュラムにもかなりの変化が生じている。その動きを、ここでは近年に限定して確認しておけば、厚生労働省「保育士養成課程等検討会」（２００９～２０１３年）の中心人物でもあった汐見稔幸は次のように述べている。専門外にもわかりやすいので以下何点か引用する。まず次のように述べている。

「今回の保育士養成課程の改定（２０１０年：引用者挿入）は、基本的には『保育所保育指針』の改定を受けたものです。ご存知のように保育所保育指針は内容の改定が行われたというだけでなく、…大臣告示文書になり、いわば格上げされたので、その主旨を保育士養成に反映させなければならないということで行われたものです。告示文書になるとは、学校の学習指導要領的な扱いを受けるようになるということで、指針がある種の決定文書になります。そうした変更が行われた最大の理由は、保育所保育の営みが社会で管理する必要のある大事な営みになってきたということです。言ってみれば、大枠を守ってくれればいい、社会的にそれほど大事な営みでもないという評価の段階を脱し、国でもきちんと内容を見守らねばならない状況となってきたということです[71]」

そしてまた、文部科学省の動きに関しては、「およそ21世紀に入るころから、直接の管轄官庁ではない文部科学省（以下、文科省）も、保育所保育の内容に関心を持ち始めたといってよいと思います。2003年に、中央教育審議会（以下、中教審）が戦後初めて幼児教育部会をつくりましたが、元来、幼稚園のことを議論するはずの中教審で保育所のことも話題になりました。その報告書が2005年に出たのですが、それを受けて文科省は、以降、幼稚園と保育所は基本的に区別せず、双方ともこれから日本の幼児教育機関として重視するという計画文書『幼児教育振興アクションプログラム』を出しています。2006年のことです。そういう展開があったので、『幼稚園教育要領』が〈告示文書〉で『保育所保育指針』が〈通知文書〉という格の違いがあるのはまずいとなったわけです[72]」としている。とくに、このような文部科学省の動きの背景には、2006年の学校教育法の改訂による裏付けと促進があった[73]。

こうして、先の「指針」を受けて改正（2010年）された基準となる修業科目（基礎的カリキュラム、表3-5参照）では、たとえば新設科目として、保育者資格の国家資格化を背景にした「保育者

表３－５　保育士養成の基礎カリキュラム

	系列	教科目	履修単位数
教養科目		体育等	8以上
必修科目	保育の本質・目的に関する科目	保育原理（講義） 教育原理（講義） 児童家庭福祉（講義） 社会福祉（講義） 相談援助（演習） 社会的養護（講義） 保育者論（講義）	2 2 2 2 1 2 2
	保育の対象の理解に関する科目	保育の心理学Ⅰ（講義） 保育の心理学Ⅱ（講義） 子どもの保育Ⅰ（講義） 子どもの保育Ⅱ（講義） 子どもの食と栄養（演習） 家庭支援論（講義）	2 1 4 1 2 2
	保育の内容・方法に関する科目	保育家庭論（講義） 保育内容総論（演習） 保育内容演習（演習） 乳児保育（演習） 障害児保育（演習） 社会的養護内容（演習） 保育相談支援（演習）	2 1 5 2 2 1 1
	保育の表現技術 保育実習	保育の表現技術（演習） 保育実習Ⅰ（実習） 保育実習指導Ⅰ（演習）	4 4 2
	総合実習	保育実践演習（演習）	2
選択必修科目		保育に関する科目等	9以上
合計			68以上

注）児童福祉法施行規則、指定保育士養成施設の修業科目及び単位数並びに履修方法より作成。

論」、教育心理学と発達心理学を統合した「保育の心理学」、保育課程を計画・実践・省察・評価・改善というサイクルで進めることを意識した「保育課程論」、保護者に対する保育に関する指導を具体的に学ぶ「保育相談支援」が設けられた。その他、かなりの数の科目の名称変更も行われた。そして興味深い変化としては、六つの系列（大枠）のうちの一つの「保育の本質・目的に関する科目」内部において、それまでとは異なった配列順序となったことがある。すなわち、それまでこの系列のありようでは、社会福祉、社会福祉援助技術、児童福祉、保育原理、養護原理、教育原理の順であったものが、保育原理、教育原理、児童家庭福祉、社会福祉、相談援助、社会的養護、保育者論となったのである。この点について、汐見は次のように述べている。

「これまでは、なぜか〈保育の本質・目的に関する科目〉群のトップが『社会福祉』でした。おそらく保育という営みを理解するためには、保育とは大きくは社会福祉の一分野であるという学問的なヒエラルキーがあって、それでトップに『社会福祉』がきていたのだと思います。でも、これからの保育は教育的機能を大事にしていくわけですから、教育学が先に来てもおかしくはないわけです。それで、こっちが先、あっちが先……ということになったら、やはりおかしい。〈保育の本質・目的の理解に関する科目〉は、『保育学』のもっとも大事な原理を教授する科目群でしょうから、その科目のトップには『保育原理』が位置づけられるべきだと思うのです(74)」

これはこれで筋も通るとも思われる。しかしこのような考え方に対して、直接に批判しているものではないにせよ、小川博久が次のように述べていることは興味深い。すなわち、保育の前提に人間の生活があるのは当然であり、保育士養成カリキュラムの保育士の本質に関する規定のなかで、社会福祉ということが語られることは当然のことであろう。問題は科目間の関連性が考えられていないことである。たとえば、「保育士養成カリキュラムとして、……福祉と教育（保育）に関する諸学科目を学習する必要性があるとしても、保育と福祉諸科目との関係性は制度的枠組みの上で語られているに過ぎず、福祉という営みの中に保育を位置づける理論が存在しているとは言えない。制度的に厚生労働省の所管として保育所が位置づけられているがゆえに福祉と保育の関係が語られているに過ぎない[75]」からである。この科目間の整合性に関してここで何か言及する能力はないが、明らかにカリキュラム構成のベースとして「福祉」が意識されていることも知っておきたい。事実、先の表からもわかるように、社会福祉に関連する科目は少なくない。

ここらあたりの「微妙さ」は、汐見が述べているように、保育学が「発展途上[76]」の学問であること、また小川が「保育の専門性を承認する免許制度やその専門性を養成する高等教育機関も、やっと最近になって制度的に整備されてきたが、保育者養成カリキュラムの中核となるべき保育学が、隣接する心理学や教育学から学問として承認されているとはいいがたい[77]」とする現状が反映されている面もあるのだろう。

(2) 四大化の現実――教育基盤の未成熟

しかし全体として、このような先に見通しされているのは、幼児教育の重視であり、義務教育化、あるいは管轄官庁の一元化といったことであろう。たとえば汐見も、「近い将来、3歳から義務教育体制に次第に移行していくのですから、認定こども園は文部科学省直轄にした方がいいということです……もちろん保育園も幼稚園として残るところも文科省が管轄するということです[78]」としている。また〝業界〟にとらわれない（と思われる）立場の人びとの発言では、「所官省庁の一元化（文部科学省[79]」あるいは「保育園義務教育化[80]」などといった主張もそれなりに影響をもってきているようにも思われる。と同時に、他方では、実際には「幼保一体化」「幼保一元化」が議論されてきたにもかかわらず、[81]その進展は遅々たるものであるように見え、保育所と幼稚園の〝業界〟の壁は厚いままの現実もある。また次章で検討するように、保育の概念や保育の専門性をめぐる議論もまとまっているとは思われず、さらに国家試験導入については先行きも見えていない。

そのなかで確実に進行してきているのは短期大学からの四年制化である。しかしその内実については、これまでの議論とも関連しているが、たとえば四大化して多数の資格取得が可能となっても（保育士資格、幼稚園教諭一種免許、小学校教諭免許など）、必ずしもそのことが保育の専門性向上に結びついていないのではないかという批判[82]、あるいはそれに対する反批判[83]などもある。この場合に知っておきたいのは、たとえばたいていが保育士資格とともに併有しようとする幼稚園教諭普通免許取得に関する必要単位数は、「一種では１２４単位、二種では62単位と約２倍の差があるが……教職科目の最低取得単位数に大差がないことから、一種と二種の免許状の専門性の違いは一般教科目にある[84]」ことである。また、「大学（短期大学を含む）での幼稚園教諭免許と保育士資格の併有を可能かつ容易にすることを優先してきた結果、保育所外の児童福祉士養成カリキュラムの掘り下げが弱い、養成カリキュラムの内容が幼稚園保育所の保育内容に偏りがちである等の指摘もみられる[85]」ことである。そしてそれはまた、おそらく学校ソーシャルワークの最近の浸透を踏まえて議論され始めてきたであろう「保育ソーシャルワーク」の視点からは、とくに保育所保育士ではない施設保育士のソーシャルワークを軽視するような養成カリキュラムへの批判として結びついている[86]。さらに、養成教育カリキュラムには「保育士が現実に直面している課題がほとんど反映されていない」[87]という批判もある。
ともあれ、これまでの保育士養成にかかわった四年制大学、短期大学、専門学校を対象とした、ある保育士養成カリキュラムの比較研究（川俣美砂子）では、こんな指摘もなされている。

「わが国の保育養成課程は、現在は二年制課程が主流で、幼稚園教諭、保育士どちらも免許資格も取得できる養成課程が多いこと……。また、免許・資格取得単位から見ると、幼稚園教諭の場合、幼稚園教諭二種免許の上位資格である幼稚園教諭一種免許において、修得単位数の差が大きいのは『一般教育科目等』であり、専門科目ではない。保育士資格においては、幼稚園教諭免許のように段階がないため、どの学校種においても修得単位に差はない。では、四年制化が進む中で、保育士資格のように修学年限が増えても修得単位数に差がなかったり、幼稚園二種免許と一種免許のように単位数の差は一般教育科目に反映されている現状において、修学年限がプラスされることで保育者としての力量は向上し、専門性は高まるのであろうか。それとも、修学単位が同じで取得する免許・資格も同じなら、修学年限や学校に関わりなく仕上がり人材は同様なのであろうか[88]」

くわえて、現行の保育士資格は単一資格で、四年制大学であっても二年制保育士養成と変わりはない、四年制大学養成過程ならではの特色を目指すべき保育者像については、各養成校の養成理念に任されているのが現状である。その点から、具体的に保育実習に焦点を合わせて四年制大学と短期大学のシラバスを分析してみると、「四年制大学と短期大学の保育実習指導内容に明確な違いは認められなかった」「四年制における養成の内容を検討する調査研究は、ほとんど見当たらない[89]」と結論づけている研究もある。

このように見てくると、養成教育カリキュラムではなく、幼稚園や保育所のカリキュラム分析をめぐっても、なお「我が国では、実践水準において保育の質をどのように定義し目標とするのかがカリキュラムとの関連でまだ十分に議論されていない[90]」状況にある一方で、大学・短大・専門学校等の養成カリキュラムのありようについては、「実習」などをめぐる議論に比較してもなお十分な検討もされているようには見えない、というのは言い過ぎだろうか[91]。

また、カリキュラムだけに焦点化したものではないが、大規模な「教育環境整備状況調査」を基に、学校種の格差についてこんな指摘もなされている。「実態は、各種別（大学・短期大学・専修学校）養成施設（養成校）によってかなりの差があり、『保育士』となる基礎資格を得るという視点から見たとき、同じ保育士であっても、入学した施設（養成校）によって、その学びの幅、深さに大きな差がみられるということであった[92]」。さらにそのことにも関連しているが、学校によっては、入学してくる学生の基礎学力や教員の質の問題も大きいことも指摘されている[93]。そのことはまた、先に見た介護福祉士養成校においても指摘されていることでもある[94]。

なお、保育士養成校の教員要件について見ておけば、「①博士又は修士の学位を有し、研究上の業績のある者、②研究上の業績が①に掲げる者に準ずると認められる者、③教育上、学問上の業績のある教育経験者、④学術技能に秀でた者、⑤児童福祉事業に関し特に業績のある者[95]」などとなっている。しかし、現状における養成教育の質と教員の関係では、たとえば日本保育学会加盟者が少ないことからしても、保育領域を自らの専門領域として意識して携わっているものが少ないのではないか、[96]「専門分野と保育者養成の間で知の交換がなければ実技系の教科は技法の習得に、講義系の教科は既成の学問知をことばで説明させるなどの概念理解に、その他、生活面の支援は単なる手法の習得にとどまってしまう[97]」などの批判もある。もっともこれらのことは、保育領域に限らず、教育系や社会福祉系、その他専門職養成系などによく見られることでもある。

そしてそれらは、厚生労働省の保育士養成課程等検討会「保育士養成課程等の改正について（中間まとめ）」（２０１０年3月24日）でも、「養成施設の教員の質を確保するため、教員の資格要件の内容や資格審査について検討する必要もあると考えられる。特に、養成施設の急増や保育士養成コースの新設に伴い、教員の確保が課題となっており、その質の低下が懸念される。養成施設教員の研修の義務付けや研究等への参画が求められる[98]」と指摘されている。

6　教育の共通基盤と包摂の動き（連携教育）

(1) 共通基盤

以上、看護師、社会福祉士、介護福祉士、保育士養成教育の順序で、それぞれの基礎的カリキュラムの構成について触れながら、その制約性や学校種による違いに関する諸見解も紹介してきた。そこには、厚生労働省と文部科学省との関係の程度はともかく、看護師、社会福祉士、介護福祉士、保育士のうち、前3者の資格は両省の共同省令による指定規則に基づいているものの、保育士は厚生労働省の施行規則に基づく単独告示に依拠しているという違いがあった。とはいえ保育士のそれも、文部科学省の幼稚園教諭免許資格と密接にリンクし、事実上科目の読み替えによって、相当のところまで「一体化」もしている。しかしまた、認定こども園の管轄は内閣府であることなどからすると、縦割りの管轄がさらに増え、いわば「幼保三元化」[99]している現状にもある。

そのなかで、とくに学士課程における看護師と社会福祉士養成においては、共通して指定規則の「縛り」といったことが強く指摘され、学校種やそれぞれの大学等での教育の分化が模索されている状況なども、たとえば学術会議の報告書などから読み取れる。一方、モデル・コア・カリキュラムといった方向も検討されている。しかし、どこに共通する理想的基準を置くかはなお追求途上であるようだ。さらにまた、介護福祉士や保育士養成に関するカリキュラム研究のいくつかは、四年制と短大との差異化もはっきり見えていないことを指摘している。

そのような事情が見えつつも、たとえば看護教育にかかわる議論を基準にして、関連カリキュラムの遂行によってどんな目標が達成され、いかなる実践能力を持った専門職像が追求されようとしているかという視点から振り返ってみると、以下のことは言える。

第1は、カリキュラムをまったく表面的に並べてみただけで何かを言うことはあまりに雑なことではある。しかし、先に見てきたそれぞれの専門領域の基礎カリキュラムに配置されている明示的な科目、あるいははっきりと科目名として明示化されているわけでないが、間違いなく基礎として位置づけられているような「枠組み名称」からは――たとえば①看護師等養成カリキュラムにおける基礎分野の「科学的思考の基礎」「人間の生活・社会の理解」、専門基礎分野の「人体の構造と機能」「疾病の成り立ちと回復の促進」「健康支援と社会保障制度」、②社会福祉士養成カリキュラムにおける「人体の構造と機能及び疾病」「心理学理論と心理的支援」「社会理論と社会システム」、③介護福祉士養成カリキュラムにおける人間と社会領域における「人間の尊厳と自立」「人間関係とコミュニケーション」「社会の理解」、あるいは④保育士養成カリキュラムにおける保育の目的と本質に関する科目の「社会福祉」「児童家庭福祉」「相談援助」等――、専門領域は異なっていても、共通性がある科目がかなり多く配置されていることが確認できる。そこには、対人援助専門職として括られることもある、ケア関連専門職が共通して持つことを求められている、その基礎知識に多くの類似するものがあるからだろう。

第2は、それぞれの目指すべき実践能力像の構築に関してはもちろん差異はある。しかし、たとえば看護師の獲得すべき実践能力像を基準に振り返ってみると（前掲表3-2）、その目指す教育目的といった枠組みでは、異領域間での重なりもまた大きいこともわかる。繰り返しになるが、ここで大まかに看護のそれを項目だけ示せばこうなっている。Ⅰ群：ヒューマンケアの実践に関する実践能力（尊厳と権利を擁護する能力、同意を得る能力、援助的関係形成能力など）、Ⅱ群：根拠に基づいた看護を計画的に実践する能力（さまざまなレベルでのアセスメントなど）、Ⅲ群：特定の健康課題に対する実践能力、Ⅳ群：ケア環境とチーム体制整備に関する実践能力（地域ケアの構築、保健医療福祉領域における協働と連携をする能力など）、Ⅴ群：自己研鑽する能力、である。このうち、Ⅲ群を除けば、詳細な実践技術は別として、タイトルだけを見ると、その他の専門領域ともかなり重なり合うような実践能力像が呈示されている。そこにはまた、次章でも触れることとなるが、それぞれの患者やクライエントに対する実践過程（看護過程論、介護過程論、ソーシャルワーク援助過程論など）、あるいはそこでの「アセスメント」という表現にかかわる共通性があるからだとも解釈できる。[100]

第3は、あらゆるケア関連専門職領域の教育実践において、他（多）職種、他（多）領域との「連携」や「協働」がキーワードとして強調されてきていること、それが今日の大きな特徴であることがあげられる。それは、現場における実践的要請からくる反映である。その点に関してはとくに第6章で少し詳しく検討するが、以下ではまず、本書でいうケアの関連専門職養成教育のなかで、「ケア」という言葉あるいは用語がどのように使われているか、そしてその普及度合いはどうなっているか、といったことを確認しておこう。

(2) ケア関連授業科目と連携教育の試み

ケアをめぐる議論はおそらく、さまざまな授業のなかでさまざまな形を取って扱われていると考えられる。しかしその「量」も「質」もほとんどここでは知ることはできない。せいぜいわかるのは、何らかの専門領域のカリキュラムを構成する授業科目名で、かつ「ケア」という言葉を使用しているものはどんなものがあるのか、といったことである。また学科、学部などの名称も含めてその状況を確認するくらいである。以下は、「大学」「授業」「ケア論」という三つの単語から検索（2015/05/10）したものをピックアップしてみたものである。なお授業科目名の（　）内はその補足説明である。[101]

〔看護系大学等〕：在宅ケア論、ホスピスケア／エンドオブライフケア論（緩和ケア、家族ケア）、看護倫理・ターミナルケア論、クリティカルケア論、緩和ケア論（精神症状へのケア、スピリチュアルケア、グリーフケア、在宅緩和ケア、臨死期のケア・看取り、悲嘆と遺族ケア）、クリティカルケア看護論、がん・緩和ケア看護学（がん・緩和ケア論とスピリチュアルケア論）、精神回復促進ケア論、育児期ケア論、緩和ケア特論、緩和ケア方法論、看護ケア基礎科学、臨床ケアシステム特論、家族ケアシステム特論、周産期ケアシステム特論、高齢者ケアシステム特論、コミュニティケアシステム特論、ヒューマンケアリング論など。しかし、ここでの科目名における「ケア」はほとんど「看護」と言い換えても通用するとも言えそうである。この他に、〔理学・作業療法系大学等〕：リハビリテーションケア論など。また、〔福祉・介護系大学等〕：医療ケア論（介護系対象）、ケアマネジメント論、ソーシャル・ケア論、あるいは〔子ども・保育系大学等〕：スピリチュアルケア論、チャイルドライフケア、ヒューマンケア論、子どもケア論、などを拾いあげることができる。これ以外に注目しておきたいのは、ケア関連専門職の養成を複数行っている大学では、「ヒューマンケア」あるいは「ヒューマンサービス」という言葉を冠に戴きながらその教育理念を謳っていることである。[102]そこでは「専門職連携教育」（Interprofessional Education）がとくに重視されている。

その専門職連携教育についても少し言及しておけば、日本のそれは１９９０年代末頃に紹介され、一方での現実社会からの要請と他方での関連する専門職養成大学の増加、医学教育におけるチーム医療の重視などを背景にした新しい教育方法としての普及もあって、２００８年には日本保健医療福祉連携学会も発足し、いくつかの大学に取り入れられている。[103]この連携教育に関して、ここで簡単に特徴をまとめておくと以下のように言える。

まず、世界的にリードしてきたイギリスの専門職連携教育推進センター（Centre for the Advancement of Interprofessional Education: CAIPE）によれば、専門職連携教育（ＩＰＥ）とは、「複数の領域の専門職者が連携およびケアの質を改善するために、同じ場所でともに学び、お互いから学び合いながら、お互いのことを学ぶこと」（埼玉県立大学２００５年ＩＰＷ／ＩＰＥ国際セミナー訳：なお原文は、〝Interprofessional Education occurs when two or more professions learn with from and about to improve collaboration and the quality of care〟CAIPE 2002）としている。[104]

このような教育が受け入れられてきた背景には、日本を例にとれば、医療職の専門分化と医療過誤などとの関連、疾病構造の変化や早期退院化の促進、在宅医療や在宅看護への転換、医療費等社会保障費の削減と効率的利用、及び地域包括ケアシステムといった政策的方向の追求などから、関連する専門職間の連携が強く要請されてきたことがある。さらにこれまで見てきたように、もともとケア関連専門職は強い縦割りの管理機構のなかで養成教育がなされてきたこと、その専門職の身につけるべき実践能力の一つに連携実践能力があげられてきていることがある。その意味では、関係者の理解は進み、周辺教員の推進合意は得られているように見える。何よりも、このことの必要性をめぐる論理は正当でもあるからだ。しかしなお、現実の実践場面や教育場面での阻害要因は多く、とくに教育場面での普及度合いも限定されているのも事実である（第６章参照）。

7　専門性の基盤をめぐる議論への収斂

以上、それぞれの専門職の養成課程を規定する指定規則の教育内容、それに対する反発も含めて紹介してきたが、既定の路線に対案を提起するだけの、専門職団体や関連学校団体あるいは関連学会などが主導するだけの状況が生まれてきているとは言いがたい。すなわち、専門領域に関する養成カリキュラムの構成などを見る限り、養成ルートの多様性に応じたような「教育の分化」状況が明らかに形成されてきているようには見えない。むしろ、一般的に、多様性ゆえに動かせない、あるいはさらに養成後の就業動向に規定されながら、複数のカリキュラム基準の並列化状況に、関係教育業界自体が戸惑っているような現実があることがわかる。

その裏には、次のような養成校で学ぶ学生たちの動向があった。すなわち、量的にはなお三年制専門学校が中心だが、業界をリードするのは明確に大学となってきている看護師養成教育。しかしそのような学校種の違いはあっても、ともかくも必要な実践能力が養成されているとみなされ、ほとんどが現場へと出ていく看護系養成校の持つ特徴。四年制大学が支配的であっても、必ずしも実践現場へと進まない学生を多く抱えるようになっている社会福祉系大学。そして、2年課程の教育で養成条件が満たされているという評価が確立している介護福祉士と保育士養成をする短期大学や専門学校など。それらは、ケア関連専門職の社会的評価あるいはその領域の就業の現状を反映しており、そこからそれぞれの学校におけるカリキュラムも影響を受けるという関係の表面化でもあるのだろう。

しかしもちろん、そのなかでそれぞれ養成校側が理想のカリキュラムや教育内容を追求する努力がなされなかったわけではないし、いまも模索されている。その表れは、たとえば「一般教育」「教養教育」科目の履修をめぐる学校種あるいは大学間格差にその特徴を見てとることもできる。だがそれも、それがそれぞれの専門性の「拡大」「深化」とどこまでつながってきているかとなるとよくわからないという見方もあった。あるいはそれとは別に、私立学校法人を中心とする受験生確保のための複数の資格供与にかかわったカリキュラム構成という力学も強く働いた結果としての特徴付けといったこともある。それは、少子化のなかでの大学間競争の厳しさからは当然推測できることでもある。また、看護における理想的カリキュラム構成（たとえばケアリングカリキュラムと呼ばれるもの）の追求も意識されなかったわけではない。だがそれもまた、学問としての確立を目指す意味ではある程度理解できたにしても、その実現は難しそうであるとする現状も紹介してきた。さらに、大学によっては、複数のケア関連専門職の教育の共通基盤を構築しようという動きもあるし、いわゆる連携教育も注目されている。そのようすは必ずしも順調なものがあるとは言えないが、いくつかの大学が熱心に取り組んでいるのも事実である。

いずれにしても、養成ルートの階層性を帯びた多様性のなかで、量の調整とともに「質の確保」が焦点となる。その「手段」「証明」の一つとして国家試験がある。そしてその国家試験も含んだ指定規則に関しては、たとえば看護領域でも、学校種を問わずに最低限の教育の質を保証する指定規則が看護師等の資質の向上に大きな役割を果たしてきたのも事実だろう。しかし他方、大学教育の独自性を尊重する立場からは、大学における看護学教育の創造性に一定の制約を課してきた側面があるとの指摘もあった。また社会福祉では、国家試験が存在し、その試験結果が教育のアウトプット評価の一部となっているものの、択一式の試験方式による評価などが、本来の社会福祉教育に「歪み」をもたらしているなどの批判も強い[105]。しかしそれでも、保育士養成や介護福祉士養成においては、国家試験の全面導入に対する期待は小さくはない現状にもある[106]。

だが、その国家試験もまた、看護も含めて実技試験が課されているわけではなく、そこではそれぞれの指定規則の縛りのなかで技術が担保されていると想定されているに過ぎない。そしてそのことを主として担保する「実習教育」について言えば、担当する教員の「専門資格」の有無、あるいは実習内容の「量と質」などともに、看護とそれ以外の領域では大きな違いがあることも十分推測される。それがまた、専門職としての社会的評価や認知度とかかわっている。このあたりは、さらに詰めるべき必要があるところであり、それぞれの領域では研究も重ねられてきていることも文献動向を見れば確認はできる。その余裕はここにはないが、それぞれの領域の課題をより客観的に捉えていくためにも、さらにそれらを分野間の比較という視点から進めていくのも必要なことであろう。

そして、ケアという用語がどこまで教育場面に浸透しているかという点では、その詳細はシラバスまで含めて検討する必要があるのは言うまでもない。そのことを前提に、授業科目名の関係からだけ見ると、看護系が量的に圧倒している。しかしそれ以外にも、たとえば教育の根幹におくべき基本姿勢として、看護学教育と看護師教育と看護教育、あるいは社会福祉学教育と社会福祉士教育と社会福祉教育、及びソーシャルワーク教育とソーシャルワーカー教育など、その焦点をどこに合わせてカリキュラムが組まれ、授業が展開されているのか、大いに気になるところもある。ここらあたりをどのように評価すべきかに関しては、職能団体の動向も含めてとても興味深い。しかしいずれしても、それぞれの専門職の専門性あるいは学問の固有性といったことがかかわってくる。

〔注・文献〕

（1）田村やよひ「社会の変遷と看護の発展」田村やよひ編『看護学基礎テキスト（第3巻）社会の中の看護』日本看護協会出版会、２０１１年、55～59頁。杉森みど里・舟島なをみ『看護教育学（第5版増補版）』医学書院、２０１４年、88～93頁、日本看護歴史学会『日本の看護のあゆみ―歴史をつくるあなたへ―（第2版）』日本看護協会出版会、２０１４年、94～99頁など参照。なおこの他、井本佳宏「看護師養成の大学化の進展とその課題」『上越教育大学研究紀要』Vol.30、２０１１年、佐々木幾美「看護師養成カリキュラムの現状と課題」『教育制度学研究』15、２００８年、なども参考になる。

（2）大学における看護系人材養成の在り方に関する検討会「大学における看護系人材養成の在り方に関する検討会最終報告」（２０１１年3月11日）、19～20頁。

（3）たとえば、ＣｉＮｉｉで「看護師」「国家試験」で検索しても、ほとんどが国家試験の説明であり、個別大学等の対策のありようなどである。

（4）厚生労働省『看護基礎教育の充実に関する検討会報告書』（２００７年4月16日）15頁（なお本報告書は目次を除いて頁が振られていないので、引用者が本文以降順番に振ったものをここでは掲載している）。

（5）『同右報告書』16頁。

（6）『同右報告書』1頁。

（７）『同右報告書』４頁。
（８）厚生労働省『看護教育の内容と方法に関する検討会報告書』（２０１１年２月28日）10頁。
（９）医政発０３３１第21号（平成27年３月31日）厚生労働省医政局長「看護師等養成所の運営に関する指導ガイドライン」24頁。
（10）「同右資料」６頁。
（11）厚生労働省『今後の看護教員のあり方に関する検討会報告書』（２０１０年２月17日）４頁。
（12）勝又正直「看護系専門職養成課程のなかの社会学」『社会学評論』61(3)、２０１０年、２９７頁。
（13）牛島利明「ベッドサイドとアカデミズム―看護教育の戦後史と大学化―」『三田商学研究』第51巻第６号、２００９年。そこでは「何らかの制度的な仕組みが作られない限り、看護職大学教員とその候補者の意識がしだいに臨床経験重視から学歴・研究業績重視へ、また教育重視から研究重視へと変化していくのは避けがたいであろう」（２１１頁）としている。
（14）たとえば、大学・短期大学における看護学教育の充実に関する調査協力者会議「指定規則改正への対応を通して追求する大学・短期大学における看護学教育の発展」（２００７年４月２日、文部科学省高等教育局医学教育課）では、「看護系大学等については、年間10校程度の新設が続いており、専修学校や短期大学からの改組転換も多い。これらの新設大学では、教員の教育力を組織的に高めることが課題となっている」と指揮されている。http://www.mext.go.jp/b_menu/shingi/chousa/koutou/031/toushin/07091402.htm（2015/09/10）。また、このことは文部科学省高等教育局医学教育課における関係者からのヒアリング（2016/04/11）でも話題になった。
（15）いくぶん古いが（２００８年）、厚生労働省関連審議会資料「看護教育の概要」における「３年課程看護師養成所専任教員の最終学歴」によれば、教員総数４２５２人、大学院（博士）０・１％、大学院（修士）５・６％、大学27・０％、短期大学10・４％、専修学校・各種学校56・８％の構成となっている。なお日本看護系大学協議会・データベース委員会『看護系大学の教育等に関する実態調査（２０１３年度状況調査）』によれば、「教員の最終修得学位は、博士が１８０６名（29・5％）、修士が３５９４名（58・7％）、学士５２９名（８・６％）、学位なし１９１名（３・１％）であった」（１２２頁）としている。

(16) 厚生労働省『前掲報告書』（8）3頁。

(17) 大学における看護系人材養成の在り方に関する検討会「前掲資料」（2）12頁。

(18) 橋本鉱市『高等教育の政策過程—アクター・イッシュー・プロセス—』玉川大学出版部、２０１４年、２３１頁。

(19) モデル・コア・カリキュラム改訂に関する連絡調整委員会（モデル・コア・カリキュラム改訂に関する専門研究委員会）「医学モデル・コア・カリキュラム—教育内容ガイドライン—（平成22年度改訂版）」２０１１年、1頁。

(20) 大学における看護系人材養成の在り方に関する検討会「前掲資料」（2）17頁。

(21) 杉森みど里・舟島なをみ『前掲書』、とくに第3章「看護学教育過程論」など参照。

(22) たとえばかなり古いが、岩波浩美・島田理恵・鈴木純恵・舟島なをみ・杉森みど里・山口瑞穂子「看護系大学・短期大学におけるカリキュラムの現状—その構造に焦点を当てて—」『看護教育学研究』Vol.7 No.1、１９９８年、がある。そこでは、カリキュラムを五つの類型モデルに分類し、大学と短期大学での分布の違い（独自型は大学で多いなど）が示されている。なお看護系大学のカリキュラムのモデル化の試みでは、井本佳宏「大学における看護師養成カリキュラムの類型モデル」『上越教育大学研究紀要』Vol.32、２０１３年、がある。

(23) 大学における看護系人材養成の在り方に関する検討会「前掲資料」（2）7～8頁。

(24) 下野恵子・大津廣子『看護師の熟練形成—看護技術の向上を阻むものは何か—』名古屋大学出版会、

２０１０年、１５０頁。
(25) 梅川奈々「看護系大学における職業教育のあり方―経験をとおした省察への支援―」『千里金蘭大学紀要』11、２０１４年、55頁。
(26) 以上のことを踏まえながら読んでみると、一般財団法人日本看護学校協議会会長の発言は興味深い。そこでは、「昨今、『看護の質の担保には、大学教育でなければならない』との意見を耳に致しますが、看護職の養成は多様であって良いと考えます。日本の保健医療（看護）を支えてきた看護師等養成所の役割はまだまだ重要です。評価されるべき内容は、〝何処で教育されたかではなく、どのような教育を受け、国民のニーズに応えるサービスを卒業生達が提供できているかどうか〟であると考えます」としている。http://www.nihonkango.org/greetings.html（2016/04/04）
(27) この点でまた、専門学校教育の「教育内容編成の論理」の一面を捉えている、次の植上一希の議論も興味深い。「公的職業資格の業務独占的な性格は、職業世界への参入を一定程度保障しており、一方で、養成施設指定制度の強い規定により、専門学校間における養成の質的水準の幅も大きくはならない。また、それゆえに、職業世界の側も『即戦力』養成を求めることはない。このような状況があるため、資格教育分野の専門学校は、基本的には公的職業資格の取得に教育水準を設定すればよく、また、資格教育分野が対象とする公的職業資格の取得も著しく難しいものではないため、ほぼ全員を対象とした一律の教育内容を編成することができるのである」（同『専門学校の教育とキャリア形成―進学・学び・卒業後―』大月書店、２０１１年、１３１頁）。
(28) 大学における看護系人材養成の在り方に関する検討会「前掲資料」（2）2頁。
(29) E・オリヴィア・ベヴィス、ジーン・ワトソン（安酸史子監訳）『ケアリングカリキュラム―看護教育の新しいパラダイム―』医学書院、１９９９年（原著出版は１９８９年）、76頁。
(30)『同右書』77頁。

(31)パトリシア・ベナー、ジュディス・ルーベルは、さらにその理想をこう述べている。「看護理論は現在、実践から出発して、あるいは実践のために探求されているというより、むしろ看護教育カリキュラムを組むために探求されており、看護理論がこれまで発展してきたありさまもそうであった。その結果、看護理論が看護婦の実践によってその内実を規定されるという面は希薄であった。そこでいま求められている理論は、頭に思い描いた看護の理想像を記述し解釈し説明するようなものではなく、日々実践されている熟練看護の実像を記述し解釈し説明する理論である。このようなタイプの議論を形成できれば、それをもとに新しい教育カリキュラムを編成して、看護教育と看護実践の従来の関係を変えることができるはずである。つまりこれまで両者の間には、看護教育が一方的に看護実践のあり方を左右する関係しかなかったが、この新しいカリキュラムの下では看護実践が看護教育のあり方を規定するようになるということである」(同(難波卓志訳)『現象学的人間論と看護』医学書院、1999年(原著出版は1989年)、6頁)。このような発想は、ドナルド・A・ショーンの「省察的実践」や「反省的実践家」の概念とリンクする。ドナルド・A・ショーン(柳沢昌一、三輪健二監訳)『省察的実践とは何か─プロフェッショナルな行為と思考─』鳳書房、2007年。

(32)稲岡文昭・研究代表者『看護実践能力を育成するヒューマン・ケアリング・カリキュラムモデルの構築:平成15年度~平成18年度科学研究費補助金基盤研究B研究成果報告書』2007年、24頁。

(33)『同右報告書』29頁。

(34)大儀律子・荻原桂子・野田部恵・坂口桃子「文献にみる看護と介護の実態とその背景要因」『大阪市立大学看護学雑誌』第10巻、2014年、46頁。なお滝下幸栄・岩脇陽子・松岡知子「専門職としての看護の現状と課題」『京都府立医科大学雑誌』120(6)、2011年、も参照。

(35)大橋謙策「社会福祉の変容と相談援助職の位置・役割─学習目標と修得課題」大橋謙策・白澤政和・米本秀仁編著『MINERVA社会福祉士養成テキストブック②相談援助の基礎と専門職』ミネルヴ

ァ書房、２０１０年、2～4頁。

(36)日本社会福祉教育学校連盟社会福祉専門教育委員会『社会福祉系学部・学科卒業生の進路等調査報告書』日本社会福祉教育学校連盟、２０１３年。

(37)日本社会福祉教育学校連盟『平成23年度文部科学省先導的大学改革推進委託事業・福祉系大学における人材養成機能向上に関する調査研究報告書』（２０１２年）におけるカリキュラム拡大検討委員会の議論において、ある大学の関係者は、「私どもの大学も、……社会福祉学と専門職教育をどう一つにするのかということで教員の中でもなかなか足並みがそろわない。学生の状況を見ると、社会福祉士の資格を取って本当に現場に行く人は2割、この人たちは、ソーシャルワーカーとして働きたいだとか、アドバンスト実習に行ったりするのです。こういう学生たちは、本当にプロフェッショナル教育はいいと思うのですが、4割ぐらいが、社会福祉士の受験資格は取るけど現場に行かない。それから後の4割は、とりあえず体育、スポーツをやりたいから来たとか、あとの2割が、福祉に興味をもって入ってきたけど、やっぱり福祉はおもしろくないという。これに、どうカリキュラムを立てるのかということで、学内で大分話し合ったのです。今おっしゃったようないろいろな議論が出ました……」（１２３頁）などと発言している。

(38)秋山智久『社会福祉実践論［方法原理・専門職・価値観］〔改訂版〕』ミネルヴァ書房、２００５年、２１７頁、同『社会福祉専門職の研究』ミネルヴァ書房、２００７年、１１８～１１９頁。

(39)小野哲郎「社会福祉士・介護福祉士法の成立と諸問題―社会福祉の現業活動と教育・研究活動への影響と今後の課題について」『明治学院論叢社会学・社会福祉学研究』第77・78号、１９８８年、１７２～１７３頁、工藤洋一（当時厚生省社会・援護局福祉人材確保対策室長）の発言注記、「〈シンポジウム〉社会福祉教育の到達点とこれからの社会福祉」一番ケ瀬康子・大友信勝・日本社会事業学校連盟編『社会福祉教育の五十年』ミネルヴァ書房、１９９８年、１４９頁、白旗希実子『介護職の誕生―

日本における社会福祉系専門職の形成過程―』東北大学出版会、２０１１年、52頁、など参照。なおここで工藤の発言注記を取り上げておくと、「社会福祉士の業務に『経済的理由』によるものが規定されていないが、これは相談、援助対象外かという点に関し、昭和62年5月18日の参議院社会労働委員会において、本来は公的機関である福祉事務所が担うものとしたうえで、身体上若しくは精神上の障害があるため経済的に窮迫するケースがあり、実際問題として社会福祉士が経済上の問題に応ずることもあるものとしている」（１４９頁）と紹介している。

(40) 白旗希実子『同右書』53頁。

(41) たとえば、瀬田公和（当時厚生省社会局庶務課長）は、ある座談会（「『社会福祉士及び介護福祉士』の成立と今後の展望」）において、仲村優一の「公式の文書でソーシャルワーカーとケアワーカーという言葉が、説明用語として社会局で正式に採用されたんです……これは非常に重要なことなんです……」を受けて、「要綱には社会福祉士と書いて、カッコしてソーシャルワーカーと書いてあるんです」と述べている。『月刊福祉』１９８７年8月号、27頁。

(42) 大橋謙策の発言、「〈シンポジウム〉社会福祉教育の到達点とこれからの社会福祉」一番ヶ瀬康子・大友信勝・日本社会事業学校連盟編『前掲書』(39) １１９頁。

(43) 阿部實『福祉改革研究』第一法規、１９９３年、１５７~１５８頁。このような姿勢と見方は、当時の事務官僚（瀬田公和）からも明確に語られている。紹介しておくと、「（福祉系大学とか、学校連盟とかで：引用者挿入）もしある一定のレベルが確保されているんだったら、国家試験だけやればいいと思ったんです。学歴社会批判みたいなものも強いし、厚生大臣の定めたカリキュラムなんて、あまり書きたくなかったんですけれども、じつは福祉系大学の授業内容が非常に区々なものですから、どうしてもこれだけは履修してほしいというかたちで法律化せざるをえなかったという事情もあるんです」（前掲 (41) と同じ、36頁）。

(44) 京極高宣「社会福祉の専門性について―『社会福祉士及び介護福祉士法』成立後の課題―」『月刊福祉』1987年8月号、44頁。
(45) 京極高宣「資格制度化と社会福祉教育」一番ケ瀬康子・大友信勝・日本社会事業学校連盟編『前掲書』262~263頁。
(46) 京極高宣「同右」263頁。
(47) 日本学術会議社会学委員会社会福祉学分科会「提言　近未来の社会福祉教育のあり方について―ソーシャルワーク専門職資格の再編成に向けて―」(2008年7月14日)、5頁。
(48)「同右資料」6頁。
(49)「同右資料」8頁。
(50) 日本学術会議社会学委員会社会福祉学分野の参照基準検討分科会「報告　大学教育の分野別質保証のための教育課程編成上の参照基準・社会福祉学分野」(2015年6月19日)、1頁。
(51)「同右資料」4~5頁。
(52)「同右資料」5~7頁。
(53) その点について、日本社会福祉教育学校連盟によるある「報告書」では、「社会福祉教育を見るならば、社会福祉士という国家資格制度の発足に伴い、大学における福祉教育は従来の社会福祉学教育に専門職養成教育が付随する形で20年が過ぎ、両者の融合というよりはむしろ社会福祉士養成教育に傾斜するなかで、大学における社会福祉教育の性格が混沌とする事態を迎えている。このような情勢において社会福祉教育学校連盟は2005年度から社会福祉専門教育委員会を担い手として『コア・カリキュラム』構想に着手し……その後、学校連盟の教育方針が『社会福祉学を基礎とするソーシャルワーク教育』という標語に統一されるなかで、それまでの『コア・カリキュラム』構想であった『社会福祉学コア・カリキュラム』と『社会福祉専門職養成コア・カリキュラム』の2本立てが『社会福祉学を基礎とするソーシャルワーク教育のコア・カリキュラム』に統合される方向が出され、その内容案が提示された」（財団法人日本社会福祉教育学校連盟『平成22年度文部科学省先導的大学改革推進委託事業・福祉系大学における人材養成機能向上に関する報告書』２０１１年、１１７頁）としている。

(54) 日本学術会議社会学委員会社会福祉学分野の参照基準検討分科会「前掲資料」(50) ７頁。

(55) なお（53）と同じ日本社会福祉学校連盟による次年度（２０１１年度）の「報告書」では、コア・カリキュラムは、２００５年度より学校連盟において議論を重ね、６大項目（群）―18中項目―60細項目からなるコア・カリキュラム（案）として作成されたとしている。その案の大項目（群）だけここで紹介しておけば、Ⅰ群：社会福祉学、Ⅱ群：社会福祉専門職の基本に関わる実践能力、Ⅲ群：理論的・計画的なソーシャルワークの展開能力、Ⅳ群：多様な利用者へのソーシャルワークの展開能力、Ⅴ群：実践環境に対応したソーシャルワークの展開能力、Ⅵ群：実践の中で研鑽・研究できる能力、となっている。

しかし結局は、この報告書に掲載されている「コア・カリキュラム拡大検討委員会」による座談会において、「コア・カリキュラムなのかスタンダードなのかミニマムなのか、そして学部なのか大学院なのか、それから社会福祉学なのか、ソーシャルワークなのか。30年以前からの議論も含めた形で、『コア・カリキュラム』という名前を出させていただきながら……いろいろな課題が出てきたかなというふうに思っています。コア・カリキュラムはカリキュラムとして各大学で使っていただくようなお話ではまったくないことを含めた上で、今までの学校連盟の流れの中では、コア・カリキュラムは、アクレディエーションのベースとして必要だというようなことで……」と最後が閉じられている（財団法人日本社会福祉教育学校連盟『平成23年度文部科学省先導的大学改革推進委託事業福祉系大学における人材養成機能向上に関する報告書』２０１２年、１２５頁）。

(56) 笠原幸子「介護福祉士の専門性」日本介護福祉学会事典編纂委員会編『介護福祉学事典』ミネルヴァ

書房、２０１４年、１４０頁

(57) 厚生労働省「平成19年法改正を踏まえた、介護福祉士養成課程における介護技術に関する教育について」。https://www.kantei.go.jp/jp/singi/kinkyukoyou/suisinteam/TF/kaigo_dai3/siryou2.pdf（2016/04/06)。なおこのあたりは、西村洋子編『最新介護福祉全書③介護の基本』メヂカルフレンド社、２０１３年、48～50頁、も参照。

(58) 堅田知佐「介護福祉士養成の課題」『総合社会福祉研究』第41号、２０１２年、37頁。

(59) 「《シンポジウム》社会福祉教育の到達点とこれからの社会福祉」における工藤洋一（当時厚生省社会・援護局福祉人材確保対策室長）の発言。一番ケ瀬康子・大友信勝・日本社会事業学校連盟『前掲書』(39) １３２頁。

(60) 野中ますみ『ケアワーカーの歪みの構造と課題』あいり出版、２０１５年、１８４～１８５頁。

(61) 厚生労働省「前掲資料」(57) ３頁。なお引用箇所の項目記号は変更してある。

(62) 津田敏「専門学校の教員資格に関する一考察―指導者の『専門性』を何が担保するか―」『仏教大学教育学部学会紀要』第11号、２０１２年、同「専門学校教員資格の現状に関する一考察」『同上誌』第10号、２０１１年、参照。

(63) 白旗希実子『前掲書』２２０頁。

(64) 介護福祉士養成大学連絡協議会『四年制大学における介護福祉士養成教育について第１報―四年制大学介護福祉士養成教育の独自性と教育方法についての調査』２０１４年、28頁。なおこの他、介護福祉士の四年制教育に関しては、佐々木宰 (67) 及び井上千津子「四年制大学における介護福祉士教育の社会的意義」『京都女子大学生活福祉学科紀要』第４号、２００８年、なども参考になる。

(65) 白旗希実子『前掲書』２０４頁。

(66) 『同右書』２１６頁。

(67)佐々木宰「四年制大学における介護福祉士基礎教育が卒後の実践にもたらす効果と課題」『大妻女子大学人間関係学部紀要・人間関係学研究』12、２０１０年、58頁。

(68)「同右論文」48頁。

(69)保育士資格と幼稚園教諭免許の併有状況は、２０１０年度においては、保育士の新規卒業者（就職者）３万４９６５人のうち87％（厚生労働省調査）、幼稚園教諭の新規卒業者（就職者）９４６５人のうち80％となっている。文部科学省「幼稚園教諭の普通免許状に係る所要資格の期限付き特例に関する検討会議（第１回）配布資料」（２０１２年10月24日）。http://www.mhlw.go.jp/stf/shingi2/0000088260.html（2016/04/07）。なお文部科学省初等中等教育局幼児教育課「平成26年度幼児教育実態調査」（２０１５年10月）では、幼稚園教頭・教諭の併有率は78・９％であるとしている。www.mext.go.jp/b_menu/houdou/.../1363377_01_1.pdf（2016/07/08）

(70)少し説明を加えておくと、「保育所指針は、保育所保育の理念や保育内容・方法等を体系的に示すものとして、昭和40年８月に策定されて以降、３回の改定が行われており、直近の平成20年改定においては、規範性を有する指針としての位置づけを明確にするため、大臣告示として定められている」（「保育所保育指針の策定及び改定の経緯」）とある。社会保障審議会児童部会保育専門委員会（第１回）２０１５年12月４日開催の参考資料。http://www.mhlw.go.jp/stf/shingi2/0000106924.html(2016/07/08)

(71)汐見稔幸「保育学の自立を期して」汐見稔幸監著・木村歩美編著・篠原欣子ほか著『保育学を拓く――「人間」と「文化」と「育ちの原点」への問いが響きあう地平に』萌文社、２０１２年、１２５頁。

(72)「同右」１２６頁。

(73)この改訂によって、幼稚園は旧学校教育法とは異なって、第１条のトップに「この法律で学校とは、幼稚園、小学校…」として位置づけられ、その後の幼児教育重視をめぐる政府や政党主催のさまざまな関係会議や報告を通じて、その影響は保育所保育にも及ぶこととなっていく。小泉広子は、このような動きの延長上に「幼児教育内容への国家統制の観点から見た場合、この子ども・子育て支援関連法の改正は、3歳以上のすべての子どもに一定時間の『学校教育』を導入するための仕組みづくりであったと見ることができる」としている。同「新教育基本法制下における幼児教育内容の国家統制の仕組みと幼児教育政策の現段階」『保育研究』No.27、2016年、16頁。

(74) 汐見稔幸「前掲」137~138頁。

(75) 小川博久『保育者養成論』萌文書林、2013年、206頁。

(76) 汐見稔幸「前掲」132頁。

(77) 小川博久『前掲書』16頁。

(78) 汐見稔幸「前掲」181頁。

(79) 池本美香「保育士不足を考える─幼児期の教育・保育の提供を担う人材供給の在り方」日本総研、Online edition『JRIレビュー』Vol.16, No.25、2015年、37頁。

(80) 古市憲寿『保育園義務教育化』小学館、2015年。

(81) 幼保一元化あるいは幼保一体化に関しては、さしあたって、山内紀幸「日本における幼児教育・保育改革─2000年代を中心とする『幼保一元化』議論〈特集〉現代社会における教育問題」『社会科学研究』30、2010年、村野敬一郎「就学前教育・保育制度のあり方を考える視点─『幼保一元化』、『認定こども園』の検討をふまえて─」『宮城学院女子大学発達科学研究』11、2011年、小田豊『幼保一体化の変遷』北大路書房、2014年、網野武博「保育制度の変化と保育政策」日本保育学会編『保育学講座①保育学とは─問いと成り立ち─』東京大学出版会、2016年、など参照。

(82) 北野幸子「ケア・教育・子育て支援を担う保育士養成の実態と課題」『社会福祉学』第50巻第1号、2009年、128~129頁。

(83) 中平絢子・馬場訓子・高橋敏之「保育所保育士における保育士の資質の問題点と課題」『岡山大学教師

教育開発センター紀要』第3号、２０１３年、56頁。このあたり、北野（82）の議論ともかかわりあって、門田理世は、諸外国の研究結果でもさまざまであり、養成課程と保育実践との因果関係は難しい問題であることを紹介している。同「海外の保育者養成制度」日本保育学会編『保育学講座④保育者を生きる―専門性と養成―』東京大学出版会、２０１６年、２６９〜２７１頁。

（84）阿部和子「実習―保育者養成の現状とこれから３」日本保育学会編『同右書』２４６頁。

（85）立浪澄子「わが国における保育者養成制度の歴史」日本保育学会編『同右書』２０５頁。

（86）伊藤良高・永野典詞・中谷彪編『保育ソーシャルワークのフロンティア』晃洋書房、２０１１年、78頁。

（87）佐伯知子「〈研究ノート〉保育士および保育士養成をめぐる現状と課題」『京都大学生涯教育フィールド研究』３号、２０１５年、59頁。ただし、このあたりは実際の授業の中身まで見ないとわからないことでもあるだろう。

（88）川俣美砂子「保育者養成課程におけるカリキュラムの比較分析―大学・短期大学・専門学校に焦点をあてて―」『福岡女子短大紀要』第77号、２０１２年、18頁。

（89）丹羽さがの「保育士養成課程の課題に関する一考察―四年制大学における保育士養成課程の課題について―」『白梅学園大学・短期大学　教育・福祉研究センター研究年報』No.16、２０１１年、37頁。

（90）秋田喜代美・佐川早季子「保育の質に関する縦断研究の展望」『東京大学大学院教育学研究科紀要』第51巻、２０１１年、２１９頁。

（91）それは、日本保育学会編による最新の「保育学講座」５巻の内容を眺めてみても、１巻では「保育内容とカリキュラムの変遷」（柴崎正行）が扱われ、４巻ではⅢ「保育者養成」のなかに「わが国における保育者養成制度の歴史」（立浪澄子）、「保育士養成」（高橋貴志）、「幼稚園教員の専門性と養成」（岩立京子）、「実習」（阿部和子）、「海外の保育者養成」（門田理世）などがあり、それぞれ参考となったものの、現在の学校種などを意識した養成カリキュラムについても、それほどきちんと議論されているとは思えなかったからである。

(92)大嶋恭二「保育士の専門性と養成の課題」『東洋英和大学院紀要』４号、２００８年、８頁。

(93)こういう見解もある。「保育士の早期離職を考える際に、処遇の問題がおもにクローズアップされているしそれは誤りではないだろう。しかし例えば、基礎学力の問題で文章が苦手な保育士は、計画や記録や通信や事務書類を書くことに大きな負担を……就業継続の意欲に支障が…早期離職の要因に」「それは基礎学力だけの問題ではなく、学習意欲、規範意識、自己肯定感の不足や問題解決スキルの不足と相互に密接に……」（矢野誠慈郎「これからの保育士養成の課題」『保育学研究』第52巻第３号、２０１４年、１４０頁）といったものである。

(94)横山孝子「生活支援専門職としての介護福祉士養成カリキュラム」『社会関係研究』第12巻第１号、２００７年、50～51頁。

(95)厚生労働省雇用均等・児童家庭局長「指定保育士養成施設の指定及び運営の基準について」（２０１５年３月31日）。www.mhlw.go.jp/file/06-Seisakujouhou.../0000108972.pdf（2016/07/08）

(96)北野幸子「前掲論文」１３０頁。この点、小川博久『前掲書』は、教員の出自とかかわって、とくに保育者養成科目としての「総合性」への関心の希薄さ、担当教員間のコミュニケーション不足などを「執筆の動機」としたとまで強調している（10～14頁）。もちろん、この点に関しては変化も見せているようであり、「保育」とのつながりを持ちながら研究を進めようとする研究者が増えてきたという指摘もある。たとえば源証香、小谷宜路「『保育内容』研究のあり方に関する一考察―保育者養成校における担当教員の専門分野の実態調査から―」『埼玉大学教育学部教育実践総合センター紀要』13、２０１４年、14頁。

(97)廿日出里美「保育者養成という現場の日常―人々を実践に向かわせる知の再構成」『教育社会学研究』

第88集、２０１１年、71頁。

(98) 保育士養成課程等検討会「保育士養成課程等の改正について（中間まとめ）」（２０１０年3月24日）、12頁。http://www.mhlw.go.jp/shingi/2010/03/s0324-6.html（2015/08/10）

(99) 網野武博「保育制度の変化と保育政策」日本保育学会編『保育学講座①保育学とは―問いと成り立ち―』東京大学出版会、２０１６年、２９３頁。

(100) 看護領域では、たとえば看護過程（Nursing Process）は、「看護者があらゆる看護現象を対象として看護を提供する際に用いる科学的思考である。それは専門職看護の根幹をなすものであるといえよう。この思考過程により、看護者は、ケアの受け手のニーズおよび問題を的確に把握し、看護計画を立て、効率的かつ効果的に看護を提供し評価することができる。看護過程は、アセスメント、看護診断（ニーズおよび問題の把握と分析）、計画、実施、評価という五つのステップから構成される」などと説明されている。勝野とわ子「看護過程（nursing process）」志自岐康子・松尾ミヨ子・習田明裕編『ナーシング・グラフィカ基礎看護学①看護学概論（第5版）』メディカ出版、２０１４年、１７２頁。なお看護過程教育に関しては、池西静江「今こそ考える、これからの『看護過程』の考え方、教え方」『看護教育』Vol.57 N0.6、２０１６年、など参照。ここには日本看護科学学会看護学学術用語検討委員会による「看護過程」の定義も紹介されている。

　社会福祉領域では、たとえば日本ソーシャルワーク学会『ソーシャルワーク基本用語辞典』（２０１３年）は、ソーシャルワークの展開過程（Social Work Process）は、①インテーク（受理面接）、②アセスメント（事前評価）、③プランニング（目標設定と計画作成）、④インターベンション（介入）、⑤モニタリング（援助の効果測定）、⑥エバリュエーション（事後評価）、⑦終結、⑧フォローアップ（追跡調査）、からなるとしている。このようなソーシャルワークの展開過程論について、岩間文雄は大枠は共通しているものの細部はさまざまな説があるとしている。同「ソーシャルワークの展開過程についての検討」『社会福祉学部研究紀要』第18巻第2号、2015年。さらに介護福祉領域では、たとえば、「介護福祉援助（ケアワーク）の過程は、①インテーク、②アセスメント（ニーズの査定）、③ケアワーク計画立案、④ケアワークの実施、⑤ケアワークの評価であり……介護福祉援助過程においては、保健・医療・福祉、そのほかの関係機関関係者との協働的援助（チームワーク、ネットワーキング）が必要であるため、ダイナミックな援助過程になる……」と説明されている。西村洋子・横山正博「介護福祉の基本原則」西村洋子編『最新介護福祉全書③介護の基本（第2版）』メヂカルフレンド社、2014年、129～130頁。

(101)なお、清水裕子編『ヒューマンケアと看護学』ナカニシヤ出版、2013年、と銘打ったテキストもある。

(102)ここで簡単に、公立の2大学の例を紹介しておこう。たとえば日本の連携教育をリードしてきた一つの大学である埼玉県立大学について取り上げると、建学の理念である「連携と統合」を具体化するために、いわゆるIPE（Interprofessional Education）の中核的基礎にヒューマンケア論を取り込んでいる。同大学（看護学科、理学療法学科、作業療法学科、社会福祉こども学科、健康開発学科）では、学部共通の必修科目として保健医療福祉科目を設定している。そしてそれは、ヒューマンケア論（1年次）、ヒューマンケア体験実習（1年次）、IPW（Interprfessional Work）論（2年次）、IPW演習（3年次）、IPW実習（4年次）から構成されている（ホームページ）。http://www.spu.ac.jp/(2016/04/08)。なおこの他、埼玉県立大学編『IPWを学ぶ―利用者中心の保健医療福祉連携―』中央法規出版、2009年、も参照。

また神奈川県立保健福祉大学では、ヒューマンケアではなく、「ヒューマンサービス」という言葉で大学の理念を表している。その点から、ヒューマンサービス論が大学の象徴科目として位置づけられている。その呼び方の違いはあるが、やはりここでも連携教育が意識されており、ヒューマンサービス論Ⅰ（1年次）とヒューマンサービス論Ⅱ（4年次）の間に、必修の連携実践教育科目として、保健医療福祉論Ⅰ（1年次）、地域保健医療福祉連携論（3年次）などが配置されている。なおヒューマンサービスとは、「保健・医療・福祉が、人間の直面する多様な問題に全人的に対応し、その成長発達を支援するサービスがそれぞれ固有の機能と役割を果たしながら、専門間の調整を図り、包括的共同目標に向けて連携と両立可能性を深め、誰をも排除することなく利用者主体のサービスに統合し実践性を孕む理念・方法・システムを構築して、市民参加のコミュニティを基盤とする人間と人類の幸福を追求する新しい文化の創造を目指すパラダイムをいう」（ホームページ）としている。http://www.kuhs.ac.jp/（2016/04/08）。関連して、阿部志郎・前川喜平『ヒューマンサービスの構築に向けて』中央法規出版、２０１０年、も参照。

この他、ヒューマンケア学部（名古屋学芸大学、帝京平成大学、東都医療大学など）、ヒューマン・ケアリングセンター（日本赤十字広島看護大学）、あるいは大学院ではつくば大学大学院人間総合科学研究科「ヒューマン・ケア科学専攻」などがある。しかし、外部からの表面的観察の限りでは、ケア論で重要な位置を占めている哲学や倫理などにおける議論と蓄積がそこにどう生かされているかはわからない。

(103) 右の2大学のほか、千葉大学、群馬大学、筑波大学、札幌医科大学、首都大学東京、私立では昭和大学などがよく紹介されている。なおこれら各大学のＩＰＥに関する理念や実践状況に関しては、安倍博史・矢田浩紀「医療系総合大学における多職種連携教育のあり方に関する考察―北海道医療大学の現状と課題―」『北海道医療大学人間基礎科学論集』41号、２０１５年、がほぼ万遍なく紹介しており参考になる。

(104) 埼玉県立大学編『ＩＰＷを学ぶ―利用者中心の保健医療福祉連携―』中央法規出版、２００９年、13頁。原文は、http://caipe.org.uk/about-us/（2016/5/14）

(105) なおこれはあまりにもアイロニカルな表現だが、白澤政和（元日本社会福祉学会会長）は、「もっていてもあまり役に立たない資格、それでいて合格するのが難しい資格」とその特徴を指摘している。同「社会福祉士制度を活かすために」『月刊社会福祉』２０１２年６月号、39頁。

(106) たとえば堅田知佐は、「対人援助に関する資格の中で、現在その養成課程を担保として国家試験が免除されているのは、介護福祉士と保育士のみである……知識の修得状況の判断が各養成施設レベルでなく、国、つまり国家試験によって行われることは、養成施設ルートから資格取得した者が今まで以上に社会的信頼を得ることが期待でき、また、対人援助に関する他職種と肩を並べ、社会的地位の向上が図られていくのではないかと考えている」（同「前掲論文」36頁）としている。なおこのような主張は保育関係者からも聞かれる。

第4章 専門職の専門性基盤と職能団体・学会
——ケアのアイデンティティをめぐる分断の構造

1 議論にケアはどのように含まれているか——検討順序の転換

これまで概観してきた専門職養成教育の内容は、法律による定義や指定規則に基づく諸規定以外に、それぞれの専門職領域に関連する学会などにおける、その学問自体の固有性の描き方とも深くかかわっている。そしてその描き方がまた、ケア関連専門職領域においては、とくに学問としての歴史の新しさもあって、それぞれの分野において大きな課題となっている。そこには、これまで依拠あるいは依存してきた他の学問分野からの脱却、独自の学問としての確立ということがある。たとえば、看護学の医学からの自立や社会福祉学の社会学からの自立、介護福祉学の看護学や社会福祉学を踏まえた新たな模索、あるいは保育学の心理学や教育学や社会福祉学などを踏まえた確立への模索というような、それぞれの動きである。

各領域の職業・職能団体（特殊技能や資格を必要とする職業ごとに組織された団体）もまた、自らの職業的定義の主張の基盤をより確かなものとしたいがために、大学や学会などとの連携の下に、専門職の「専門性」や「固有性」といったことを追求する。それらの追求の内容の基礎となる根拠を、ここでは「専門職の専門性基盤」として呼んでおこう。だがその追求の体制と成果には、言うまでもなく領域によって大きな強弱や差異があり、それがまた社会的評価の格差と相まって、それぞれの職能集団としてのアイデンティティの強固さや未成熟や揺らぎへとつながっている。とくに職能団体としての力量の差はきわめて大きなものがある。

しかし、このような専門職の専門性の基盤といった内容をまともに扱うとなると、なおどの領域も曖昧さを伴いつつ、議論としても依然として継続されているところであり、学会全体の大テーマでもある。したがって、その整理自体を個人としてなすことはほとんど不可能でもあることから、ここではそれぞれの専門職の専門性の基盤にかかわる基本的な論点を文字通り概観しながら、それぞれの領域の「専門性とケア」のかかわり度合いやその関係をめぐる議論に焦点を合わせて検討していくことにしたい。すなわち、それぞれの職業的視点からする専門性や学問的視点からする固有性をめぐる議論のなかに、そもそもケアという用語それ自体がどのように取り込まれているのか、あるいは関連する発想がそこにあるのかないのか。ケアという言葉あるいは概念に対するアイデンティティは、それぞれの専門職のありようをめぐる議論にどのように表れているか、それらを優先的に検討していくことにする。

なお以下では、まず看護師、次いで介護福祉士、保育士、社会福祉士の順序で関連する議論を見ていく。その理由あるいは含意は、以上のような問題意識からすると、看護師を検討のはじめに据えたときから、またケアの視点を入れ込んだときから、社会福祉士及び介護福祉士法というような法律の規定通りの順序の扱いでは、実態的にも不合理な感覚を持つ。また国際的には、介護職自体が福祉領域というより、看護領域に包摂されるような関係もある。つまり、専門職の専門性基盤に焦点を当てた場合に、少なくとも流れとして、社会福祉士養成と介護福祉士養成とは順序を逆転させて検討を進めた方が整合性も増すと考えるからである。

さらに、介護福祉士の次に社会福祉士ではなく保育士を置くことに関して言えば、日本ではたしかにケアとのかかわりで保育が十分論じられているとは言えない現状もある。また通説的には、「保育＝養護＋教育」のように捉えられ、その実践にはつねに成長や発達が意識され、何より施設保育のケア自体が集団を対象に学校教育という視点も入れて行われるという特徴もある。だから、保育士を介護福祉士の次に持ってくることには違和感を抱かれるかもしれない。しかし、保育における「養護」という言葉が事実上のケアを代替している面があり、保育の英訳では〝education〟とともに必ず〝care〟という単語が使用されている。またその具体的業務の性格は、非専門職とのかかわり度合いや社会の性別役割分業規範の強固さからしても、介護と類似した特徴を帯びている。それだけ専門職化（プロフェッショナリゼーション）が遅れている面もある。さらに、家庭における育児や子育て支援も含めて、そこにソーシャルワーク的機能を使って働きかける実践が重視され、保育士養成カリキュラムにそのような福祉的性格も強く反映されている。それらからすると、先の介護福祉士とのつながりでこれが議論ができ、次の社会福祉士との議論にもつながってくる。

そして、最後に社会福祉士を持ってくることは、ケアを仮に「身体的な世話」に重点を置いた実践として狭く解釈すればとくに、看護師、介護福祉士、保育士からもっとも遠い位置にあるのが社会福祉士でもあり、ソーシャルワーカーでもあるという面もある。前章でも述べたように、その任務の曖昧さはつねに議論があるところだが、社会福祉士＝ソーシャルワーカーであるかどうかは別にして（その読み替えが通説であるとしても）、歴史的にもソーシャルワーカーの最大公約数的視点は、人と環境の間への介入・調整であり、その主な目的は生活困難の支援と自立や生活基盤の安定・確保といったことである。支援レベル・内容で言えば、個人的健康問題でもなく、栄養問題でもなく、集団的保育・教育問題でもなく、それらを抱える個々人や家族の「生活問題」として言い表すのがもっともふさわしいことは間違いないだろう。言い換えれば、その業務は人間関係、経済関係、広く地域・社会関係などを基礎にした生活の土台の維持や再建の仕事にもっとも近いところにある。それはまた、第1章で触れたような、生命の再生産、生活の再生産、社会の再生産というような大きな枠組みでの議論の立て方を基礎にして本書が議論を展開していることに通じることにもなる。

2　看護師の専門性とケア――「独占」

(1) 日本看護協会等の看護師の専門性規定とケア

あらためて保健師助産師看護師法による看護師の定義を見ておけば、「第5条　この法律において『看護師』とは、厚生労働大臣の免許を受けて、傷病者若しくはじょく婦に対する療養上の世話又は診療の補助を行うことを業とする者をいう」である。もちろんそれは日本の法律による定義であり、どこの国も同じではない。

そして「看護」については、日本看護協会は、そのホームページ上の「看護にかかわる主要な用語の解説―概念的定義・歴史的変遷・社会的文脈」（日本看護協会、２００７年）において次のような概念的定義を載せている。やや長いがそのまま掲載する。

（看護とは）「看護とは、広義には、人々の生活の中で営まれるケア、すなわち家庭や近隣における乳幼児、傷病者、高齢者や虚弱者等への世話等を含むものをいう。狭義には保健師助産師看護師法に定められるところに則り、免許交付を受けた看護職による、保健医療福祉のさまざまな場で行われる実践をいう。（看護の目的）看護は、あらゆる年代の個人、家族、集団、地域社会を対象とし、対象が本来もつ自然治癒力を発揮しやすい環境を整え、健康の保持増進、疾病の予防、健康の回復、苦痛の緩和を行い、生涯を通して、その人らしく生を全うすることができるよう身体的・精神的・社会的に支援することを目的としている。（以下中略）（看護の機能）身体的・精神的・社会的支援は、日常生活の支援、診療の補助、相談、指導及び調整等の機能を通して達成される。**日常生活の支援とは**、対象者の苦痛を緩和し、ニーズを満たすことを目指して、看護職が直接に対象者を保護し支援することであり、保健師助産師看護師法第５条の『療養上の世話』に相当する。**診療の補助とは**、医学的知識をもって対象者が安全かつ効果的に診断治療を受けることができるように、医師の指示に基づき、看護職が医療処置を実施することであり、同条の『診療の補助』に相当する。**相**

談とは、対象者が自らの健康問題に直面し、その性質を吟味検討し、対処方法や改善策を見いだし実施できるように、また医学診断や治療について主体的に選択できるように、看護職が主に言語的なコミュニケーションを通して支援することである。**指導とは**、対象者が問題に取り組み、必要な手立てを習得したり、活用したりして、自立していくことができるように、看護職が教え導く活動のことである。**調整とは**、対象者がよりよく健康生活や療養生活を送ることができるように、看護職が他の職種と共同して環境を整える働きをいう。相談、指導、調整には、同条の『療養上の世話』『診療の補助』の両方がかかわっている」[1]（太字は引用者）

このように見ると、たしかに右の目的や機能を果たすのが看護実践（しかも看護職は保健師・助産師・看護師、さらには准看護師も含んで多様）であろうから、その説明はよく理解できる。そのうえであえて言えば、興味深いのは「日常生活の支援、診療の補助、相談、指導及び調整等」の機能が「並列」されて説明されていることである。すなわち、その内容は別にして、少なくとも言葉上でも、社会福祉士あるいはソーシャルワーカーが重視する機能を取り入れながら、相当幅広く踏み込んでいる。おそらくここでは、病棟看護師だけでなく、保健師や訪問看護師などの業務が想定されているのであろう。さらに「解説」は看護の「専門性」にかかわって次のようにも述べている。

「保健師助産師看護師法に規定される二つの業においても、看護独自の機能は『療養上の世話』にあるとする見解が支配的であり続けてきた一方で、実際には多くの『診療の補助』業務に圧倒されてきた感も否めない。このような状況は、『診療の補助』を巧みに手際よく行う、時に『ミニドクター』と呼ばれる看護職や、患者に十分関われないという不満足感を抱く看護職を生み出してきた。この背景には、多くの看護職が『診療の補助』業務を医師の補助と誤って解釈してきたということが関連していると思われる。看護の専門性は、これらの業を分けてとらえ、そのいずれを重視するかという議論からは見えてこない。『診療の補助』は、看護職が患者にとっての意味を与え、診療を受ける患者をサポートするものであり、患者の側に立った視点が明確にあってはじめて看護ということができるのである。この前提に立つと、これら二つの業は分けられるものではなく、相互に関連しあっており、一方の的確な遂行は他方を遂行する際に役立ち、より効果的になるという性質のものであることが理解される[2]」

また、ある看護テキストによる説明では、「看護の機能」の項において、「『療養上の世話』は看護独自の機能であり、看護師の主体的判断により実施できる業務である。しかしながら、治療方針との整合性を図る必要があり、食事形態や安静度、清潔保持の方法などの決定や変更について、医師の意見を求めることもある。看護の専門性は、健康障害を有する対象の健康障害の状態、疾病や症状の状態、さらにその人が続けている治療や治療による影響をアセスメントしたうえで、日常生活を援助することにあり、その患者を全体として把握したうえでしか『療養上の世話』を適切に行うことはできない[3]」としている。

ここで注目しておきたいのは、前章でも触れた看護過程における「アセスメント」であり、「全体的把握」といったことである。とはいえ、とくにこれらが看護の専門性とかかわって強調されているものの、通常外来あるいは入院患者として接する良い（端的に言えば、患者や家族のもろもろの疑問にも丁寧に応えてくれ、かつ高い技術を持った）医師の専門性とどれだけ何が違うかとなると、（重複性は当たり前とも言えるし）それほどすっきりしたものではない印象を残す。なお、ソーシャルワーク論との対比では、それぞれ異なった視点・内容・目的があるのは当然でもあるが、次にどう処置あるいは対応するかという点で、何らかの「アセスメント」がもっとも重要な判断材料となることは同じである。それは、専門職の実践過程がある時間・期間に限定されたものであるということともかかわっており、必要に応じて途中々々で判断をプロとして行う共通する行為である。それは、たとえば家族員による介護や育児・子育てがしばしば際限のない、私的な判断に任せられる仕事であることとは対照的である。

(2) 看護ケアと「診療の補助」

①キュアに対するケア

同じく日本看護協会の「解説」による概念的定義によれば、「看護ケアとは、主に看護職の行為を本質的に捉えようとするときに用いられる、看護の専門的サービスのエッセンスあるいは看護業務拡大や看護実践の中核的部分を表すものをいう。なお『ケア』及び『ケアリング』とは同義語として用いられる」(4)。そして、そのケア及びケアリングの解説ではこうなっている。

「**ケア**：従来、身体的な世話を言い表す用語として使われてきた。身体的な世話により、対象者との相互作用が促進されたり、対象者の心身が安楽になったりすることから、『療養上の世話』もしくは『生活の支援』としてのケアに看護の独自性を見出そうとしてきた歴史も長く、看護職にとって重要なキーワードである。また、医療の中では、キュアに対して看護の特徴を際立たせるために、キュア対ケアという構図で用いられる場合もある。**ケアリング**：①対象者との相互的な関係性、かかわり合い、②対象者の尊厳を守り大切にしようとする看護職の理想・理念・倫理的態度、③気づかいや配慮が看護職の援助行動に示され、対象者に伝わり、それが対象者にとって何らかの意味（安らかさ、癒し、内省の促進、成長発達、危険の回避、健康状態の改善等）をもつという意味合いを含む。またケアされる人とケアする人の双方の人間的成長をもたらすことが強調されている用語である[5]」（太字は引用者）

ついでに触れておくと、先にも「生活」「日常生活の支援」という表現が使われ、ここでも「生活の支援」が使われているが、それらが社会福祉の領域や介護福祉の領域でいう「生活の支援」とは相当の違いがあることが想定される。そしてそれは今後、いわゆる「生活モデル」の理解とともに、とくに比較という視点からは検討されるべき課題でもあると思われる。しかしここで一言しておけば、次の吉田澄恵の指摘はきわめて興味深いことを語っている。すなわち、「看護学は、生物医学モデルによってヒトの健康を支えようとする医学的知識を、生活の前提としての身体的機能の安定性とその変化を理解するために活用しながら……、心理的社会的存在としての人間の固有性を心理学や社会学他の分野から応用し理解しようとしてきた。看護職が行う専門的アプローチによって解決しうる〝看護診断〟として定義し分類されるものは、235を数える……。しかし、この看護診断に『生活』という概念は用いられていない。つまり、看護学教育・研究は、『生活』という概念を重視してきたものの、それを自明視したまま、具体的に『医療』というフィールドでどう看護実践として実現するかという知見を発信してきたとはいえない[6]」としているからである。看護の視点からする「生活とは何か」が問われている。

なお、ケアの用語にかかわって言えば、ICN（International Council of Nurses、国際看護師協会）の看護の定義は、「看護とは、あらゆる場であらゆる年代の個人および家族、集団、コミュニティを対象に、対象がどのような健康状態であっても、独自にまたは他と協働して行われるケアの総体である。看護には、健康増進および疾病予防、病気や障害を有する人々あるいは死に臨む人々のケアが含まれる。また、アドボカシーや環境安全の促進、研究、教育、健康政策策定への参画、患者・保健医療システムのマネージメントへの参与も、看護が果たすべき重要な役割である[7]」となっている。その業務上の範囲に関する定義は大きく、かつ「ケアの総体」＝看護という理解も注目される。

補論：看護の本質とケア・ケアリングをめぐる議論

先の日本看護協会の解説にあるように、看護の本質とケア・ケアリングをめぐる関係は、看護学・看護師と医学・医師の専門性あるいは専門職性における差異化、看護師の専門職としての社会的地位・評価の向上を基礎とするプロフェッショナリゼーション（professionalization）の運動と連動しながら議論されてきた。その中心はアメリカであり、日本の看護業界もまたそこから圧倒的な影響を受けてきている。それは、看護理論そのものがほとんどアメリカ発のものであることと同根であり、そのことがまたソーシャルワーク理論とあまりにも似ているのも興味深い[8]。

ここでは関連する看護理論も膨大な関連文献があることから、筆者一人の能力では全体をフォローすること自体はとうていできない[9]。そこで、通常看護ケア論にかかわる議論において取り上げられるような代表的な人びとの主要文献とかれらの見解にかかわる関連文献を検討するにとどめ、とくにそれらがいかなる理由でケアあるいはケアリング概念を看護の本質を表すものとしているか、あるいはケア・ケアリングは看護領域だけの専売特許的なものかという問題意識を持ちながら、いくつか論点を紹介しておきたい。

まず、日本でも翻訳書が出されているアメリカの著名な看護研究者のケアリング論では、全米ケア研究者会議を主催し、ケアを看護の本質であるとしたマデリン・M・レイニンガーによる人類学などを基礎とした「文化的ケア論」[10]、ジーン・ワトソンのスピリッチュアルな次元の関係を含んだ人間社会の道徳的実践としての「トランスパーソナルケア論」[11]、パトリシア・ベナーの「人間社会の第一義的な気遣い＝ケア」とするもの[12]、あるいはいくぶん性格が違うがヴァージニア・ヘンダーソンの看護論を基礎にしたドロセア・Ｅ・オレムの「セルフケア論」[13]などが思い浮かべられる。それぞれ特徴があり（とくにワトソンとベナーのものは現象学を基礎としている点で影響も強いようであり）、素人が読んでも興味深い。しかし、ここでは内容については言及する余裕はない[14]。

ともあれ、先に見たＩＣＮの看護の定義に含まれている看護業務の内容の多さ・広さとも関連して、看護の業務とケア論との関係は複雑であり、なお議論含みの領域である。そして、ケアあるいはケアリングの概念と看護の本質との関連をめぐっては、ケアあるいはケアリング概念を「看護の本質」だとする研究者の間でも、そこに何かしらの統一した見解はないことは、先の関連する論者の特徴付けからも推測できる。

このことをめぐる議論に関しては、看護ケア論が持つ看護の本質をケアあるいはケアリングとすることの危険性を強く主張するものもある。たとえば倫理学者のヘルガ・クーゼは、倫理学の立場から看護ケア論を批判し、そもそもすべてのケアリングがよいものとは限らないし、恣意的な側面を持っていることに注意を促しつつ、とくに問題なのは、「適切な倫理学には、ケアと並んで公平と正義も必要」[15]であるにもかかわらず、看護ケアの倫理には「公平と正義の倫理」が欠落していることにあるとする。さらにそのような理論的な批判だけでなく、具体的な看護実践の諸側面からしても、ケアあるいはケアリング概念は「看護の本質」とは言えないとする批判もある。[16]

それらの一例をここで紹介すれば、たとえばシオバン・ネルソン、スザンヌ・ゴードンらは、「倫理」への偏り過ぎ、ケアの美徳やケアの心理社会的側面あるいは感情面、さらには思いやりや共感の重視、患者との心の交流の強調、また「健康志向」「全人医療」への対応が求められる風潮が、実際は看護の持つ多様性や複雑性を曖昧にし、看護師に必要な医学的な知識や技術あるいは必要な精神的ケアに関する知識や技術があることを見えづらくしている。あるいは患者のケアというより、そのためのコーディネーターの役割や管理が強調されてきていることなどに対して、「ベッドサイド」スキルの喪失につながる懸念があるとして、〝看護のケア論〟を批判している。[17]

くわえて、本書の問題意識に照らし合わせて言えば、たとえばソーシャルワーカーなどとの対比で、「心理療法家やソーシャルワーカーの場合とは異なり、患者が臨床家に相談をし、臨床家が患者の問題を分析し、問題について話しているうちに、看護師と患者の間に何らかの関係が生じるわけではありません。精神科や心理療法の専門看護師を除き、たいていは看護師が患者のケアを直接するところから関係が築かれ、身体的なケアや、医学的知識や技術を用いたケアを通し、その結果、両者の関係が発展していくのです[18]」としている。そして最後に、「質の高いケアを提供するには、科学的、および、（声を大にして言いたいのですが）医学的な知識や技術が求められるのに、現在のように心理的なケアや患者との交流ばかりに焦点を当てて説明していると、そうした知識や技術を身につける必要はないと考えられてしまう点をもっと検討してほしいのです[19]」と強調している。これらの批判がどこまで正鵠を射ているか（筆者には）確信はないが、ケアの持つ相互規定的な関係を重視したにしても、それがもしも浅いものであれば、少なくとも否定はできないような議論でもあると思われる。

このようなケア・ケアリングと看護の本質との関連で、アメリカの１９９０年代頃までの動向を検討した操華子は、レイニンガーによってリードされた全米ケア研究会議での「ケアリングは看護学の本質であり、看護職にとって独自のそして変わることのないものである」というスローガンの内容ともかかわって、「ケアリングと看護の関係についても、ケアリングと看護が同義であるのか、看護の核としてケアリングが内包されるのか、それともケアリングの概念の中に看護が含まれるのか、多様な考え方が可能である[20]」とまとめている。また日本では、看護理論を研究する城ヶ端初子は、ケア・ケアリングについてはさまざまな議論があり、統一した見解があるわけではない。しかし「病気や障害という健康上の問題をもつ人へのケア・ケアリングは、看護にのみ存在する部分です。したがって、ケア・ケアリングという一般概念を基盤として、看護者がかかわる特殊な部分としてのケア・ケアリング概念があるのではないかと私は思います[21]」としている。

さらに、先の倫理学者クーゼとはいささか批判が異なるが、看護倫理の視点から服部俊子は、レイニンガー、ワトソン、ベナーの三者の見解を検討しながら次のように述べている。「看護倫理においては、なぜ、ケアリングがプロフェッションとしての看護を明示することができるのか、また、なぜ看護だけがケアリングの価値を理想から現実のものへと転換できるのかについても、問われなければならないだろう。そして、その問いに応答しなければ、ヒエラルヒーの中で決定する権限もないまま看護実践する看護職者の現実とはまったく異なる、プロフェッションとしての看護としての理想の看護だけを述べた看護倫理になってしまうであろう[22]」としている。なおついでに言えば、上記の「看護だけが」という点に関して、研究者ではない立場である、日本の看護関係者の先達たちの議論においても、ケアは「もはや看護の独占用語ではない」ことが語られている[23]ことも知っておきたい。

ところで、この補論の最後に、すでに言及してきた現象学と看護の関係についてもう少し触れておくと、たとえば榊原哲也によれば、その流れは次のように捉えられると言う。すなわち、「看護ケア理論における現象学的アプローチには、大きく分けて、①〈患者の病気体験ないしその意味をその人が体験しているままにありのままに理解し認識しようとするために現象学的還元の遂行や現象学的態度を求めるもの〉と、②〈病気を体験している患者やその家族、そして彼らにケアという仕方で関わる看護師の在り方を理解し解釈するためにそもそも人間という存在者がどのような在り方をしているのかについて現象学に知見を求めるもの〉という、二つの系統があるように思われる。前者は、フッサールの現象学的認識論の精神を受け継いだものであり、後者は、ハイデガーやメルロ＝ポンティの現象学的存在論の知見に依拠するものであると言ってよい[24]」。そして日本でも、看護領域における研究アプローチの一つの方法としても現象学が定着し、関連する文献も蓄積され、成果が生みだされてきている[25]。

しかし現実には、一方でしばしば看護師のケアリング理解と患者の理解とのズレが生活世界を対象にする現象学という視点だからこそ明らかになり、他方で現象学そのものが現象学であるがゆえに壁にぶつかることもありうるようにも思われる。前者について言えば、データは古いものだが、看護師と患者の双方にケアリング行動に関する質問をぶつけた結果の分析をしたある研究は、両者の認識のズレの理解にかかわって、「患者は看護婦の専門的知識、技術に基づいた適切で安全なケアの提供を重要なケアリング行動と認識していたが、看護婦は患者の精神面への働きかけに関する内容を重要なケアリング行動として認識している傾向にあった[26]」などとしている。これはこれで興味深い指摘である。なぜなら、患者あるいは一般の人びとの生活世界の感じ方と「学問的」「専門職的」な視点からのそれとは大体においてギャップをともないがちであるからである[27]。しかも、むしろケアリングを強調するような見方に必ずしも即応しないことが、看護職の「高い」社会的評価にもつながっているようにも思われるからである。また後者について言えば、看護師がケアの実践を行っていくうえでの制度や歴史性といった阻害条件を現象学という方法が捉えうるかという問題がある[28]。

②診療の補助から治療者へ

以上、このあたりの看護の本質や専門性をめぐる議論の揺らぎや混乱あるいはズレは、次の「診療の補助」をめぐる対応（看護職の目指す技術指向・地位志向）にかかわってくる。ここでも日本看護協会の「解説」を見るとこう述べている。

「2003年厚生労働省『新たな看護のあり方に関する検討会報告書』において、①看護職は療養生活支援の専門家として的確な看護判断に基づく看護技術を提供すること、②『療養上の世話』には医師の指示は必要ないが、看護職は医師への相談の要否について適切に判断できる能力・専門性を養う必要があること、③看護職は医師の指示内容の適切性や自らの能力との整合性を判断し、必要に応じて疑義を申し立てること、等が示された。これは看護職に対する社会的評価が高まったことにより、医療チームにおける看護職の発言権や決定権が拡大してきたことや、看護職独自の判断に基づく行為が認められる範囲が拡大してきたことを示している[29]」

このように、看護業界の「役割拡大」への志向性は強い。たとえば、日本学術会議の健康・生活科学委員会看護分科会の提言はこう述べる。「看護職（保健師、助産師、看護師《以後、看護師等》）は、キュアとケアを統合させた役割を果たす職種であるが、看護師等の業務や裁量の幅を従来よりも広くすれば、現在の医療危機および健康格差の問題の緩和に貢献できることが多い」「診療に関しては医師法や保健師助産師看護師法等によって法的に制限が設けられている[30]」。そして「従来では医療は医師が行うものであり看護師等はその補助者であるとみられる傾向があったが、医師だけでなく看護師等が専門的に判断し実行することがより患者の安全を保証し、ケアの質を高めることが可能な分野があることが分かってきた。このような背景のもと、保健医療福祉の分野において看護師等の裁量の幅を拡大することが……危機を緩和する」[31]「医師のみに許されている業務を看護師等が行えるようになるとき、国民の一番の関心は、医療の安全と質の問題であろう。先行している諸外国の調査では、大学院等で教育を受けた高度実践看護師による技術はむしろ安全性とケアの質において高く評価されている」[32]。しかしこれは同時に、従来の看護業務の代替化の進行を意味することにつながっていく。

したがってここだけを見ると、いつの間にか「ケア」はどこかに飛んで行ってしまっている印象も拭えない。そしてこの傾向はまた、次のような批判的議論とリンクしてくる。たとえば、その人の持つ自然の回復過程を引き出し整える「究極のケア」[33]こそ「看護の力」とする川島みどりは、「看護師が本当にしなければならないこと」として、以下のように最新作で述べている。

「今法制化されようとしている（「特定行為に係る看護師の研修制度」による：引用者挿入）『看護の業務拡大』は、保助看法で看護師に禁止されている医行為の一部を、特定の看護師が行ってもいいことにするものである。これだけ看護大学があるのに、また医師の傘下に入り、医師が行うような医療をすることが、看護師の社会的地位を高めることになるのかと、私は問いたい。看護師がいま、本当にしなければいけないのは、個体の自然治癒力を高める看護の役割の再認識ではないか。高度医療を否定するのではない。しかし、患者の自然治癒力が高くないと、どんな高度医療も効果がないと思うのである。手術も、看護師が自然治癒力を高めたうえで手術した方が、回復は早い。私は、看護技術には、医療技術と同じかそれ以上の効果があることの実践と実証をしていく必要があると言いたい。医療だけが病気を治すのではなく、看護には治る力を整えていく力があることは、看護師自らが実証しないと誰もわかってくれないのである」[34]

とはいえ、以上のように看護の専門性あるいは看護ケアに関して主張する川島がまた次のように言うとき、「看護とは何か」は文字通り介護と一体化した内容となってくる。引用しよう。「『看護とは何か』という日野原先生からのご質問でしたが、ナイチンゲールのことばを頭におきながらお話しするならば、…『暮らし』への視点にふれないわけにはいきません。人が生きて暮らしていく、その営みのなかには、食べること、排泄すること、清潔にすること、眠ることなどがありますが、それらすべて生きて暮らしていくためには欠かせないものです。なおかつこの一人ひとり固有の生活行動は、幼いころから身についた習慣として形成されるものでもあります。……それぞれの生活行動は密接に連関しているということを踏まえたうえで、生活行動の一つひとつを整えること、それが看護だといえます。そして、これらの生活行動は、あまりに当たり前過ぎて忘れられがちなのですが、食べることも、眠ることも、トイレにいくことも、その人自身がそれをやらないかぎりニーズ（必要、欲求）は満たされないという特徴があります。他人が代行することはけっしてできない。そこが、実は肝心なところです。看護は、そうしたその人固有の生活行動の一つひとつに対して、たとえば病気や障害や、あるいは高齢のために、自分では思うようにできなくなったときに、その人が自分でやっていたのと同じように生活を営んでいけるように援助するのです。ですから、看護に求められているレベルは非常に高度だといえます[35]」。

ここで再び、ケア・ケアリングの概念と看護の本質との関係をめぐる議論に戻ることになる。そしてそれらは、さらに介護や福祉との接点あるいは重複領域の議論と重なってくる。

(3) 看護ケアをめぐる介護との重なり

ところで、ケアそのものは世界的に見ても介護領域においてあるいは介護問題にかかわって、さらには子育て・保育・幼児教育などの実践と関連して、むしろごく一般的レベルで語られている現実がある[36]。しかし日本では、介護福祉士＝ケアワーカーとしての実践が、法的にも福祉領域の実践として扱われるという特殊性が、複雑さあるいは混乱をもたらしている。そのことは、先の川島も「これからの看護の役割」の問いの一つとして指摘している[37]。このあたりについて、また金井一薫はこう述べている。

「一方、看護の世界から見ると１９８７年に介護福祉士が国家資格化された時、当時の心ある看護者の多くは、自らの専門領域だと考えていた〝ケア〟、つまり生活援助行為が、他職種の専門領域に定まることへの強い危惧を覚えていた。そしてその時点から『看護と介護はどう違うのか』という、それまでの日本の看護歴史上では一度も話題に上らなかった問題が設定され、様々な議論が繰り返されるようになったのである。加えてこの現象は日本において、ただ一国のみにおいて起こった現象であった。『看護』と『介護』が並び立つようになってから、25年が経過した今日においても、このテーマは今もって、看護界と介護福祉界の両分野において曖昧であり、両者が歩み寄るという気配もない。制度はいったん制定されてしまうと、後戻りはできないようである」[38]「どちらの専門職も、自らの仕事を『ケア』『ケアリング』と呼んでいるのである。ここに混乱のもとがある。『ケアとはいったい何か?』という問いは、介護職が日本に出現したのを機に、自ら『ケアワーク職』と称する介護の世界を中心に深まっていったように思われる。同時に看護職においても、いまだ『看護の本質』が揺らいでおり、自らの実践の本質を描きだす際に、『ケア』や『ケアリング』という概念を必要としているのであるから、ここに両者の混乱はきわまるわけである」[39]

さらに、野中ますみは次のようにこのことにかかわる問題点を位置づけている。「ケアワーカーの位置づけを福祉国家レジームからみると、日本を除く各国においては高齢者ケアを担うケアワーカーは看護領域での職種であるということ。さらにドイツを除く各国においてその看護領域の最下層に位置づけられている非熟練労働、単純労働ということである。日本のみが、看護とは異なる社会福祉専門職として介護福祉士が位置付けられ、ホームヘルパーはその下位資格に位置することになる。しかし、その社会福祉専門職である介護福祉士が医療領域においては無資格の看護助手になるということであるので、各国同様に看護領域においての最下層に位置づけられるということである。ケアワークという業務内容を行うにあたって、福祉領域では専門職であるのに医療領域では無資格の看護助手と同等という、この日本特有の位置づけが資格化における矛盾点であり、本質的な問題であると考える」[40]

3　介護福祉士の専門性とケア――「遠慮」

(1) 日本介護福祉士会等の専門性への言及

日本介護福祉士協会による介護福祉士の専門性に関する主張は、ホームページでは、法制度による規定そのもの（「介護福祉士の名称を用いて、専門的知識及び技術をもって、身体上又は精神上の障害があることにより日常生活を営むのに支障がある者につき心身の状況に応じた介護を行い、並びにその者及びその介護者に対して介護に関する指導を行うこと」）を紹介した後に、なお検討中のニュアンスを含みながら、次のような文を掲載している。

すなわち、「介護福祉士の専門性とは利用者の生活をより良い方向へ変化させるために、根拠に基づいた介護の実践とともに環境を整備することができること」であり、具体的には、「①利用者の自立に向けた介護過程を展開し、根拠に基づいた質の高い介護を実践する。②自ら介護等に関する知識及び技能の向上に努めるだけでなく、自立支援に向けた介護技術等、具体的な指導・助言を行う。③利用者の心身その他の状況に応じて、福祉サービス等が総合的かつ適切に提供されるよう、物的・人的・制度的等、様々な環境整備等を行うとともに、福祉サービス関係者等との連携を保たなければならない[41]」。

先に見た看護（とくに日本看護協会の「解説」など）に比較すれば、ホームページ上などでの日本介護福祉士会の主張は弱く、その歴史の浅さと職能団体としての力量の差はあまりに明白である。それはやむを得ないとも言える。なぜなら『介護』が専門的職業として広く一般に捉えられるようになったのは、国家資格である介護福祉士が誕生してからであり、「比較的新しい専門的領域として誕生しているので、関連領域との関係を検討しながらその専門性について考えて[42]」いかざるを得ないからだ。しかも次のような事情がそこにはあった。先にも引用した野中ますみは、高木和美の研究[43]に依拠しながら、次のように述べている。

「介護福祉士創設に当たって、当時の日本看護協会は基本的に反対姿勢を表明しながらも、医療行為をさせないという条件で妥協している。高木はこの経緯について『本格的な看護論争をさけ、動いてしまっている現状を追認しつつも、看護婦の業務独占部分にこだわったようである』と述べている。その後は、医療の高度化に追随するように医療的ケアに看護の優位性を求めているように見える。看護は医療のヒエラルキーのなかで介護を自分たちより下位の職業ととらえているため、看護研究において『介護』を正面からとらえた研究は見られないのではないかと推測できる。この関係性は、社会福祉研究のソーシャルワーカーとケアワーカーの関係でも言えることである[44]」

また介護福祉士に関しては、看護師やソーシャルワーカーなどのように、国際団体による定義への依拠もないのも特徴である。さらに専門性にかかわっては、ある介護福祉指導教育関係者の座談会ではそのポイントとしてこう述べられている。「『介護にとっての専門性』に関する考えは、いまだ確立していません。そうした現状は、現在介護職に就いている人、またこれから介護職を目指す若者が、介護職としてアイデンティティを確立することの難しさや自信の喪失、漠然とした将来への不安につながっています」[45]。しかも介護における新しい動き、すなわち介護職員による医療的ケアが可能になったことが、介護福祉の専門性に関して、「介護福祉士に何ができるのか、具体的な成果を科学的に実証してこなかった」[46]ままに、新たな複雑さを与えてきているのである。

この点に関しては、次のような看護の側からの発言は興味深い。「（片田範子）医療・看護に関わる法律と学問的な部分、実践的な部分との食い違いが、本当にいま出てきていますね。看護と介護と分けている点も、同様だと思います。（南裕子）日本の看護界はいま、そのような二分化した世界に追い込まれていますが、だからこそ見えてきていることもありますね。まさに介護については、日本から看護の理論をつくっていかないといけないと思います。介護の領域ではまだ博士課程がないので、看護が理論化すべき現象がたくさんあります……介護の教員は、介護は福祉だから相談・援助を基盤にしていると言うのですが、しかし実際の現場とのギャップはとても大きい。しかも大学出身の介護福祉士はまだまだ少数で目立ちません。だからこそ、いま看護が取り組み、理論を創造しなければいけない現象が多いのではないでしょうか。例えば、老衰です。医学がこれまでほとんど取り上げてこなかったこの問題を、看護の視点、ケアの視点から考えていかないといけない。……」[47]。先の川島の議論とも重なることだが、いずれにしても、社会福祉職として位置付けられた介護福祉士の側の実践や研究に裏付けられた主張も強く求められている。

⑵介護の「ケア」と看護の「ケア」及びソーシャルワーク

ところで、介護福祉士をケアワーカーと記載したのは、福祉関係三審議会の「福祉関係者の資格制度について（意見具申）」（1987年）で、以降、ケアワークは介護福祉、介護福祉援助技術の意味で用いられていると言われている[48]。しかし同時に、すでに見たように、社会福祉士及び介護福祉士法の登場以降ずっと介護と看護の関係が問われ続けてきた。その理由は言うまでもなく、両者の業務領域に世話や介助・看護が含まれているため、そこには混在化を伴った「業務領域の共有[49]」があるからである。

では介護のケアと看護のケアでは何が違うのか。先に見たＩＣＮの定義「対象がどのような健康状態にあっても」と言われると、介護は看護の概念に包摂されると言えそうである。がともかく、介護の研究者が指摘しているのは次のような差違である。

たとえば西村洋子は、看護と介護の相違は対象者にあるとして、「介護の対象者の特徴は、障害は存在するが健康状態は比較的安定しており、濃厚な医療は必要としない人々といえます[50]」「介護・看護の各領域は利用者のおかれている日常生活条件によって規定されるというより、むしろ健康状態により規定されるのです。つまり、健康状態が比較的安定しているときは介護サービス・ケアを中心としたものでいいのですが、健康状態が不安定になったときは、看護サービス・ケアを中心として行うほうが望ましいということです[51]」と区分している。また野中ますみは、介護福祉士のそれは「ロングターームケア[52]」の役割にあると結論づけている。なおこの「ロングタームケア」は近年、「ロングタームケアサービス（ＬＴＣ）」と呼ばれ、筒井孝子によれば、いくつかの先進諸国では「ＬＴＣは医療と福祉と同様の社会保障制度の領域であるという認識が徐々に確立しつつある」[53]と言う。

また内田陽子は、「介護は食事、排泄、移動などの起居動作の世話に焦点を当てている。看護は医療や健康を重視した援助、介護は社会福祉の観点で社会的な生活を尊重した援助を、それぞれ独自性としている。つまり、看護は医療面、介護は生活面での世話におけるケアとなろう」[54]としている。このように（「生活」の捉え方をも含んだ）重点の置き方に違いがあるように見えるものの、（主たる世話の業務の理解などをめぐって）先に見た川島みどりの見解と大きな違いはないようにも思われる。そのうえ、介護も医療面に携わるなど、看護と介護の境界はますます不明瞭になっている。とくにその点については、前章で触れたことだが、介護職として就職した若者の声が「医療をもっと学びたい」ということも無視できない。

いずれにしても、このあたりはグラデーションを持った幅のある範囲であり、専門職間の領域の問題にかかわりなく、とくに利用者からすれば、多様な健康状態を対象にした多様な介護施設が求められているところでもある。だがともかく、看護師の代用であれ何であれ、その専門性をめぐっては、金井一薫が述べている課題を介護の側は抱えていることもたしかだろう。すなわち、「介護福祉士は施設内介護要員としての性格をもつように方向づけられ、生活面の世話に限ってその技術を駆使するように位置付けられており、単独で利用者の健康管理ができるようには育てられていない…。何より致命的なのは、人体の構造や機能や病気の成り立ちに関する学習不足から、生命過程の状態をアセスメントする力量にかけている。従って、この制度を稼働させるには、早急に人材の育成から始めなければならない。その場合、看護の基礎教育においては福祉的知識と対人援助技術を教え、介護福祉士教育においては、医療的ケアができる実力を付与しなければならない。つまりこれは、ドイツと同様に、看護師と介護福祉士を一体化させるべく、法改正をしなければならないことを意味している。そうでなければ、24時間の巡回型のケアを含むこれからの『ケア付きコミュニティ』は、人材不足の結果、必要なケアの量を供給できなくなり、その質を低下させていかざるをえないだろう」[55]。

介護福祉士の専門性をめぐるもう一つの議論は、ケアワークとソーシャルワークの関係についても、統一した理解が形成されていないことに関係している。

たとえば白澤政和は、介護福祉とソーシャルワークの関係について、「両者は同じ利用者に対して、直接援助を中心とした生活支援をする者と、相談援助を中心とした生活支援を実施する者とに整理できる」「介護福祉士とソーシャルワーカーは、日常生活を営むのに支障ある人びとに対して『生活を支援する』という観点で重複している」[56]。そして「介護福祉士の国家試験には、『社会福祉援助技術』という名称のソーシャルワークが指定科目にはいっており（この時点では：引用者挿入）、介護福祉士養成施設での必修科目にも位置付けられている以上、ソーシャルワークを日々実践に積極的に活用していくことが重要」[57]としていた。

しかし、たとえば小嶋章吾は、その後の変化を踏まえて、「現行の介護福祉士養成課程から『社会福祉援助技術』の科目が廃止されたことは、社会福祉士養成課程から『介護技術』の科目が廃止され、ソーシャルワークからケアワークを分離させる見解と相まって、介護福祉士の役割から、『相談援助』を除外する論調につながることが懸念される」[58]。したがって、ケアワークにおけるソーシャルワークを不可欠とする「統合性についていては、学問的あるいは社会的に認められているとしても、政策的あるいは制度的に認められているわけではない。むしろケアワークの統合性は、介護保険や介護福祉士養成課程のあり方などの政策や制度を通じて、矮小化あるいは限定化が進んできているといえるであろう[59]」とし、ケアワークのなかでソーシャルワークの側面が切り捨てられている側面を指摘している。そうだとすれば、何らかの対応策がとられない限り、介護は看護の「下請け」的な位置をさらに強めることになる可能性は高い。

４　保育士の専門性とケア――「未整理」

(1) 保育士と幼稚園教諭――基礎にある「保育」の揺れと「養護」の扱いの差

保育士の職業・職能団体には、代表的なものとして全国保育士会があるが、その事務局自体が全国社会福祉協議会児童福祉部内に置かれているように、他の団体に比べた場合の自立度は弱い。実際ホームページでさえ開設されたのも最近のことのようでもある。その全国保育士会が保育士をどう規定しているかについて言えば、「保育士とは、かつて『保母』や『保父』と言われていたもので、児童福祉法第18条において、『登録を受け、保育士の名称を用いて、専門的知識及び技術をもって、児童の保育及び児童の保護者に対する保育に関する指導を行うことを業とする者』と規定されています[60]」とし、それ以上のことは何も示していない。そして、全国保育士会倫理綱領の署名人は「社会福祉法人全国社会福祉協議会・全国保育協議会・全国保育士会」となっている。

そのことを前提に、すでに第1章でも触れたことでもあるが、また関係者には当たり前のことであっても、ここであらためて確認しておきたいのは、一方で、幼稚園教諭に関する学校教育法の規定でも「幼児を保育し」「幼児の保育をつかさどる」として、その実践活動を「保育」としても扱っていることである。そして他方で、これも関係者には周知のことであるが、学校教育法第23条の「教育」に関するいわゆる5領域（分野）、及びこれを具体化した幼稚園教育要領が、次に見る保育所保育指針の「教育内容」の裏付けとなっていることである。すなわち、「保育所保育指針」（厚生労働省告示第141号、平成20年3月28日）はこう述べている。

「保育の内容は、『ねらい』及び『内容』で構成される……保育士等が『ねらい』及び『内容』を具体的に把握するための視点として、『養護に関わるねらい及び内容』と『教育に関わるねらい及び内容』との両面から示しているが、実際の保育においては、養護と教育が一体となって展開される……。ここにいう『養護』とは、子どもの生命の保持及び情緒の安定を図るために保育士等が行う援助や関わりである。また、『教育』とは、子どもが健やかに成長し、その活動がより豊かに展開されるための発達の援助であり、……5領域から構成される[61]」

後述するように、「保育」の扱いは児童福祉法・保育所保育指針のそれと学校教育法・幼稚園教育要領のそれとでは異なってきたとしても、「教育」に関する限りは整合性を取ってきたように見える。たしかに保育分野の代表的な保育概念の説明もこうなっている。たとえば森上史朗・柏女霊峰編による『保育用語辞典（第７版）』の「保育」の説明では、「１９４７（昭和22）年に制定された学校教育法では幼稚園の制定の目的として『幼稚園は、幼児を保育し……』と定められたが、その草案を作成した坂元彦太郎は、保育とは〝保護・教育〟の略で、外からの保護と内からの発達を助けることを一体と考えるのが幼児期の特徴であるとして、この語を用いたとしている。一方、１９４７年に公布された児童福祉法では従来の託児所に代わって保育所という名称を用い、『保育所は、日々保護者の委託を受けて、その乳児または幼児を保育することを目的とする施設とする』と規定された。そして、保育とは乳児、幼児を対象として、その生存を保障する『養護』と心身の健全な成長・発達を助長する『教育』とが一体となった働きかけであると解されている」[62]とある。「保護」と「養護」という言葉の違いはあるが、「教育」は一致している。そして、このような保育の定義とかかわった用語の問題は、日本では右の辞典の定義にあるように、養護と教育を「一体として」捉えるような保育概念が支配的であるようだ。

しかし、しばしば指摘されていることだが、湯川嘉津美によれば、「現在、『保育』と『教育』の語の使用に混乱が生じている」[63]状態にあると言う。それはまた国内に限らず、たとえば保育の英語表現は日本保育学会で公認されているものはearly childhood care and educationだとされ、またユネスコも同じであり、それらはＥＣＣＥと呼ばれている。だが、経済開発や成長あるいは持続性に重きを置くＯＥＣＤのそれはearly childhood education and careであり、ＥＣＥＣとなっている。これらを混乱と呼ぶかどうかは別にして、少なくとも力点の置き方は異なっている。そのなかで保育概念の変質あるいは縮小といった表現の方が適当とも思われる事態が進行してきている。

たとえば、「認定こども園法」（２００６年：正式には「就学前の子どもに関する教育、保育等の総合的な提供の推進に関する法律」）成立とともに、それまでの保育＝養護と教育ではなく、「保育」と「教育」を並列させてあるいは区別して捉えようとする流れが強くなってきている。[64] とくに近年の「子ども・子育て支援新制度」（２０１２年：認定子ども園法の改正等３法の改正と児童福祉法の改正を伴った）によって、それまでの幼稚園教諭養成においても保育士養成においても共通の概念であった「養護と教育の一体としての保育概念」が瓦解を余儀なくされ、「保育」（学校教育を除いた養護及び教育）と「教育」（学校教育）という意味合いを持った概念へと、いわば「保育と教育の分断」が意図されてきているという危惧も持たれてきている。[65] このことは、幼児教育重視の路線とかかわって、通説的な保育概念の縮小化とでも言いうる事態の進展を示唆しているのかもしれない。

さらに注目しておきたいのは、養護とは先の保育所保育指針に「子どもの生命の保持及び情緒の安定を図るために保育士等が行う援助や関わり」とあるものの、その概念や用語自体をめぐっては十分な検討もなされていないような状況にある（と言われている）ことである。たとえば田中まさ子は、「保育において養護とは何か」という点に関しては十分な研究がなされてきたとは言いがたい、関連する行政視点からしても、保育所保育指針ではつねに養護という用語が使われ、２００８年版では解説もなされているものの、幼稚園教育要領では１９６４年版以外は一度たりとも出てこない。しかし、「保育以外の分野に視点を移すと、養護の語は多岐に亘って使用されているのが分かる。大きく分類すると、学校教育関係分野と社会福祉関係分野である。対象を子どもに限定すると、学校教育法に基づく養護教諭の業務としての養護、保育所以外の児童福祉施設における社会的養護がある」[66] としている。

このあたり、たしかに先の『保育用語辞典』の「養護」の説明も、保育所保育指針の「解説」以上の内容はない[67]という現状でもある。それゆえ、文部科学省と厚生労働省の管轄の違いとともに、養護と教育の関係をめぐる理論上の整理の課題はある[68]。そのことを前提に、ここではさしあたって、鯨岡峻のそれを紹介しておきたい。それは「養護という概念は、生命の維持、情緒の安定という保育者の守備範囲を示す領域概念としてではなく、子どもが両義的な主体（子どもは「子どもである」という現状肯定的な表現と子どもは「未来の大人である」という現状止揚的な表現とが交叉するところに成り立つ概念としての子ども：引用者挿入）であることに対応して、保育者の子どもへの働きに含まれる子どもを主体として受け止める、存在を認めるという（これが情緒の安定に繋がるわけですが）働き全体を示す機能概念として理解すべきだというのが私の主張です。この養護の働きは、ですから年長の子どもにも、ひいては小学校の子どもにも必要なものであり、決して3歳未満の子どもを扱うという意味ではないこと、幼稚園の保育の働きにも当然含まれてくるものだという理解が必要だと思います[69]」というものである。このように見てくると、要は保育士であれ幼稚園教諭であれ、「保育における生活[70]」あるいは「子どもの生活」ということを意識すればするほど、後に検討する「専門性とケア」ともかかわって、「養護」に関する議論がさらに深められなければならないところにあるようにも思われる。

(2) 保育士と専門性

次に触れておかねばならないのは、保育者という言葉である。通常イメージされているのは、保育所保育士と幼稚園教諭だと思われるが[71]、これ以外に「施設保育士」と呼ばれる存在があり、最近では

「保育教諭」（「幼保連携型認定こども園」対応）という名称の資格も生まれ、さらに「子育て支援員」など資格制度のあいまいな人びと、[72]場合によっては親もこの範疇に入ってくるという問題である。それがまた、近年の「子ども・子育て支援新制度」に伴う「地域保育」「地域子育て支援」「放課後児童サービス」重視といった施策と関連していることから、単なる言葉の多様性の問題にとどまらずに、専門職としての処遇向上もまたより複雑にさせているからである。くわえてそれらはまた、保育士・保育者の専門性の議論とも重なってくる。

　すなわち、こういったことは介護福祉士・介護職の専門性ともかかわったことだが、そこには、現在においても子育て実践が専門職による職務遂行としてだけではなく、非専門職による日常的実践として営まれている事実があるからである。それゆえ「保育職務のこうした特殊性を考慮した上での、保育士の専門性の構築が検討されるべきである」[73]となってくる。またそれは、歴史的には「女性ならではの職業」としての保育士の母性の強調や実技重視の傾向の下、２年課程を基礎とする実技・実践中心のカリキュラムを組まざるを得ない保育士養成・幼稚園教諭養成のありようを余儀なくさせ、それがまた専門性の質的向上をめぐる問題になるとする議論とも被ってくる。[74]さらに専門性の議論を複雑にしているのは、〝気になる子ども〟〝気になる親〟の問題などであり、児童虐待や貧困など、さまざまな家庭・家族あるいは地域社会の変化とあいまって、いわゆる「保育ソーシャルワーク」の機能も重視させてきている。[75]そしてそれらが、保育士の専門性や保育士の質の課題を浮かび上がらせてきている。ここには、「保育における生活」だけではない、家庭や地域社会における「子どもの生活」の困難も含まれている。

以上のような背景をどこまで汲んでいるかは別として、この間の保育士の国家資格化あるいは保育所保育指針の告示化、就学前教育・幼児教育の重視などの政策をめぐる国家の姿勢の変化などもあり、「保育所保育指針解説」は専門性についてこう述べている。

「保育士の専門性としては、①子どもの発達に関する専門的知識を基に子どもの育ちを見通し、その成長・発達を援助する技術、②子どもの発達過程や意識を踏まえ、子どもが生活していく力を細やかに助ける生活援助の知識・技術、③保育所内外の空間や物的環境、様々な遊具や素材、自然環境や人的環境を生かし、保育の環境を構成していく技術、④子どもの経験や興味・関心を踏まえ、様々な遊びを豊かに展開していくための知識・技術、⑤子ども同士の関わりや子どもと保護者の関わりなどを見守り、その気持ちに寄り添いながら適宜必要な援助をしていく関係構築の知識・技術、⑥保護者等への相談、助言に関する知識・技術などが考えられます[76]」

ところで、すでに触れ始めたことでもあるが、では保育士の専門性をめぐって研究者の間にはどんな議論あるのか。すべての研究者のそれを深く吟味しているわけではないが、たとえば、保育実践に関する実践知・身体知などとのかかわりで論じている抽象度の高い議論[77]もあれば、現場の職員や保護者へのアンケートから探ろうとするもの[78]、あるいは保育者が置かれている労働条件などを無視した専門職論への批判を強調している主張[79]など、さまざまであるようである。ありていに言ってしまえば、それらが、たとえば秋田喜代美が、保育学が「固有」に問わねばならない課題についてまとめている内容とかかわっていることはたしかだろう。[80] つまり、その研究方法とともに、まさに「専門性」の明確化は模索途上でもあるということである。

しかし研究者間の議論は別として、保育士の専門性という場合、とくに興味深いのは、たとえば幼稚園教諭の専門性との対比が浮かぶのだが、[81] 関連する職能団体の間には何らかの対立あるいは議論が表立ってあるわけではない（ように見える）ことである。そこには、そもそも幼稚園教諭の場合、学校教育法によって位置づけられていることもあり、特別に専門職団体があるわけではないようだし（おそらく労働組合はあるにしても）、むしろ関連する議論は経営者を中心とした業界団体（全日本私立幼稚園連合会など）でなされているようにも見える。

このような専門職同士の「対立」が表だっていない背景には、すでに見てきたような、保育所保育指針と幼稚園教育要領との意識的なこれまでの「重なり」「統一」の追求の歴史、保育士資格と幼稚園教諭二種免許あるいは一種免許とのダブル資格・免許の併有のすすめといった実績の積み上げという現実も影響しているかもしれない。またこれは推測に過ぎないことだが、専門職としての社会的評価の低さに対する危機意識はあるにしても、あるいは保育士のなかで保育所保育士とそのほかの施設保育士との差異をめぐる議論はあっても、他職種との比較のなかで保育士固有の専門性をめぐるアイデンティティの危機が問題となることもなかったのではないか。したがって、研究者間の議論は別とすれば、専門職団体もまた手探り状態で保育あるいは保育士の専門性とは何かをキャリアパス構想と共に検討し始めている段階のようにも見える。[82]

その点について、なおこんな現実も指摘されていることは見ておきたい。すなわち、全国保育士養成協議会専門委員会による「保育者の専門性とは何か」に関する大規模な調査研究（保育所・児童養護施設・乳児院に勤務する保育士、幼稚園及び認定子ども園に勤務する幼稚園教諭、養成校教員を対象）はこう結論づけている。

「養成校は、共同研究による連携を求めているが、現場からの要望は薄い」「養成校は保育者の専門性の向上に自らの担う役割が大きいと考えているのに対して、保育現場では養成校が考えるほどに重視はしていない」（結論として）「残念なことに、現場から専門性獲得に対する協働のパートナーとして期待されていないという現実も、本調査から浮かび上がってきた。保育者の専門性を生涯発達的視点に立って共に育んでいくパートナーになり得るのか、保育現場からの問題提起に向き合いつつ、継続的な協働のあり方を探っていくことが養成校に求められている[83]」

(3) 保育とケアをめぐる議論

先に、保育の英語表記における不統一について触れたが、それでもcareとeducationはどちらにも使われているように、両方がキーワードであることは間違いない。だがその関係は、対象となる子どもの年齢層だけでなく（たとえば0～2歳層と3～5歳層のように）、そのことと密接にかかわった子ども観の力点の置き方と保育のありよう、あるいは国家の政策的力点のおき方もあるだろう[84]。すなわち先の鯨岡の議論とも重なるが、子どもを未来の労働力として捉えることを強調するか、この時期固有の存在として子ども自体のありようを尊重する立場を強調するか、といったこともある[85]。

しかし興味深いのは、保育領域におけるケアをめぐる議論を教育領域のそれと比較した場合、量的にも決して多くはないこと、むしろ多いのは教育分野であることである。たとえば、国立国会図書館検索サービスで「保育」と「ケア」及び「教育」と「ケア」で検索してみると、その差には歴然たるものがある[86]。研究者の量的な差が大きいこともあろうが、養護概念をめぐる議論もまた十分ではないうえに、保育とケア論を関連させて検討する議論もまた、数そのものが少ない。

ケアあるいはケアリングという用語を使用するこの分野の議論でも、たとえば、近年の幼児教育重視の傾向や幼保一体化の政策動向とも関連して、一方でケアを養護とほぼ同一に解釈して、他方で教育に「含まれる」ケアリング概念との関連をとくに重視しないままに、「ケア」と「教育」を対立的に捉える見方もあれば[87]、そもそもケアは教育と対置されるものでもなければ、養護でもないといった主張もある[88]。そしてまた、保育ソーシャルワークという問題意識から、「保育（ケアワーク）とソーシャルワークの関係」というように、議論を立てている流れもある[89]。

そのなかで、保育とケアあるいはケアリングの関係を論じている研究者のほぼ共通する理解は、保育実践はネルトン・メイヤロフのケア概念やネル・ノディングズのケアリング論と通底するものであるというレベル・内容のものである。ここではそのなかから、事例の一つとして、小林浩之の問題意識を取り上げておこう。小林は次のように述べている。

「幼児期の子どもを対象とする保育の実践は、養護的側面と教育的側面が子どもの『生きる』ということにかかわって〝一体的に展開している〟。保育もまた、看護や福祉で典型的に見られる

〝相手の『生きること』に関わる援助＝ケア〟の概念を不可欠な専門性とする実践であると考えられる」「保育実践においてケア概念を不可欠な専門性として把握することは、保育所保育及び幼稚園教育の区別を問わず、現在の就学前保育において重要な観点である。なぜならば、いま、保育実践における〝人とのかかわり〟のあり方が、ひとつの課題として焦点化されているからである[90]」「保育実践における人とのかかわりとケア概念について検討するために、メイヤロフのケア概念の研究を把握した。ケアとしてのかかわりは、相手との応答的関係の中で成長を援助し、かかわりの質が変容するプロセスとして捉えられた。これらは、保育実践における『子ども―保育者』の関係性と通底するものであった[91]」

また、保育士養成とのかかわりでは、田代和美は保育実習における経験とノディングズの「ケアの記憶」の更新と結びつけ[92]、中野啓明は現在の「幼稚園教育要領」や「保育所保育指針」におけるいわゆる５領域のうちの「人間関係」領域の教育内容には、ノディングズのケアリング論を基礎とするケアリング教育と共通するものがあるとしている[93]。

このように、現時点においては、全体としてメイヤロフやノディングズの所論の保育実践における「確認」にとどまっているようにも見える。そのなかで、佐伯胖もノディングズのケアリング構造を検討しながらみずから「ケアリングの３次元構造」を提示し、保育とは「子どもがケアする世界をケアすること」として定義できるとしている。すなわち、「そういう『世界をケアしていること』をケアする保育というのは、そういう子どもに『ＹＯＵ的にかかわり（engagement）』、『ＹＯＵ的に共感し（empathy）』、そして、そういう子どもの人間としての尊厳を、まさに『（尊厳ある）人間として』畏敬（reverence）を込めた感嘆の思いで接する、ということです[94]」としている。

しかしそうであるとして、保育とケアの関係は、それが単なる一対一の関係でなく、「集団」のなかのケアとして実践されていくことが大きな特徴ともなる。だから小川博久は、「保育研究（保育学）はこの集団臨床（集団の中の個を両者の相互性においてとらえる研究）に取り組み、それが『保育者』養成カリキュラムの中核に位置づかなければならない[95]」と言う。いずれにしても、このように見てくると、養護と教育の関係にかかわる議論にくわえて、さらにさまざまな分野で語られているケア論を意識すると、その整理自体も大きな課題なるだろう。

5　社会福祉士の専門性とケア――「無視」

(1) 日本社会福祉士会等の専門性・専門職定義――ソーシャルワーカーへの読み替え

日本社会福祉士会のホームページでは、社会福祉士の説明には、法律条文をほとんどそのままに、「専門的知識及び技術をもって身体上もしくは精神上の障害があること、または環境上の理由により日常生活を営むのに支障がある者の福祉に関する相談に応じ、助言、指導、福祉サービスを提供する者または医師その他の保健医療サービスを提供する者その他の関係者との連絡及び調整その他の援助を行うことを業とする者」と「されています[96]」とした後、名称独占の国家資格であることが付けくわえられている。

しかし右の記述以上に、社会福祉士の「専門性」に関して職能団体として何らかの説明をしている箇所はホームページ上にはない。ただ、社会福祉士会の倫理綱領の前文には、「われわれ社会福祉士は、すべての人が人間としての尊厳を有し、価値ある存在であり、平等であることを深く認識する。われわれは平和を擁護し、人権と社会正義の原理に則り、サービス利用者本位の質の高い福祉サービスの開発と提供に努めることによって、社会福祉の推進とサービス利用者の自己実現をめざす専門職であることを言明する……」とある。これは、2005年、社会福祉専門職団体協議会を構成している日本社会福祉士会、日本医療社会事業協会（現日本医療社会福祉協会：医療ソーシャルワーカー団体）、日本精神保健福祉士協会（精神医学ソーシャルワーカー団体）、日本ソーシャルワーカー協会の4団体による、いわば共同綱領として採択された「ソーシャルワーカーの倫理綱領」の文章のなかの「ソーシャルワーカー」という共通語を「社会福祉士」に読み替えたものである。そこには、4団体の基礎には共通するソーシャルワーカーとしての実践があるという認識がある。

介護福祉士と異なっているのは、4団体による上記の倫理綱領の作成の契機が国際ソーシャルワーカー連盟への加入にあったことにも見られるように、日本の「ソーシャルワーカーの綱領」は国際ソーシャルワーカー連盟が採択した「ソーシャルワークの定義」（2000年7月）を実践の拠り所とするとしていることである。そしてそれは、「ソーシャルワーク専門職は、人間の福利（ウェルビーイング）の増進を目指して、社会の変革を進め、人間関係における問題解決を図り、人びとのエンパワーメントと解放を促していく。ソーシャルワークは人間の行動と社会システムに関する理論を利用して、人びとがその環境と相互に影響しあう接点に介入する。人権と社会正義の原理は、ソーシャルワークの拠り所とする基盤である[98]」というものである。

しかし1987年以来、「社会福祉士＝ソーシャルワーカー→ソーシャルワーク」という直線的な理解（読み替え）が置かれてきたとしても、その専門性の理解や専門職としての社会的承認とも関連して、今日まで依然として「すっきりしない」議論を関係者に持たせ続けてきているのも事実だろう。そこには、看護師の場合は、一般のイメージが、たとえば病院の外来や入院の経験から、「診療の補助」者としてあるいは親切な「療養上の世話」をする姿にあったにしても、社会福祉士の場合、それとは対極的に、まず一般のイメージそのものを浮かび上がらせきれていない現状がある。しかも、ソーシャルワーカーそれ自体の専門性とは何かに関しても、それは国内はもとより国際的にもすでに100年以上も前から、すなわちA・フレックスナーによる問題提起（「社会事業は専門職か[99]」）以来、歴史的に問われ続けていることだからでもある。

しかも、いくぶん深刻なことには、社会福祉を代表する大学などで編まれた学術書においても、堂々と社会福祉職やソーシャルワーカーにおける専門性の欠如や不明確さが指摘されているからである。そこには、第3章で言及した社会福祉士及び介護福祉士法の制定をめぐる批判的議論の影響もあろうが[100]、たとえば次のようなものである。

「何よりも、社会福祉専門職としての社会福祉士に求められる専門性とはどのようなものかについて、今日なお明快な回答が得られていない[101]」「一般的にいえば、社会福祉専門職は『ソーシャルワーカー』と同義であると理解されている。この場合、社会福祉専門職の専門性を論じることは『ソーシャルワーク』を論じることと同義である」[102]「しかし……、社会福祉専門職が確立されているとは言い難い今日の時点では、『あるべき論』を深めるだけでは社会福祉専門職を前進させるに十分ではない。しかも、社会福祉専門職の基礎資格としての社会福祉士の位置づけはまだ十分浸透しているとは言い難い。そうした中では、社会福祉士がソーシャルワーカーたりえているか否かを実態に即して問い直すことが求められるであろう」[103]

さらに、社会福祉をリードしてきた研究者などによって編集された教科書でも、たとえば黒木保博によって、こう述べられている。「わが国に国家資格として社会福祉士制度は確立されたものの、社会福祉士が専門職として確立したとはまだ明確に言えない現状がある。このことは社会福祉士の専門性が何であるかが必ずしも明確になっていないことに起因するといわれている。また、『専門職』の条件となる要素・機能をソーシャルワーカーが満たしているのかという疑問も指摘されている。つまり、相談援助専門職者の貢献できる範囲がまだ明確化される途上にあると指摘できるだろう」[104]。このように、先に触れたA・フレックスナーの問題提起以来、その延長上に現在も議論は続いている。そこには、依拠する学問の多様性、対象とする課題の拡散性、さらにその課題の流動性といったことがあり、ソーシャルワーカーは「何でも屋」のようであるといった特徴もある。しかしながら続けて黒木が言うように、「視点や発想を変えてみれば、指摘された『拡散性』と『流動性』を特徴とする専門職こそが、現代社会の人々の日常生活問題や社会問題全体を見渡し、人々のニーズを理解した総合的視野からの援助実践を行うことができるのではないだろうか。いわば複雑多様な局面に直面する現代社会であるからこそ、実践で統合的専門性を持つ専門職が必要とされていると考えられる[105]」といった面もあるのもたしかなことだろう。

なお、先の「何でも屋」はソーシャルワーカーを特徴づける言葉としてしばしば使われてきたところだが、興味深いのは、看護師もまた「何でも屋さん[106]」としての性格を持っているとする議論もあることである。さらに、その看護も含めリハビリテーションや栄養あるいは保育や介護はもちろん、どの専門職も「生活」とのかかわりを強く意識し、さらに最近では「生活モデル」概念としても議論されてきていることも注目しておきたい（この点については第6章で再度触れる）。そのあたりを考慮しながら、米本秀仁は、ソーシャルワークにとっての「生活」と他専門職にとっての「生活」の違いについてこう述べている。

「実は、他専門職は、生活に言及しつつもその専門職独自の実践目的と対象を別にもっているのであり、それが対象の健康であれ、心身機能性であれ、栄養状態であれ、それらの欠如した状態（疾患・要療養・要リハ・要栄養）をいかに回復させるか、もしくは増進させるかが直接的な目的となっており、その直接的目的と関わる限りで、つまり間接的な後景・背景としての『生活』に言及しているのである。これに対して社会福祉・ソーシャルワークは、人の何らかの苦境・困難状態を『生活問題・生活障害・生活困難・生活課題』として把握しており、生活（それ自体）への援助を直接的な目的としている。したがって、生活それ自体を把握する理論、生活をシステムとして把握した場合のその作動の在り方の解明、その生活への介入技法等の理論的・実践的整備が必須であり、長い歴史の中で実際に整備してきたのである」[107]

たしかに、先にも少し触れた国際ソーシャルワーカー連盟による最新の「ソーシャルワークのグローバル定義」（2014年）も、「ソーシャルワークは、生活課題（life challenges：引用者挿入）に取り組み、ウェルビーイングを高めるよう、人々やさまざまな環境に働きかける」[108]とあり、「生活課題」が実践活動の対象の核に据えられている。だが米本の説明に戻れば、「生活それ自体」とはどんなことを意味しているのか、「システムとして把握」するとはどういうことかとなると、明確に語られているわけではない。くわえて前章でも触れたことだが、再度指摘しておきたいのは、社会福祉士及び介護福祉士法の制定のなかで、法案要綱時にはあったとされる「経済上の理由」（「生計困難者」などへの対応）が削除されたことである。[109]制定時の状況（バブル景気）からすれば、また公務員として雇用された生活保護ケースワーカーの存在理由を考慮すればわからないわけではないが、その後の「失われた20年」を経て今日までの貧困・格差の拡大といった事実からすると、そして、ほとんどあらゆる社会福祉的課題あるいは健康問題の背後には貧困問題が絡んでいることからすると、その意味は「見えにくい」かもしれないが大きい。文字通り生活基盤の根幹にかかわる問題だからである。社会福祉士などの資格を持たない、「だれもが」生活保護ケースワーカーに任用されてきた状況を念頭に置いたとき、そこで引き起こされてきたかもしれない、それぞれ固有の特徴を持った、複雑に諸要因がインターロックされた生活問題への的確なアセスメント[110]の欠落や、焦点化すべきポイントからのかい離は、とくに気になるところである。

(2) ソーシャルワークとケアワークの重なりと差異――統合と分離

ところで、これまでの社会福祉士あるいはソーシャルワーカーの専門性の議論と重なるのだが、介護福祉士あるいはケアワークとの関係について、今度は視点を変えて社会福祉士あるいはソーシャルワーカー・ソーシャルワークの側から検討しておかねばならない。ここには、すでに触れたような介護福祉士を福祉領域の専門職として制度化した日本の特有の問題があるということだけでなく、とくにソーシャルワークとケアワークの「分離」あるいは「統合」をめぐる論点がある。

この点に関する文献は多いが、たとえば大和田猛はこう述べている。すなわち、「社会福祉士については『相談援助』、介護福祉士については『身辺介護』を中心とした業務として位置づけられているが、両者は観念的にはともかく現実的に分離することができるのだろか。両者の重なりや補完関係を明確にしたうえで、現代の社会福祉サービスを担う専門職として認識する必要がある」[11]。さらに木全和己は、「統合」的視点から「こうした統一（ソーシャルワークとケアワークの：引用者挿入）の志向に反して、日本社会福祉士会実習指導者養成研究会編『社会福祉実習を担当する方のコンピテンシー養成講座基礎編』では、ソーシャルワークをフィールド・ソーシャルワークとレジデンシャル・ソーシャルワークに区分している。さらに施設で行われている社会福祉実践をレジデンシャル・ソーシャルワークとケアワークとに区別し、社会福祉士養成の施設実習でケアワークを行うことについては、『介護実習する時間などないはず』とケアワークに対して消極的な書き方がなされている。……職種と役割が専門分化している場合には、一定の説得力をもつ議論であるが……ケアとソーシャルワークが一体となった……現場においては、リアリティがない議論となっている。基本的なケアもできないソーシャルワーカーが、果たして利用者から信頼が得られるのかと考えてみる必要がある[112]」と強調している。このあたり、塩田祥子の、問題は「実習生が『介護する、しない』どちらかではない……率先して『つながり』（介護職などと協働・連携：引用者挿入）の中に実習生を導き、その曖昧な専門性を味わってもらうことも社会福祉実習の醍醐味である[113]」という言い方は説得的である。

また現場でも、ある介護老人保健施設で、次のような実践とその意味付けがされていることは興味深い。すなわちそれは、実際に必要な利用者と介護者の割合が「二対一に達するほどの介護職が募集してもなかなか入職に至らないので、私共のところは、看護師・リハビリ職（理学療法士・作業療法士・言語療法士）、栄養士・ソーシャルワーカーたちが、いわゆる『介護業務』に入ります。これは、人数が足りないところを『補う』というとらえ方でなく、生活支援の場の、各職種がなすべき職務を明らかにするために各人が、まずは『介護＝生活支援の具体的行為』を実践できる・しているということです。これがないと、後に重要となる多職種連携は具現化しません[114]」というものである。

もちろんだからと言って、ここで何か結論を述べることはできない。しかし、日本学術会議社会学社会福祉学分科会（２００８年）が、社会福祉士、精神保健福祉士、介護福祉士、保育士などの専門職資格の関連（分類）あるいは再編成という問題意識から、「ケアワーク」の範疇をこう述べているのは注目しておきたい。

「その職務内容の側面からいえば、おのずとそこには社会福祉士と精神保健福祉士、介護福祉士と保育士という分類が可能である。このうち、前者の社会福祉士と精神保健福祉士は相互に重なり合う関係にあり、一つの範疇として扱うことが可能である。後者の介護福祉士と保育士についてはケアワークという概念を導入することで一つの範疇として捉えられる(115)」

ここには、ケアワークあるいはケアは、よくある「身体的ケア」を中心に置いた考え方でまとめようとする考え方がある。言い換えれば、ケアを「狭い」概念で捉えていること、同時にまた、介護福祉士に関する看護との関係は「無視している」(避けている)ようにも見えなくもないことが興味深い。後者の見方は別にして、しかしある意味、このような分類の「扱い」を本章でも取ったことは、はじめに検討順序の転換として断ったように、同じではある。

(3) ソーシャルワーカーと「ケア」との距離感——アイデンティティとの関連

すでに述べたように、社会福祉士という専門職それ自体の専門性に関しては、誕生時からの曖昧さにくわえて、それをソーシャルワーカーと読み変えつつも、そのソーシャルワーカー自体も、つねに専門性とは何かがいまだに欧米でも問い続けられている存在でもある。それゆえ、ソーシャルワーカーの専門性の把握に関する努力が足りないとは簡単には言うことができない。そして日本では、ソーシャルワーク・ソーシャルワーカーがいわば「輸入」された存在でもあるという基盤にくわえ、国家主導で新しく専門職化された社会福祉士は、同時に新しく専門職化された介護福祉士が同じ福祉領域に位置づけられ、かつケアワーカーとして社会的にも承認されるにしたがって、それだけまた自ら専門職としてのアイデンティティをどこに求めるのかに二重三重に苦慮することを余儀なくされてきた。そのことがまた、「ケア」との関係を遠ざけるような溝を作り出してきているのかもしれない。そんな推測と関連して、以下もう少し、ソーシャルワーカーあるいは社会福祉士と「ケア」との距離感のようなものを、かれらの形成基盤と専門性を求める動きとの関係のなかで触れておこう。

その第1は、ソーシャルワーク・ソーシャルワーカー自体の歴史が、つねに関係する業務の専門分化による新たな職種の登場に影響されるものであったことと関係している。すなわち、歴史的には文字通り援助を必要とする「他者をケアする」ことから始まり、あのナイチンゲールの実践もまた、看護的ケアを「福祉的ケアから独立して一つの専門領域を確立した」[116]ものとされ、やがて養護や介助・介護あるいは貧困支援へと専門分化していくという歴史を持ったのが慈善事業やセツルメント運動でもあった。その意味で、ケアはソーシャルワークの出発点でもあった。しかし、フレックスナーの指摘に対応しながら、教育と訓練によって専門職化がすすめられ、社会からソーシャルワーカーが受け入れられるプロセスは、さまざまな専門職の専門分化に左右され、自ら社会の歯車の一員として位置付けられていく過程であった。したがって、「ソーシャルワーカーは、他の専門職がまだ支配的でニーズを扱う用意ができていないので、役割と機能を担うことができる。……この専門職の領域を『固定』しようとする試みは失敗するであろう。したがって、今日のソーシャルワークの領域は明日には少し違ったものになっているであろう[117]」といった存在を運命づけられた。そのような背景の下に、看護も専門職化し、また高齢化社会の到来とともに介護職なども誕生し、「セラピー社会」と言われるほど臨床心理的な仕事が多種多様なカウンセラーやセラピストとして専門職化してくると、ますますイメージ的にはソーシャルワークの領域から、原形としての「ケア」は希薄な存在となっていったのかもしれない。しかし間違いなく、何らかの問題を抱えた人びとや家族の世話の最初の一歩はあるいは最後の締めは、ソーシャルワーカーの大事な仕事でもあったし、いまもそうであるはずである。

第2に、時代が変わり、一面では、「社会が成長しより複雑に専門分化し、技術的になり、分散してくると人の対処能力に負担が増える。ソーシャルワークは、これらの変革がもたらす人々への影響を扱う専門職であり、ソーシャルワーカーは『人々と制度、人々と政策、人々と人々との間をかける専門的な橋』としてつかえる専門職[118]」となったにしても、他面では、第1のことから、自らの存在根拠を「規定」していくことを迫られる。しかも、現実にはさまざまな形態で、たとえば公務員などとして組織の一員として雇用されていくことから、その実践もしばしば歪められ、いわゆる自律性の確保もこれまでのようにはいかなくなる関係に入り込むこととなる。それは同時に、その専門性にかかわる業務がいわば外から規定されてくる関係でもあり、それまで民間社会事業として（一定の自律性を前提に）蓄積されてきたソーシャルワーク理論と実践とのギャップ[119]もますます大きく感じられるようになる可能性も生まれてくる。とくに国家・行政主導で作られた資格による業務領域の限定とソーシャルワーカーの理念とのかい離からくる違和感は、「読み替え」によってむしろそれがより大きく意識されるかもしれない。またそれは、一方で社会福祉士の実践から経済問題を軽視させる傾向とともに、さらに専門性のアイデンティティ確立を難しくさせ、他方では生活保護ケースワーカーなどのジレンマ（任務と雇用された組織との間の矛盾）も強めるような関係を生み出してくる。それらは、それゆえにビル・ジョーダンが言うような、ソーシャルワーカーは「世論の喚起者かそれとも統制代理人か」[120]という議論、あるいはサラ・バンクスが述べているような、ソーシャルワーカーは「ケアとコントロール」のジレンマのなかにあるという見方[121]とも重なってくる。

第３に、以上のような背景に、ソーシャルワークあるいはソーシャルワーカーの専門性をめぐる議論に難しさが生まれてくる。しかし近年では、「社会福祉士はソーシャルワーカーか」といった問い方ではなく、社会福祉士の資格を取って「ソーシャルワーカーになる」といった姿勢・志向が議論されてきている。そこには、空閑浩人が言うように、「ソーシャルワークの実践とは、ソーシャルワーカーである『人』が、自らの『身をもって』、ソーシャルワークの知識を活用し、方法・技術を駆使する（しようとする）営みである[122]」という認識が置かれている。また岩本操は、最近の日本のソーシャルワークの「研究・教育・実践における組織に対する関心の低さ[123]」を問題にしながら、そこでのソーシャルワーク実践のあり方を追求している。そこにはこんな視点が据えられている。すなわち「ソーシャルワーカーが直面する曖昧さやズレや対立は、『役割形成』の資源といえる。ソーシャルワーカーは、専門的自我に沿ってそのズレや対立を自覚し、解釈し、修正を加え、他者との相互作用を通してソーシャルワーク実践を展開していく（『役割形成』）わけである。そして、この『役割形成』プロセスを明らかにすることは、役割の曖昧さに混乱し葛藤を抱えるソーシャルワーカーに対して、解決の糸口を示し、ソーシャルワーク実践はいかにして可能かを提示することになるのである[124]」という問題意識である。おそらくその過程で、経済問題はもちろん、あらためて原点である「ケア」も意識せざるを得ないところに行き着くはずである。

このような推測には当否は残ろうが、私見の限り、これまでいわゆる哲学や倫理学を中心として展開されてきた「ケアの倫理」(「正義の倫理」も含めて)と社会福祉との関係自体の議論はあまり見ることもなく、きわめて希薄な状況であったことは間違いない。それは、欧米においても、先にも引用したサラ・バンクスも述べているように、「ソーシャルワークにおけるケアの倫理への関心の高まりは、90年代から急速に文献……が増えた看護領域と比べると、比較的ゆっくりしたものだった」[125]ようであり、必ずしも日本だけのことでもないようでもある。とはいえ、バンクスも触れている政治学者ジョアン・トロントなど[126]、あるいは最近の猪飼周平の試論[127]からしても、ケア・ケアリングの視点からソーシャルワーク・ソーシャルワーカーあるいは社会福祉士などを捉えなおしてみる、これを「無視」せずに大胆に検討していくことも求められているように思われる。なぜなら、かれらこそ、もともと生命の再生産を支える生活の再生産の現場を対象とし、必要ならばソーシャルアクションを通じて社会の再生産の変革に影響を与えることが期待されている存在でもあるからだ。

6 業務の「重なり」の取り込みとキャリアパスの追求へ

以上のように、ケア関連専門職の専門性をめぐる議論も継続しているところであり、それぞれの歴史を背負った職能団体の組織論上の主張(たとえば、そのために「ケア」を代表的言葉としてシンボリックに使おうとすれば、商標と同じような効果を生み出し、意図はしなくても排除の作用を伴う)とも関連して、たがいの関係も交流することで煮詰められることもなく現在に至っていると判断される。つまり、だれもが認めるケアという用語が持つ、豊かな意味を示すような内容の実践活動は、看護だけでなく、介護はもちろんのこと、保育あるいは社会福祉という領域でも行われている。しかしそれは、現実の実践レベルあるいは個々の研究のレベルでは確認されても、表《おもて》に見える専門職養成教育においては、介護さえほとんど教科書的にも触れられていないのが「ケア」という用語の扱いなのである。序章で見た*Oxford Dictionary of ENGLISH*のcareの意味と対照しても、ここには関連領域への「ケア」の浸透に関する大きな分断が生み出されている。それがまた、「ケアの見えない壁」となっているようにも思われる。

しかしそのなかで、それぞれの専門職のアイデンティティと「ケア」の関係について言えば、見てきたようにその中核に座っているのが看護業界である。だが介護については、周囲の関係者・研究者は「ケアワーク」の代表としてこれを認めているものの、介護福祉士団体がそのことをとくに強調しているわけでもない。ここにまた、一般にはわかりにくい大きな歪みが横たわっている。また関連して言えば、保育もその業務の「半分」（あるいは大部分）は少なくともcare（ケア）であるはずだが、養護という言葉の存在ともかかわってか、決して議論は多くはない。社会福祉関係に至っては、一部にケアワークとソーシャルワークとの統合を主張する議論もあるが、基本的には「介護・保育＝ケアワーク」という理解の仕方が支配的であり、「ケア」の議論はほとんどなく、あたかも無視しているようにも見える状態が続いている。

しかし、共通基盤の確認という視点からしても、主に一対一の二者関係を軸に活動が展開されるという性格からだけしても、保育はいくぶん異なった面を持つものの、育児、看護、介助、介護、ソーシャルワーク活動などには大きな共通点がある。また、ケア関連専門職としての理念や倫理的性格も似た面を多く持っている。そして、それぞれの専門性あるいは固有性にかかわって言えば、とくに実践に関する境界領域をめぐる議論があることは、専門職の間の業務範囲あるいは内容において、いわば常態としてある部分がオーバーラップしていることを示している。それはいずれも、人びとの〝生〟や〝生活〟を支援するわけだから、[128] 多かれ少なかれ当然のことでもある。実際、ソーシャルワークの機能の一部はどの領域でも使われる。また実践から価値や倫理まで総合的に見れば、ケアにせよケアリングにしても、決して看護が「独占」して使う必然性はない。しかし同時に、そこらは関連業界での葛藤・せめぎ合い・守り合いの場でもある。そのあたりの〝境界領域〟で何がいま求められているか。残念ながら、研究面からもブラックボックスあるいはアンタッチャブルなままである。

共通するポイントに関してもう一つここであらためて指摘しておきたいのは、それぞれのアプローチや直接的な目的は異なっているのは当然であるにしても、いずれも濃淡はあれ、専門的な実践の先に日常的な「生活支援」「自立」を実践の目標に掲げていること、そしてなお、自らの専門職としての限界を認識していることを前提に、いわゆる多職種連携が謳われていることがある。くわえて、ますます「医療モデル」より「生活モデル」を重視しようとする姿勢も同じである。しかしそれらが、それぞれの立場から十分検討されているとも思えないし、まして協働しながら検討されていることはなさそうである。とくに、「生活」はどのケア関連専門職の視点からも関心を持たれているものの、一般に経済基盤から見た階層間格差を免れてはいないこと、その基盤のうえに対象となる諸問題も生まれていること、このような認識もまた、それほど重視されているとは思えない。その点で、社会福祉専門職（ソーシャルワーカー）や社会福祉学の責任は大きい。

なおケア関連専門職のそれぞれの専門性を意識した括りを、知識・技術・価値などから、ひとまず整理しようとすると、こんな言い方もあるかもしれない。たとえば小山隆は、「介護と看護には、技術のレベルでも、知識のレベルでも、そしてまた価値のレベルでも、相当重なる部分があると考えられる。ほかの例をあげれば、幼稚園教諭と保育園保育士も、教育と保育という違う分野に属する専門職でありながら、専門性において重なる部分が大きい。看護師と介護福祉士、幼稚園教諭と保育所保育士はもちろん異なる専門職であるが、その必要となる知識や技術において重なる部分が大きいのである」[129]。そして「各援助専門職はすべての専門職に共通する『知識』『技術』『価値』をその基礎部分にもち、その上に医療専門職、教育専門職、司法専門職、福祉専門職等それぞれの専門職独自の『知識』『技術』『価値』をもつと考えられるのである。そして、さらにその上に、医療専門職ならば医師と看護師と各療法士等が相対的に固有な知識・技術・価値を積み重ねていると考えられる」[130]としている。この場合の、もっとも基礎にある部分、それが「ケア」なのではないか、というのが本書の問題意識でもある。

だが現実は、それぞれの専門職団体は、自らのアイデンティティの統一といった意味や願いを込めて、自ら関連職種を「ジェネラル」なもので固めあるいは括りつつ、他方で縦（キャリアパスの整備）や横（領域拡大）へと「スペシフィック」を売り物として膨張する傾向を見せている。

【注・文献】

(1) 日本看護協会「看護にかかわる主要な用語の解説――概念的定義・歴史的変遷・社会的文脈」２００７年、10～11頁。同協会ホームページ。https://www.nurse.or.jp/home/publication/pdf/2007/yougokaisetu.pdf（2016/04/15）

(2)「同右資料」12～13頁。

(3) 野嶋佐由美「看護とは何か」野嶋佐由美編『看護学基礎テキスト（第1巻）看護学の概念と理論的基盤』日本看護協会出版会、２０１２年、7～8頁。

(4) 日本看護協会「前掲資料」13頁。

(5)「同右資料」14頁。

(6) 吉田澄恵「第41回大会シンポジウム『この20年で医療はどう変化したか?――生活モデル／セルフケア／自己決定』と看護学の課題」『保健医療社会学論集』第26巻第2号、２０１６年、11頁。

(7) http://www.nurse.or.jp/nursing/international/icn/document/definition/index.html#p2（2016/09/15）

(8) ここらあたりは、看護理論・看護実践モデルとソーシャルワーク理論・ソーシャルワーク実践モデルとの対比という視点からすれば、そこにあるアメリカからの影響力の強さとそれぞれの基礎にあるメタパラダイムの類似性など、実に驚くことが多い。

　看護学に関しては、社会学から勝又正直が述べていることは実感するところだ。すなわち、「看護学には『看護理論』というものがある。これは、さまざまな（おもに、外来の）理論をつかって看護の仕事と対象（患者）を理論づけようとする試み、だと言えよう。１９７０年代以降、おもに北米で大量に生産されてきた。……意外なことに、病者の体験や看護師としての経験から理論をくみ上げていく看護理論は、このナイチンゲールとヘンダーソンまでであって、それ以降の看護理論はすべて外来の諸理論を導入することでその理論体系を作っていった。導入された理論は、システム理論、精神医学、精神分析、実存分析、文化人類学、反人工知能論、現象学、解釈学、などである。臨床看護の実践に根ざした看護理論の構築をしようと看護理論家が現場にもどってくるのは、現象学的解釈学…の影響を受けたパトリシア・ベナーになってからである。…」（勝又正直「看護系専門職養成課程のなかの社会学―ある社会学教員の経験から―」『社会学評論』61⑶、２０１０年、２９９頁）。

　また社会福祉学のソーシャルワーク分野に関しても、アメリカの代表的な文献を網羅したフランシス・ターナー（米本秀仁監訳）『ソーシャルワーク・トリートメント―相互連結理論アプローチ―（上下）』（中央法規出版、１９９９年）などとともに、日本のテキストを含むソーシャルワーク論・社会福祉論の専門書などを読めば、アメリカの影響力の大きさには圧倒的なものがあることがわかる。ここではさしあたって、久保紘章・副田あけみ編著『ソーシャルワークの実践モデル―心理社会的アプローチからナラティブまで―』川島書店、２００５年、加茂陽編『ソーシャルワーク理論を学ぶ―ソーシャルワークの最新諸理論・事例・議論―』世界思想社、２０００年、などをあげておこう。また日本のソーシャルワーク論に関しては、岩田正美監修・白澤政和・岩間伸之編著『リーディングス日本の社会福祉④ソーシャルワークとはなにか』日本図書センター、２０１１年、参照。

⑼　さしあたって池添志乃「代表的な看護理論の看護学への貢献」、野末聖香・中西純子「看護現象を理解するために用いられる諸理論」（野嶋佐由美編『前掲書』）、さらに詳しくは、筒井真優美編『看護理論家の業績と理論評価』医学書院、２０１５年、など参照。

⑽　マデリン・Ｍ・レイニンガー（稲岡文昭監訳）『レイニンガー看護論――文化ケアの多様性と普遍性』医学書院、１９９５年（原著出版は１９９１年）。

⑾　ジーン・ワトソン（稲岡文昭・稲岡光子訳）『ワトソン看護論―人間科学とヒューマンケア―』医学書

院、１９９２年（原著出版は１９８８年）。

（12）パトリシア・ベナー、ジュディス・ルーベル（難波卓志訳）『現象学的人間論と看護』医学書院、１９９９年（原書出版は１９８９年）。

（13）ドロセア・オレム（小野寺杜紀訳）『オレム看護論―看護実践における基本概念（第４版）』医学書院、２００５年（原著出版２００１年、ただし第６版）。

（14）大まかな説明に関しては、たとえば、城ヶ端初子編著『やさしい看護理論②ケアとケアリング』メディカ出版、２００７年、池添志乃「前掲論文」、筒井真優美編『前掲書』などが参考になる。また以下の注・文献で取り上げているものも大いに参考になる。なおこのようなものとは別に、前章でも紹介したが、看護領域の枠内における分野間を超えて、看護の対象とするライフサイクルに焦点を当てながらまとめようとしている文献もある。たとえば、清水裕子編『ヒューマンケアと看護学』ナカニシヤ出版、２０１３年。

（15）ヘルガ・クーゼ（竹内徹・村上弥生監訳）『ケアリング――看護婦・女性・倫理』ＭＣメディカ出版、２０００年、１８３頁。ついでに言えば、いわゆる「正義の倫理」と「ケアの倫理」の対立的議論のなかで、クーゼにあったのは次のような意識であった。「思い切って単純化して言うと、看護婦たちにとって、ケアのアプローチは正義のアプローチに劣るものではないということを教えてくれたのがギリガンだったとすれば、ノディングズはケアの看護倫理に必要なのは『ケアリング』だけだと看護婦たちに教えたのである。看護婦がケアリングを行っている限り、普遍的な原則や規則、公平や正義という伝統的な考えにかかずらう必要はないと説いたのである」（１８２頁）。このあたりの議論の整理に関しては、品川哲彦『正義と境を接するもの―責任という原理とケアの倫理―』ナカニシヤ出版、２００７年、も参照。

（16）たとえば、アメリカの看護理論家の一人であるマーサ・ロジャースなどは、ケアリングは看護固有の概念ではないとし、メアリー・ジョン・スミスも、看護の本質とケアリング概念を結びつける議論に対しては、①曖昧さをつきまとわせている、②狭い特定の見方に過ぎない、③他の領域にもケアリングは認められること、④非現実的で実質的な知識体系はない、⑤一般化できない、⑥女性をイメージさせ、偏った見方にくみすることになる、などの論点をまとめている。城ヶ端初子編著『前掲書』（14）52〜58頁、城ヶ端初子・樋口京子・脇本澄子・井上康子「ケア・ケアリング概念および看護理論の現状と展望」『大阪市立大学看護学雑誌』第4巻、２００８年、７〜９頁。

(17) シオバン・ネルソン、スザンヌ・ゴードン編（井部俊子監修、阿部里美訳）『ケアの複雑性―看護を再考する』エルゼビア・ジャパン、２００７年（原著出版２００６年）。

(18) スザンヌ・ゴードン「新デカルト派の考え方――心と身体の分離から、身体的なケアを軽視する」『同右書』１６０頁。

(19) シオバン・ネルソン、スザンヌ・ゴードン「おわりに」『同右書』２４６頁。

(20) 操華子「解説―米国におけるケアリング理論の探求」シスター・M・シモーヌ・ローチ（鈴木智之・操華子・森岡崇訳）『アクト・オブ・ケアリング――ケアする存在としての人間』ゆみる出版、１９９６年（原著出版は１９９２年）、２１５頁。

(21) 城ヶ端初子編著『前掲書』（14）１５６頁。

(22) 服部俊子「ケアリングとプロフェッションとしての看護：看護倫理の構想に求められること」『先端倫理学研究』２、２００７年。頁記載なし。

(23) 座談会「各職能・職域からみた保助看法の歴史」（保健師助産師看護師法60年史編纂委員会編『保健師助産師看護師法60年史―看護行政のあゆみと看護の発展―』日本看護協会出版会、２００９年）において、たとえば「季羽：Careは介護福祉士（Care Worker）もそうだし、Terminal Careもそうだし、もう看護の独占用語ではないんですね。大阪：そうなんです。高橋：日野原先生はMedical Care、

Nursing Care、Home Careとおっしゃって、Home Careあたりは日本で言えば介護職の本務というふうにおっしゃっています」（43頁）などと語られている。

(24) 榊原哲也「看護ケア理論における現象学的アプローチ―その概観と批判的コメント―」『フッサール研究』第6号、2008年、97～98頁。

(25) このあたりは、池川清子『看護―生きられる世界の実践知―』ゆみる出版、1991年、西村ユミ『語りかける身体――看護ケアの現象学』ゆみる出版、2001年、松葉祥一・西村ユミ編『現象学的看護研究―理論と分析の実際―』医学書院、2014年、など。また雑誌では新しいものとして、「特集・現象学を語る」『看護研究』第48巻6号、2015年、「特集・あなたの『見方』に現象学を」『看護教育』第57巻第4号、2016年、も参考になる。

(26) 操華子・羽山由美子・菱沼典子・岩井郁子・香春知永・横山美樹・豊増佳子「患者・看護婦が認識するケアリング行動の比較分析」『Quality Nursing』3(4)、1997年。なおこのようなポイントは、筒井真優美「ケア/ケアリングの概念」『看護研究』Vol.16 No.1、1993年、10頁でも指摘されている。また関連して、佐藤幸子・井上京子・新野美紀・鎌田美千子・小林美名子・藤澤洋子・矢本美子「看護におけるケアリング概念の検討―わが国におけるケアリングに関する研究の分析から―」『山形保健医療研究』第7号、2004年、45～46頁、も同様な指摘をしている。いずれにしても大事なことは、具体的な場面で、これらは実証的に分析されるべきであろう。なおその点で、最近のケアリング概念とその実態分析に関する研究動向をレビューしているものでは、こんな風にもまとめられている。すなわち、およそ2000年以降の看護のケアリング研究の内容をカテゴライズしていくと、「ケア者は被ケア者の『希望や意思を支える』を目的にしていたのから、『その人らしく生きる』ことができるように支え、治療におけるサポートを実施することへ変化させていた。研究者の視点は、被ケア者が地域社会において生活している人であり、地域環境や社会における被ケア者の存在様式、そしてその役割へと広がっている」（永島すみえ「わが国の看護における『ケアリング』論の導入と研究の動向」『仏教大学教育学部学会紀要』第12号、２０１３年、１０８頁）。

(27)たとえば領域は異なるが、貧困概念に関する現象学的視点からのアプローチを部分的に取り入れた拙著『現代日本の貧困観―「見えない貧困」を可視化する―』明石書店、２０１０年、においては、「貧困」という用語をめぐるアカデミズムの世界と生活世界とのギャップに関して論じた。

(28)この点、『摘便とお花見』（医学書院、２０１３年）の著者でもある村上靖彦は、本書の視点からしても興味深い発言をしている。すなわち、精神科病院、デイケア、訪問看護において参与観察やインタビューを分析し、まとめようとしていた。「ところが、データの中に登場する政治的制度的な問題を、自分が身につけている現象学の方法では扱えないために行き詰まることとなった。看護そのものの中に制度と歴史が深く入り込んでおり、現象学の限界と現象学的精神病理学の欺瞞（政治的問題や患者の生活を捨象して、症状とその基盤に注力している）を感じた。また、インタビューの語りそのものの分析の難しさに直面することとなった。理由の一つは、看護師が拠って立っている歴史的、制度的背景を看護師自身が意識していない場合、看護師に内在的な視点をとる現象学の方法では描きにくい上に、そもそも私自身も気づけないことがあったことである。もう一つは、構造上、看護実践の中に管理的な側面が残る場合に（生き生きと動くこと）としての現象が生じにくいことにあるのかもしれない。そのため他の看護師のデータのようには分析を行うことができずに（精神科でも管理から逃れて患者の生活に密着している訪問看護のデータは扱いやすい）苦しんでいる。逆に、そのことによって倫理の問いに突き当たることにもなり、かつ現象学が捉える『現象』の本質が何なのか考えることにもなった」。同「現象学的な質的研究の多様性」『看護研究』第48巻第6号、２０１５年、５６９頁。

(29)日本看護協会「前掲資料」（1）12頁。

(30)日本学術会議健康・生活科学委員会看護学分科会「提言　看護職の役割拡大が安全と安心の医療を支

える」（２００８年８月28日）、ii頁。
（31）「同右資料」1頁。
（32）「同右資料」4頁。
（33）川島みどり『看護の力』岩波書店、２０１２年、２０５頁。
（34）川島みどり『いま、看護を問う』看護の科学社、２０１５年、72～73頁。
（35）日野原重明・川島みどり・石飛幸三『看護の時代―看護が変わる　医療が変わる―』日本看護協会出版会、１２４～１２５頁。
（36）三富紀敬『欧米のケアワーカー―福祉国家の忘れられた人々―』ミネルヴァ書房、２００５年、41、59頁、同「欧米におけるケアワーカーの動向と政策上の教訓」『総合社会福祉研究』第34号、２００９年、など参照。
（37）川島みどりは『前掲書』（34）において、これからの看護の役割について7点あげ、そのうちの一つを「第4の問いには、『介護職者との協働における看護の専門性とは何か？』（がある：引用者挿入）。看護と介護、それぞれの専門性を明らかにしていく必要がある」（80頁）としているものの、具体的には違いについてとくに語っていない。
（38）金井一薫「ナイチンゲール思想とケアの本質―コミュニティケアを担う人材育成への道―」大橋謙策編著『講座ケア[2]ケアとコミュニティ―福祉・地域・まちづくり―』ミネルヴァ書房、２０１４年、49頁。
（39）「同右」50頁。
（40）野中ますみ「ケアワーカーの概念―ケアワーク問題を考える手掛かりとして―」『龍谷大学大学院研究紀要社会学・社会福祉』17号、２０１０年、38～39頁。
（41）http://www.jaccw.or.jp/fukushishi/senmon.php（2016/04/15）

(42) 西村洋子「介護福祉の概念」西村洋子編『最新介護福祉全書③介護の基本（第２版）』メヂカルフレンド社、２０１３年、67頁。
(43) 高木和美『新しい看護・介護の視座』看護の科学社、１９９９年、47～48頁。
(44) 野中ますみ『ケアワーカーの歪みの構造と課題』あいり出版、２０１５年、９頁。
(45) 一般社団法人介護福祉指導教育推進機構監修『介護福祉教育原論―介護を教えるすべての教員へのメッセージ―』日本医療企画、２０１４年、34頁。
(46) 笠原幸子「介護福祉士の専門性」日本介護福祉学会事典編集員会編『介護福祉学事典』ミネルヴァ書房、２０１４年、１４１頁。
(47) 南裕子・片田範子・坂下玲子「【座談会】看護学の発展にとっての理論構築」『看護研究』Vol.49 No.2、２０１６年、91～92頁。
(48) 西村洋子「前掲」68頁。なおこの点は第３章の［注・文献］(41) も参照。
(49) 成清美治『ケアワーク入門』学文社　２００９年、43頁。
(50) 西村洋子「前掲」89頁。
(51)「同右」96頁。
(52) 野中ますみ『前掲書』２４９～２６０頁。
(53) 筒井孝子「ケアの質評価：国際的な到達点と日本の今後」『社会保障研究』Vol.1 No.1、２０１６年、１２９頁。
(54) 内田陽子「介護と看護の関係」日本介護福祉学会事典編集員会編『前掲書』(46) 20頁。
(55) 金井一薫「前掲書」(38) 66頁。
(56) 白澤政和「介護福祉の本質を探る―ソーシャルワークとの関連で―」『介護福祉学』第13巻第１号、２００６年、20頁。

(57)「同右論文」21頁。
(58)小嶋章吾「介護福祉学の構築に向けて―ケアワークにおけるソーシャルワークの不可欠性―」『介護福祉学』第21巻第1号、2014年、71～72頁。
(59)「同右論文」72頁。
(60)http://www.z-hoikushikai.com/osigoto/index.html(2016/08/10)
(61)www.mhlw.go.jp/bunya/kodomo/hoiku04/pdf/hoiku04a.pdf(2016/04/20)
(62)森上史朗「保育」森上史朗・柏女霊峰編『保育用語辞典(第7版)』ミネルヴァ書房、2013年、2頁。
(63)湯川嘉津美「保育という語の成立と展開」日本保育学会編『保育学講座①保育学とは―問いと成り立ち―』東京大学出版会、2016年、41頁。
(64)瓜生淑子・川端美砂子「認定子ども園成立と幼稚園・保育所制度」『奈良教育大学紀要人文・社会科学』57(1)、2008年、88～89頁。なお湯川嘉津美「同右」も参照。
(65)このあたり、山内紀幸「『子ども・子育て支援新制度』がもたらす『保育』概念の瓦解」『教育学研究』第81巻第4号、2014年、29～30頁、櫻木慶一「『認定子ども園』法の改正とその課題の一考察―保育所制度の今後のあり方との関連で―」『生活科学研究』Vol.36、2014年、及び湯川嘉津美「前掲」など参照。
(66)田中まさ子「保育方法としての『養護』―1930年代の保育論を手がかりにして―」『岐阜聖徳学園大学短期大学部紀要』第47集、2015年、62頁。
(67)増田あゆみ「養護」森上史朗・柏女霊峰編『前掲書』(62)66頁。
(68)田中まさ子「保育における養護―1930年代後半から1940年代前半の雑誌『保育』を手がかりとして―」『名古屋学院大学論集人文・自然科学篇』第52巻第2号、2016年。2～3頁、渡邊保博

「養護と教育（５領域）」日本保育学会編『保育学講座③保育のいとなみ―子ども理解と内容・方法―』東京大学出版会、２０１６年、なども参照。
(69) 鯨岡峻『保育・主体として育てる営み』ミネルヴァ書房、２０１０年、69頁。
(70) 増田あゆみ「生活」日本保育学会編『前掲書』(68) 85頁。
(71) 田村滋男「『保育者』と『保育士』について」『永原学園・西九州大学短期大学紀要』第44号、２０１４年。
(72) 浜口順子「平成期幼稚園教育要領と保育者の専門性」『教育学研究』第81巻第４号、２０１４年、67頁、同「専門家としての保育者の歴史」日本保育学会編『前掲書』(63) ２０３頁。ここでは、一方で、さまざまな資格を持つ人びとを「保育者」とする現実があり、他方で、日本を含む多くの先進諸国でも、理念型としての保育者の「専門職」としてのアイデンティティが追及されていることが指摘されている。
(73) 石黒万里子「保育者の専門性に関する一考察―保育者に固有の『知識』と『判断』―」『中村学園大学・中村学園短期大学部研究紀要』第41号、２００９年、１頁。さらに小川博久も、保育者の専門性は長い歴史を持つ「子を育てる」習慣と知恵の集積技術とも関連してくることでもあろうと強調している。同『保育者養成論』萌文書林、２０１３年、35頁。
(74) 奥山順子・山名裕子「求められる保育者の専門性と大学における保育者養成―保育者志望学生の意識と養成教育の役割―」『秋田大学教育文化学部教育実践研究紀要』第28号、２００６年、１２０～１２１頁。
(75) 本書の問題意識からすれば詳細な検討をすべきところだが、ここでは割愛する。概観にあたっては、下記の文献などがさしあたって参考となる。土田美世子『保育ソーシャルワーク支援論』明石書店、２０１２年、伊藤良高・永野典詞・中谷彪編『保育ソーシャルワークのフロンティア』晃洋書房、２

０１１年、日本保育ソーシャルワーク学会編『保育ソーシャルワークの世界―理論と実践―』晃洋書房、２０１４年、山本佳代子「保育ソーシャルワークに関する研究動向」『山口県立大学学術情報』第6号（『社会福祉学部紀要』通巻第19号）、２０１３年、同「保育所を中心とした地域連携の現状と実践的課題―保育ソーシャルワークの視点からのアプローチ―」『同上誌』第7号、２０１４年、高野亜紀子「保育ソーシャルワークと保育士養成に関する一考察」『東北福祉大学研究紀要』第37巻、２０１３年など。

(76) 厚生労働省雇用均等・児童家庭局保育課「保育所保育指針解説」（２００８年3月）、13頁。

(77) たとえば、海口浩芳「保育者養成における専門性確保の問題―保育者は『専門職』たりえるか―」『北陸学院短期大学紀要』39号、２００７年、39～40頁、村井尚子「保育者における専門性としての『タクト』とその養成に関する一考察」『保育学研究』第39巻第1号、２００１年、など一連のタクト論視点からのもの、また石黒「前掲論文」(73)、あるいは津守真『保育者の地平―私的体験から普遍に向けて―』ミネルヴァ書房、１９９７年、など。それらは、専門性を臨機応変な判断力であったり、「身体的行為でありながら知的行為」（津守）といったところに求めているように見える。いずれも間違いとは言えないにしても、どのケア関連専門職の「熟練」にも伴うような「専門性」でもあるような気もする。

(78) たとえば、大森弘子・大田仁・水谷弘正「保護者が期待する保育士の専門性―保育士のキャリアパスを通して―」『仏教大学社会福祉学部論集』第10号、２０１４年。

(79) 垣内国光は、「現在発行されている保育者論の教科書は、資質論や生きがい論が中心で、ほとんどが保育者の労働環境・労働条件抜きの専門性を論じている。労働環境・労働条件問題を含まない専門性研究や保育者教育は、かつての『愛と奉仕の保育者』像を彷彿とさせる自己犠牲的保育者像を再生産することを懸念せざるを得ない」（同「政策課題としての保育労働研究の意義」垣内国光・義基祐正・川村雅則・小尾晴美・奥山優佳『日本の保育労働者―せめぎあう処遇改善と専門性―』ひとなる書房、２０１５年、42頁）などとしている。

(80) 保育学の構築をとくに研究方法に諸点を当てて論じている秋田喜代美は、保育学が「固有」に問わねばならない課題についてこう述べている。「アプローチの選択の中で、意識して問わねばならないことの一つは、保育学会創設以来問われてきた、保育ならではの独自性を明らかにする事例と方法とは何かであるだろう。小学校以上の義務教育を中心に発展してきた教育学とも異なる保育学のアプローチとは何か、である。自分の意志を明確に言葉で語ることのできないバルネラブルな（脆い）存在としての乳幼児の声を、いかに明らかにするか、専門家としていまだ十分に社会的に認められていない保育者の専門性をケアと教育のあり方においてどのように明らかにするのか、『環境を通した保育・教育』という遊びや生活の空間や素材というモノや場が重要な意味をもつ保育の方法を、どのように記述解明するのか、そして保育施設の量的な拡大の中で、非常勤やパートタイムの保育者が多く存在する中、国において問われる保育の質とは何か、国際的に見ても乳幼児の保育への公共投資が低い日本での保育政策への関与、提言をするためには何が求められるのか。これらは、保育学が固有に問い、明らかにしていくことが求められる難題であるだろう」（同「保育学としての問いと研究方法」日本保育学会編『前掲書』（63）１０８頁）。

(81) 櫻木真智子らの研究によれば、保育者の専門性の獲得に関しては、幼稚園教諭は養成校に対する期待意識が高く、保育所保育士は保育現場で育てる意識が高いと言い、ここらは幼稚園と保育所に対する社会から期待される性格の違いもあるだろうとしている。櫻木真智子・中野真紀子・藪中征代・塚本美智子「保育者の専門性の獲得に関する調査研究―幼稚園教諭と保育所保育士がもつ意識を中心に―」『聖徳大学短期大学部』第48号、２０１５年。

(82) 大津泰子「保育士の専門性を高めるための課題―保育士養成の動向から―」『近畿大学九州短期大学研

究紀要』40、2010年、19頁、全国保育士会「保育士会のあゆみ」(ホームページ)及び本書第5章参照。

(83)全国保育士養成協議会専門委員会(平成25年度課題研究報告)「保育者の専門性についての調査―養成課程から現場へとつながる保育者の専門性の育ちのプロセスと専門性向上のための取り組み(第2報)―」。http://www.hoyokyo.or.jp/profile/senmon/seminarreport_26.pdf (2016/04/20)

(84)OECDによるStarting Strong II(2006年)を基礎に、世界の幼児教育・保育改革を論じている泉千勢によれば、その方向性はとくに義務教育との接続を意識した「就学準備型」のようなタイプに括られる国々と、この時期固有の子どもの興味を重視する「生活基盤型」のようなタイプに括られる国々とに大きくは区分される、しかし管轄はさまざまであると言う。泉千勢「欧米の幼児教育・保育改革の構図」泉千勢・汐見稔幸・一見真理子編『世界の幼児教育・保育改革と学力』明石書店、2008年、30〜45頁。なおその方向性はまた、世界の保育者養成制度ともかかわっているのだろう。門田理世「海外の保育者養成制度」日本保育学会編『保育学講座④保育者を生きる―専門性と養成―』東京大学出版会、2016年。

(85)大宮勇雄『保育の質を高める』ひとなる書房(2006年)の「第1章 今、保育観が問われる時代―二つの保育観と世界と日本の保育改革―」、鯨岡峻『前掲書』の「第1章 いくつかの重要な概念を再考する」など参照。。

(86)NDL-OPAC(国立国会図書館蔵書検索)の「雑誌記事」の1990年〜2016年2月23日までの検索によれば、「ケア」と「保育」では133、「ケア」と「教育」では1786、「図書」に限定してもそれぞれ18と128の差がある。

(87)丹治恭子「『教育』と『ケア』をめぐる相克―『幼保一体化』の検討から―」金井淑子・竹内聖一編『ケアの始まる場所―哲学・倫理学・社会学・教育学からの11章―』ナカニシヤ出版、2015年。

(88)米原立将「保育におけるケアとその特質」『流通経済大学社会学部論叢』24(2)、２０１４年、１６５頁。
(89)鶴宏史『保育ソーシャルワーク論─社会福祉専門職としてのアイデンティティ─』あいり出版、２００９年、48頁。
(90)小林浩之「保育におけるケア概念の検討─養護と教育の一体性に着目して─」『教育実践総合センター紀要』18巻、２００９年、１４２頁。
(91)「同右論文」１４８頁。
(92)田代和美「ネル・ノディングズのケアリングにおけるケアする人について─ケアする人としての保育者を養成するための手がかりを求めて─」『大妻女子大学家政系研究紀要』第50号、２０１４年。
(93)中野啓明「ノディングズによる価値明確化への評価」『新潟青陵学会誌』６巻１号、２０１３年。
(94)佐伯胖「子どもを『人間としてみる』ということ─ケアリングの３次元モデル─」子どもと保育総合研究所編『子どもを「人間としてみる」ということ─子どもとともにある保育の原点─』ミネルヴァ書房、２０１３年、１２６頁。
(95)小川博久『前掲書』(73) ２５３~２５４頁。
(96)日本社会福祉士会ホームページ「社会福祉士の仕事」。http://www.jacsw.or.jp/01_csw/04_cswtoha/shigoto.html (2015/09/01)
(97)日本社会福祉士会ホームページ「倫理綱領と行動規範」。http://www.jacsw.or.jp/01_csw/05_rinrikoryo/index.html (2015/09/01)
(98)「同右」。
(99)A・フレックスナーは、「社会事業は専門職か」において、六つの基準、すなわち「専門職は大きな個人的責任を伴う本質的に知的な作用を含む。それは、科学と学問からその材料を手に入れる。この材料を実践的で明確な目的にまで作り上げる。また教育的に伝達可能な技術を持っている。それは、自らを組織化する傾向がある。それは、動機がますます利他主義的になりつつある」ことを示し、「これらの基準がうまく作用しているかどうかを決めるために多様な活動の形態を審査してみることは有益である」として、当時のソーシャルワーカーの専門職性を否定した。その当否はともかく、検討内容は今日でも参考になる。同「社会事業は専門職か」（原文は１９１５年）Ｍ・Ｅ・リッチモンド他（田代不二男訳）『アメリカ社会福祉の展望』誠信書房、１９７４年、75頁。

(100) 小野哲郎「社会福祉士・介護福祉士法の成立と諸問題―社会福祉の現業活動と教育・研究活動への影響と今後の課題について」『明治学院論叢社会学・社会福祉学研究』第77・78号、１９８８年、参照。そこには、当時の日本福祉大学教授会などの「教授会声明」なども掲載されている。

(101) 宮田和明「社会福祉専門職論の課題」宮田和明・加藤幸雄・牧野忠康・柿本誠・小椋喜一郎編集『社会福祉専門職論』中央法規、２００７年、８頁。

(102) 「同右」10頁。

(103) 「同右」11頁。

(104) 黒木保博「相談援助専門職の概念」大橋謙策・白澤政和・米本秀仁編著『ＭＩＮＥＲＶＡ社会福祉士養成テキストブック[2]相談援助の基盤と専門職』ミネルヴァ書房、２０１０年、１５３頁。

(105) 「同右」１５４頁。

(106) 三井さよ『看護とケア―心揺り動かされる仕事とは』角川学芸出版、２０１０年、１５７~１６２頁。

(107) 米本秀仁「相談援助概念とソーシャルワーク概念」大橋謙策・白澤政和・米本秀仁編著『前掲書』21頁。

(108) 国際ソーシャルワーク学校連盟・国際ソーシャルワーカー連盟（日本社会福祉教育学校連盟・社会福祉専門職団体協議会訳）「ソーシャルワークのグローバル定義」（日本語訳版）、２０１４年。２頁。www.jassw.jp/topics/pdf/14070301.pdf（2016/09/06）。この検討については、木村真理子「ソーシャルワークのグローバル定義と社会福祉実践―いかに社会正義の具現化を目指すのか―」『社会福祉研究』第１２４号、２０１５年も参照。
(109)矢部広明「社会福祉士養成をめぐる諸問題」『総合社会福祉研究』第41号、２０１２年、45頁、51頁。なお第３章も参照。
(110)この点、「生活」への福祉的アプローチの試みとして、大野勇夫「生活アセスメントと社会福祉実践の専門性」『総合社会福祉研究』第34号、２００９年などがある。なお関連して、大野勇夫・川上昌子・牧洋子・生活アセスメント研究会編『福祉・介護に求められる生活アセスメント』中央法規出版、２００７年、も参照。これらの「発想」は重要なことであろう。
(111)大和田猛「ソーシャルワークとケアワーク」大和田猛編著『ソーシャルワークとケアワーク』中央法規、２００４年、２３１頁。
(112)木全和己「社会福祉施設における社会福祉専門職としての価値」宮田和明・加藤幸雄・牧野忠康・柿本誠・小椋喜一郎編集『前掲書』１４１頁。
(113)塩田祥子「社会福祉士実習におけるケアワークのあり方と利用者理解についての課題」『評論・社会科学』１１６号、２０１６年、１１９頁。
(114)上野千鶴子『ケアのカリスマたち―看取りを支えるプロフェッショナル―』亜紀書房、２０１５年、１９６頁、における高口光子（介護老人保健施設「星のしずく」看・介護部長）の発言。
(115)日本学術会議社会学社会福祉学分科会「提言　近未来の社会福祉教育のあり方について―ソーシャルワーク専門職資格の再編成に向けて―」、２００８年、９頁。
(116)金井一薫『ケアの原形論（新装版）』現代社、１９９８年、78頁。
(117)マーガレット・ジベルマン（日本ソーシャルワーカー協会訳、仲村優一監訳）『ソーシャルワーカーの役割と機能―アメリカのソーシャルワーカーの現状―』日本ソーシャルワーカー協会発行・相川書房発売、1999年、14頁。それゆえまた、ソーシャルワークの特徴の一つは、固定した家の建築より、つねに持ち運びできる「テント」の建築であるべきだとする主張も興味深い。ソフィア・T・ブトゥリム（川田誉音訳）『ソーシャルワークとは何か―その本質と機能―』川島書店、1986年（原著出版は1976年）、95頁。

(118) マーガレット・ジベルマン『同右書』16頁。

(119) ここらあたりは、伊藤淑子『社会福祉職発達史研究―米英日三カ国比較による検討』ドメス出版、1996年、315〜316頁、副田あけみ「ソーシャルワークのアイデンティティ―ケアマネジメントの展開が及ぼした影響―」『人文学報』No.394（社会福祉学24）、2008年、84頁、など参照。

(120) ビル・ジョーダン（山本隆監訳）『英国の福祉―ソーシャルワークにおけるジレンマの克服と展望―』啓文社、1992年（原著出版1984年）、103〜123頁。

(121) サラ・バンクス（石倉康次・児島亜紀子・伊藤文人監訳）『ソーシャルワークの倫理と価値』法律文化社、2016年（原著出版は2012年）。少し説明をくわえると、バンクスはこの点について、「ソーシャルワークが……『国家の仲介人専門職』（state-mediated profession）である限り、それは矛盾と社会的二重性／両価性（ambivalence）に基づくものとなる。ソーシャルワークは、社会的利他主義（ケア）を表現しており、また社会的規範（コントロール）をも強化しており、双方に向けて貢献するのである。それは総合的な財も保護するが個々人の権利をも養護するのである」（36頁）としている。

(122) 空閑浩人編著『ソーシャルワーカー論―「かかわり続ける専門職」のアイデンティティ―』ミネルヴァ書房、2012年、ii頁。なお関連して、藤田孝典・金子充編著『反貧困のソーシャルワーク実践―NPO「ほっとポット」の挑戦―』明石書店、2010年、なども参照。ここで描かれている藤田自身の「ソーシャルワーカーになっていく」姿が興味深い。

(123) 岩本操『ソーシャルワーカーの「役割形成」プロセス―「違和感のある仕事」から組織活動への実践モデル―』中央法規、２０１５年、43頁。

(124) 岩本操『同右書』９〜10頁。

(125) サラ・バンクス『前掲書』89頁。

(126) Tront, Joan C. *Moral Boundaries: A Political Argument for an Ethics of Care*. Routledge. 1993. ―*Caring Democracy: Markets, Equality, and Justice*. New York Univercity Press. 2013. 政治学視点からのケアの議論へのアプローチだが、ソーシャルワーカーなどケア関連専門職を「総合的」に考えていく際に参考となる。

(127) 猪飼周平「ケア社会政策への理論的前提」『海外社会保障研究』Vol.1 No.1、２０１６年。

(128) 三井さよは、「ケアを、他者の『生』を支えようとする働きかけの総称」としている。同『ケアの社会学―臨床現場との対話―』勁草書房、２００４年、２頁。

(129) 小山隆「相談援助の理念」大橋謙策・白澤政和・米本秀仁編著『前掲書』62頁。

(130) 「同右」63頁。

第5章 専門職の社会的評価の現状と対応
——分断のなかの資格階層化志向

1 低評価への対応の先に何が見えるか

それぞれの領域の「専門性とケア」のかかわりについて前章で見てきた。そのことが専門職としての社会的評価とどうつながっているかは、ケア一般ではなく、具体的なケアの中身、必要とされるスキル（知識・技術・技能）の内容、その獲得に必要な学校（施設）における修業年限あるいは学歴、職能団体としての組織化と運動の強弱、そういった複雑多岐にわたる要因が関係していると判断することは当然であろう。

しかもケア関連専門職の場合、その社会的評価が診療報酬制度、介護報酬制度あるいは保育所・幼稚園などの基準算定費用額（公定価格）などの規制を通じて、つまり自由市場ではなく、いわゆる公定価格の下での「準市場」を通じて決定されてくるという特殊性もある。さらにまた、同じ職業・職種でも、雇用されている先が官公庁（公務員）か、それに準ずるものか、民間かによっても大きく左右される現状もある。それらは、ケア関連専門職の養成教育課程（過程）が国家にタイトに規制されているように、その後もまた、中央政府や地方政府などにその骨格部分が規制されていることを示している。福祉国家の中核にある社会保障制度や社会福祉制度などの具体化したものが、これらケア関連専門職の存在であるとすれば、当然と言えば当然ではある。

また、ケア関連専門職は「専門職」と呼ばれたとしても、それはその母体と強くつながっている存在でもある。たとえば育児・子育てや介護はなお家族によって担われ、ケア関連専門職自体、離職後そこに戻ってもいる現実もある。さらに逆にいわゆるM字型カーブのごとく、子育ての一段落後、再び何らかの形で現場に戻ることもある。そのような流動性は労働市場の性格からも生まれ、当然のことながら労働市場にも影響を及ぼす。職種による違いはあるが、専門職と非専門職の関係は密接でもある。それがまた、専門職化（専門性の明示化）の課題とリンクしてもいる。

さらに、お金をかけて養成校を卒業し、関連する業界に就業した後も、かれらはその専門性を生かす形でケアの仕事の担い手に順調に育っていくか、社会からの期待に応えていくものとなっているかと言えば、右のこととともかかわって問題は少なくない。実際、離職率の高さや潜在率の高さなどは共通現象でもあり、すべての職種ではないにせよ「労働力不足」をきたしている。そうでなくても、専門性が生かし切れているとは言えない事情から、先行きに不透明な部分を残す専門職もある。そのなかには、養成校を卒業しても就職先として最初から忌避される傾向が高い職種もある。

職種による違いはあるものの、以上のようなさまざまな場や領域において、何らかの閉塞感が感じられるような環境にあって、養成校それぞれが教育の分化（特色ある教育）を通じて新たな方向を模索しているにしても、現実には指定規則の養成カリキュラムに対置する方向が明示できないような状況にあることはすでに見てきた。そしてこれから見ていくように、卒業後も強い規制や社会的評価の影響を受け続けるのがケア関連専門職である。そのなかで、それぞれの職能団体などはその打開策をどこに求めようとしているのか。ケア関連専門職を主導するような行政関係機関の要請もまた、社会に位置づく性別役割分業規範などの「ケアの見えない壁」の前に立ち塞がれるような状況にあって、政策的にはどのような方向が目指されているのか。それらの先にいかなる事態の生成が予測されるか。

以下、①ケアの基礎を担うケアラーの存在、②養成校卒業後の関連する労働市場の特徴の確認、③看護師、保育士、介護福祉士などのいわゆる潜在化の現状、④「労働力不足」や潜在化ではないが、「専門性」が生かし切れていない社会福祉士が抱えている問題、⑤それらの専門職団体の対応に見る共通する特徴と行政による誘導の方向、といった順序で展開していく。

そしてそこからは、あらためて社会の基底部に横たわる性別役割分業規範とつながっているジェンダー差別構造の壁、そこから強く影響を受けているケア労働評価の壁、ケア関連専門職をめぐる管轄官庁等による分断という壁、そしてその壁に挟まれた狭いスペースで追求されてきている専門職内部での階層化の壁などが透けて見えてくる。

2　ケア関連非専門職（ケアラー）と「境界線上」の専門職

(1) ケアラーによるケア

離職した人びとあるいは資格を持ちながらもはじめから就職さえしない者も含んで、それらを「潜在資格保持者」と規定したとしても、かれらはその後何もしていないわけではない。他産業に就職・転職したり、専業主婦となって育児・子育てあるいは介護というケアに従事しているかもしれない。実際そこでは、かれらもまた家庭における保育者や介護者であり、家庭における（病院における看護業務ではないものの）看護者でもあるケアラーと呼ばれる存在である。

これらは、第1章の記述内容と表裏の関係にある非専門職の動向にかかわることである。まず、育児・子育てのケアと母親の就業をめぐる関係の現状から確認しておくと、たとえば「平成26年国民生活基礎調査の概況」による「末子の年齢階級別に見た母の仕事の状況」を修正した表5－1からは、その点で二つの特徴が見えてくる。

一つは、「仕事なし」（専業主婦）で末子の子どもをケアしていると思われる母親の割合は0歳で60・3％、1歳で52・0％と過半数を占め、以降徐々に低くなっているものの、15～17歳でも20％は切ることはない現状にある。いま一つは、「非正規の職員・従業員」である母親の割合は末子年齢とともに高くなっているものの、「正規の職員・従業員」である母親はほぼ一貫して20％前後で推移し

表５－１　末子の年齢階級別に見た母の就業状況（2014年）　(%)

	仕事なし	非正規の職員・従業員	正規の職員・従業員	その他
0歳	60.3	10.3	23.1	6.3
1歳	52.0	17.4	22.6	8.1
2歳	45.0	22.0	21.9	11.1
3歳	43.3	30.8	18.0	7.9
4歳	37.8	32.3	19.5	10.3
5歳	35.5	33.9	21.6	8.9
6歳	37.8	35.7	17.2	9.3
7～8歳	29.3	40.8	20.1	9.9
9～11歳	26.8	43.6	18.9	10.7
12～14歳	24.1	43.8	21.1	11.0
15～17歳	22.0	43.7	22.7	11.5

注）「仕事の有無不詳」は含まない。「その他」には役員、自営業主、家族従業者、その他、勤めか自営か不詳の者及び勤め先での呼称不詳の者を含む。「平成26年国民生活基礎調査の概況」図９から作成。

ていることである。このような事実と後述する離職理由などを重ね合わせてみると、ケア関連専門職の就業継続をめぐる動向もまたさまざまであることが推測されてくる。そしてなお、多くの女性が「ライフイベント」（結婚や出産・子育て）として片づけられる「就業持続の壁」を乗り越えられないところにいることも見えてくる。つまり、性別役割分業規範とワークライフバランスの困難という壁にぶつかっている。しかしそこでは、今度は〝ケアラー専門〟としてケア労働に従事しているかもしれない。

さらに介護に関しても、「平成25年国民生活基礎調査の概況」によれば、主な介護者は要介護者等と同居が61・６％ともっとも多く、次いで事業者による14・８％となっている。同居の主な介護者の要介護者等との続柄を見ると、配偶者が26・２％でもっとも多く、次いで子が21・８％、子の配偶者が11・２％となっている。(1)

「介護の社会化」が進んできたとはいえ、多数派は〝家族ケアラー〟だということである。さらにいわゆる子育てと介護の両方に従事している「ダブルケア」の存在も注目され、内閣府推計で25万人とされている。[2]

このような動向をどう評価するかは多様な論点があるが、ここでは本書が専門職養成の視点から議論していることから、次のエヴァ・フェダー・キティの「介入」と「支え」あるいは「境界線上の専門職」という意味合いと絡ませてみることにしたい。キティはこう述べている。長いが引用しておこう。

「地位の相違は専門化と関連している。社会学では、母親がしているような仕事を機能的に拡散した仕事、専門家がしているような仕事を機能的に特化した仕事と呼ぶ。専門家による機能的に特化した仕事は、介入する仕事であり、支えとなる仕事ではないといえる。第一義的な意味での依存労働者によって行われる機能的に拡散した仕事は、ケア（毎日であることが多い）という手段によって被保護者を支えることである。そこでは多様なニーズが満たされる。要求を満たすスキルは訓練されていることもあれば、そうでないこともあるだろうし、それが知的能力を含む場合もあれば肉体労働の要素も含む場合もありうる。どんなニーズであれ、依存労働者がそれに応じる限り、その責任は依存労働者にかかってくる。専門家は介入するが、いずれ立ち去っていく。介入は、入念に対象が絞られた関心ごとに重点を置き、専門家はそのための特別な訓練を積む。医者の介入は、ケアのための診断と処方箋を下すことであり、それにもとづいてケアを行うのは他の者である。弁護士はクライエントと法体系の間に介入するが、法的判断が下されると弁護士の責任も終了する。債務の返済や訴訟になった被害の回復といった、介入が必要となる原因を作った災難に対応するのは弁護士ではない。それに対して、依存者を支える仕事には、そのようなはっきりした境界線がない。

興味深いことに、たとえばソーシャル・ワークといった、専門職としては不安定な、あるいは新しく専門化されてきた仕事では、働く者の役割は支えと介入の境界線上に位置している。ソーシャル・ワーカーの責任には、依存者を支えるという仕事が成し遂げられるのを保証することが含まれる。ソーシャル・ワーカーが専門化されればされるほど、他者に適切に仕事を分配する責任が増えていくが。教師――特に低学年の――は子どもたちの判断に介入するだけでなく、幼い生徒たちの多様なニーズに対応できるよう常に心がけている。看護師も同じく介入と支えの境界線上に位置する[3]」

なおここで、「依存労働者」という訳語について説明をしておく。繰り返し述べてきたように、乳幼児・子ども期、介助・介護が必要な高齢期、病気にある時期、あるいは障害を持つ人びとはしばしば生涯にわたって、人はだれでもがそのライフヒストリーにおいて依存を不可避とし依存者(dependents)になる。このようなことを前提に、右の引用文の訳者たちはこう述べている。「『依存労働』の原語はdependency workである。キティが本書で言うdependency workには、家庭や私的な場面で母子や親族、友人等の間で無償で行われる依存者のケアも含まれており、雇用労働・賃労働として行われるものだけではない。したがって、dependency workは『依存者を世話する仕事・いとなみ』のように訳すほうがより正確かもしれないが、冗長さを避けるため、本訳書では、基本的に、『依存労働』の語をあてている」[4]。だからdependency workerは「依存労働者」である。

しかし興味深いのは、それは、たとえば「妻としての義務」として「自分自身でやればできる」夫の世話を焼くような、いわば「拡張された意味での依存労働」は含まない。と同時に、専門家による「専門的な活動」(professional activities) は、これを依存労働とは解さないとしていることである。すなわち、キティは医療や法律や教育あるいはソーシャルワークなどの専門家などの仕事は「専門的サービス」であって、「拡張された意味においてでさえ依存労働ではない。依存労働は、それ独自の定義――たとえ他と区別するための特徴を選択することが難しいとしても――が必要な種類の労働である」[5]としている。そして依存労働との対比で言えば、専門家の「仕事が、他者志向的であり、自己利益的でないという特徴は依存労働にも当てはまる。しかし重要な点で異なるのは、地位と結びつくかどうかという点である。知的要素の強調や『一般化され、体系化された知識』のための訓練、専門家に要求される自律性、自己規制的な倫理観、任意で自律的な組織といったいずれもが専門職の高い地位を表している。仕事は他者志向的で自分を目立たせない性格をもつが、専門家に認められた自律性や公平性、業績がそれを埋め合わせる」[6]としている。

しかしもちろん、果たしていかなる専門職がこのような条件を満たすような状況を備えているのか。とくにケア関連専門職はその条件を満たしているのか。いくつもの疑問も湧いてくる。そして専門職団体の歴史は、このような条件を満たすことを目指してきた苦闘の歴史――いまなお続く――でもある。それゆえ、先に見た「境界線上の専門職」といった表現も生まれてくるのも頷ける。

このようなキティの視点は、いわゆるケアラーへの注目を重視する主張とも被ってくる。木下康仁はケアラーの存在に関してこう述べている。

「ケアラーとは、専門的・職業的ケア従事者ではなく、対価として金銭的報酬を受けず、インフォーマルな立場で身近な他者の日常生活をさまざまな形でサポートしている人びとと定義される。ただインフォーマルといっても現在では孤立した環境でケア役割を担っているのではなく、公的なサービスを受け、専門職とも日常的に相互作用の関係にある場合が一般的である。家族関係にある場合だけでなく……いろいろである」「このように、ケアラーの体験を特別な境遇にある人の特別なものと捉えるのではなく、誰もが一生のうちで何らかの形で経験するものと一般化し、それをライフスタイルの一部と考えることができる。そうすると、ケアラーはかけがえのない役割を果たしているのだが、それだけのために生きているのではなく、その人自身の生活と人生が保障されるべきであるという考えが導かれる。ケアラーは従属的規定の対象ではなく、独立して理解されるべき存在であり、それゆえに彼らもまた支援の対象となる[7]」

専門職として自己定義している人びとが、「介入と支えという境界線上」という表現のなかの「支え」をどこまでその専門性としているのかは、その専門職団体の主張ともかかわって微妙なところである。実際、家族ケアから専門職ケアへの移行といっても、木下が言うように、乳幼児の世話、高齢者・障害者・病者の世話などどれをとっても、母親と保育士、家族のだれかと介護福祉士や訪問介護員あるいは訪問看護師や保健師といった関係のなかで、さまざまなケアの形態やその質と量のグラデーション状態が想像できる。それは「拡散と特化」と表現したとしても同じことである。そこでは、家族による行為と専門職による業務行為の間でも多分に重複面を持つからである。

(2) 「境界線上」の専門職――職業分類別に見た社会的評価の現在

では、これらを「専門的・技術的職業従事者」という括り方をしている、いわゆる「職業分類」という視点から見ると、本書で扱ってきたケア関連専門職はどのように分類されているのだろうか。ある職業が専門職かどうかはこれまでも折に触れて言及してきたように、議論のあるところでもあり、深入りすることはできない。ここでは公的な「統計分類」からの確認にとどめておこう。

ところで、そもそも職業分類とはいかなる内容を意味した概念なのか。西澤弘によれば、「職業分類では、一般的に、一人の人に割り当てられた、ひとまとまりの仕事とそれに伴う責任を指して『職務（job）』と呼ぶ。職務は、職業分類における分類単位でもある。職業分類は職務を分類したものであり、個人の従業上の地位やその仕事が遂行される事業所の産業分類は職務に関係しない。職業分類は、人に対して、その従事する仕事を通じて運用される」[8]としている。まず日本のそれ（国内標準職業分類）を見ておくと表5-2のようになっている。

この分類表では、介護職員（医療・福祉施設等）・訪問介護従事者（ホームヘルパー）は「介護サービス職業従事者」（中分類）であり、また看護助手等も「保健医療サービス従事者」（中分類）であり、

表５－２　ケア関連専門職と国内標準職業分類

大分類	**【専門的・技術的職業従事者】**	**【サービス職業従事者】**
中分類	**〔保健医療従事者〕**	**〔家庭生活支援サービス職業従事者〕**
小分類	医師、歯科医師、獣医師 薬剤師 **保健師、助産師、看護師（准看護師を含む）** 診療放射線技師、臨床検査技師 理学療法士、作業療法士 視能訓練士、言語聴覚士 歯科衛生士、歯科技工士 栄養士 あん摩マッサージ指圧師等 その他の保健医療従事者	家政婦（夫）、家事手伝い その他の家庭生活支援サービス職業従事者
中分類	**〔社会福祉専門職業従事者〕**	**〔介護サービス職業従事者〕**
小分類	**保育士** **その他の社会福祉専門職業従事者**	**介護職員（医療・福祉施設等）** **訪問介護従事者**
中分類	〔法務従事者〕	**〔保健医療サービス職業従事者〕**
小分類	裁判官、検察官、弁護士等	**看護助手等**
中分類	〔経営・金融・保険専門職業従事者〕	〔生活衛生サービス職業従事者〕
小分類	公認会計士、税理士等	理容師、美容師等
中分類	**〔教員〕**	〔飲食物調理従事者〕
小分類	**幼稚園教員** 小学校教員、中学校教員等	調理人等

注）国勢調査の職業分類（2010年）から作成。

大分類として「サービス職業従事者」扱いとなっている（なお介護福祉士は「社会福祉専門職業従事者」扱いとなっている）。また、本書で検討の対象としているケア関連専門職は、すべて大分類では「専門的・技術的職業従事者」扱いである。しかし、現実の姿と「専門的・技術的職業従事者」という分類名称のイメージからは、これまで見てきたいくつかの指標や次節で見る労働条件等からすると、いくつかの職種では何らかのギャップも感じないわけではない。

国内標準職業分類上からの評価は以上の通りだが、次にこれを国際的視点から見ておくとどうなっているのか。その点では日本の分類とは異なって、国際分類では「スキル」という概念を導入して評価しているところに特徴がある。[9]

先にも引用した西澤によれば、まず国際標準職業分類（ＩＳＣＯ：International Standard Classification of Occupations）は、１９８７年の第３版（ＩＳＣＯ－88）以降それまでのものとは大きく変更されている。その特徴は、「第１は分類の概念を明確にしたことである。中心的な概念は職務（job）とスキル（skill）である。職務とは一人の人が遂行する課業（task）と責任（duties）の集まりであり、この職務がＩＳＣＯ－88の分類単位となっている。他方、スキルとは職務に含まれる課業と責任を遂行する能力である。スキルにはスキルレベルとスキルの専門分野の両面がある。スキルレベルは、職業を遂行するために必要な能力がどの段階の教育によって獲得されるかによって四つに区分されている……。第２は大分類項目の設定と配列においてスキル概念を適用し……大分類項目はスキルレベルの高い順に配列されている」[10]ことである。そのスキルレベルの四つとは、具体的に言えば、最新の２００８年の第４版（ＩＳＣＯ－08）では、国際標準教育分類（ＩＳＣＥＤの１９９７年版に対応）のカテゴリー１（初等教育修了）をレベル１、カテゴリー２、３、４（前期中等教育修了、後期中等教育修了、高卒後の教育修了：大学以外の教育機関）をレベル２、カテゴリー５ｂ（短期・中期の大学教育修了）をレベル３、カテゴリー５ａ、６（大学、大学院修了）をレベル４、とするものである。

とはいえ、スキルレベルと教育レベルとの対応という視点は変わらないものの、ＩＳＣＯの技能度に関してＩＳＣＯ－88とＩＳＣＯ－08とでは次のような解釈の変化がある。すなわち、再び西澤によれば、これまで（ＩＳＣＯ－88）は、「ＩＳＣＯの技能度の概念は極めて抽象的であるが、職務に含まれる課業と責務を遂行するために必要な知識・技術・技能がスキルと解釈されている。スキルの水準は、操作的に2種類のモノサシで測ることとされている。第1は教育のレベル（すなわち学校教育制度における達成度）、第2は職業訓練や職場での実際の経験などの学校教育以外の学習機会の種類や期間である」[11]としていた。しかし今回の改訂（ISCO-08）の特徴は、「スキルレベルの判断基準として複数の要件が列挙され、教育訓練の要件はその一部にすぎなくなった」（つまり）「スキルレベルを決定する際に最も重視されるのは、教育訓練の要件（略）ではなく、従事する仕事の性質（略）[12]」であり、「スキルレベル」という同じ概念を用いていても、その判断基準、判定方法は大きく異なってきたということである。

その国際標準職業分類で見たものが表5-3である。ここからは、教育達成度とかかわったスキルレベルなどを考慮すると、看護師やソーシャルワーカー、いわゆるコメディカル専門職などはレベル4の技能として扱われつつも、ここ（「国際標準職業分類」）でいう保育従事者や介護福祉従事者はレベル2の技能という低い扱いであることがわかる。その間にさまざまな「准専門職」がレベル3の技能の職として位置づけられている。つまり、国内標準職業分類では「専門的・技術的職業従事者」「サービス職業従事者」として二つに大分類として括られていたものが、国際標準職業分類では「専門職」「技師・准専門職」「サービス・販売従事者」の三つに区分されている。したがって、同じ職業でも、さまざまな形態と名称のものがあり、そのなかで保育や介護に従事するケアワーカーの多くは、低賃金サービス労働者であることの扱いであることが推測される。

このように見ると、少なくとも日本の保育士（おそらく介護福祉士も）の養成に関して言えば、教育のレベル（学校教育制度における達成度）は――その内実はさまざまだろうが――高いとも言えるだ

表5－3　ケア関連専門職と国際標準職業分類

<table>
<tr><th>大分類</th><th>専門職　　　　レベル4の技能</th></tr>
<tr><td>中分類</td><td>〔保健専門職〕</td></tr>
<tr><td>小分類</td><td>医師
看護・助産の専門職
その他の保健分野の専門職
（薬剤師、理学療法士、臨床食事療法士、栄養士、言語療法士等）</td></tr>
<tr><td>中分類</td><td>〔教育専門職〕</td></tr>
<tr><td>小分類</td><td>小学校、幼児教育の教員
その他の教育専門職
（特殊教育の教員等）</td></tr>
<tr><td>中分類</td><td>〔法務・社会・文化分野の専門職〕</td></tr>
<tr><td>小分類</td><td>法務専門職
（弁護士、裁判官等）
社会・宗教分野の専門職
（ソーシャルワーカー・カウンセリング専門職等）</td></tr>
<tr><th>大分類</th><th>技師・准専門職　　　　レベル3の技能</th></tr>
<tr><td>中分類</td><td>〔保健分野の准専門職〕</td></tr>
<tr><td>小分類</td><td>看護・助産准専門職
その他の保健分野の准専門職</td></tr>
<tr><td>中分類</td><td>〔法務・社会・文化分野の准専門職〕</td></tr>
<tr><td>小分類</td><td>法務・社会・宗教分野の准専門職
（社会福祉分野の准専門職等）</td></tr>
<tr><th>大分類</th><th>サービス・販売従事者　　　　レベル2の技能</th></tr>
<tr><td>中分類</td><td>〔対個人サービス従事者〕</td></tr>
<tr><td>小分類</td><td>調理人
理容師、美容師及び関連職業従事者
ビル管理・家事代行業の監督者
（家政婦等）</td></tr>
<tr><td>中分類</td><td>〔身の回りサービス従事者〕</td></tr>
<tr><td>小分類</td><td>保育従事者、教師補助員
介護福祉従事者</td></tr>
</table>

注）（　）内は細分類に基づく職業名等。総務省政策統括官付統計審査室「国際労働機関（ILO）国際標準職業分類（ISCO）2008年改訂版（仮訳）より作成。

ろう[13]。しかし先に見てきたように、潜在化率は高く、不足問題が顕在化している状況にある。このあたりをどのように考えるべきか。

3　ケア関連専門職（医療・福祉関連）労働市場の特徴

(1) 就業先（専門業界と非専門業界の選択）

養成校の通常の目標通りことが進むとすれば、養成校の卒業生は当然それぞれ関連領域における職場への新規入職者となるはずである。しかしこの場合、その専門職の「労働力不足」や潜在化問題とも関連してくることだが、養成校を卒業し資格を取得したとしても、関連する専門業界には就職しない者も多いことから、全体の就業動向をまず見ておかなければならない。そこには、大学等の側からすれば、一面で卒業生の進路の多様性を確保しているとも言えるが、他面で関連する労働市場は卒業生から「敬遠される」市場でもあるという特徴が反映されている実情があるからである。

もちろん、このことは看護師養成においてはほとんど問題にはならないとも思われる。たとえば２０１３年度の看護系学部・学科の卒業生１万５２１８名の進路（日本看護系大学協議会による調査）は、就職が95・６％、進学が４・４％であり、就職先では病院が89・１％と大半を占め、次いで保健所・市町村・検診センターが４・０％であった[14]。

しかし社会福祉系では、社会福祉関係以外の職にも相当数が就いていく現実がある。たとえば日本社会福祉教育学校連盟による社会福祉系等大学の卒業生の進路調査によれば、2013年3月（2012年度）卒業生の場合、大括りの区分で見ても、総数1万3603人のうち「福祉系・医療系」に進んだ者は四年制大学で53・0％、短期大学で67・3％、専門学校で74・2％となっている。さらに「福祉系・医療系」以外への就職先動向を見ておくと、教員5・8％、一般企業22・1％、その他就職3・4％、進学3・6％、就職活動中4・1％、就職を希望しなかった4・4％、不明3・5％であった[15]。

介護福祉士系では、日本介護福祉士養成施設協会による資料によれば、2013年3月の介護福祉士養成施設卒業者の進路（学校種別はわからない）は、総数9721人のうち介護老人福祉施設47・1％、介護老人保健施設16・5％、医療機関5・9％、自立支援施設（知的・身体・精神）7・6％、有料老人ホーム・福祉関連企業4・4％、居宅サービス関連事業（訪問介護・入浴・グループホーム・デイサービスなど）11・3％、児童福祉施設2・4％、社会福祉協議会・福祉事務所・公務員1・5％、保護施設（救護など）0・3％、福祉分野以外2・9％、進学2・1％、その他5・8％であった。先に見た社会福祉系大学等の動向よりも、介護福祉士養成という養成目標に即した動向は見せている[16]。だが介護福祉士の場合、「介護職に対する社会的評価や引き付ける魅力の低下などから、介護福祉士養成校の定員充足率は大学が67・1％、短期大学が51・0％、専門学校が41・3％、高校専攻科が17・5％にとどまり……介護職の人材が不足している一方で、それに対応する介護福祉士養成が困難であるといった矛盾が生じている」[17]。入学そのものが敬遠されている状況にもある。

保育士系では、厚生労働省雇用均等・児童家庭局保育課による「指定保育士養成施設種別ごとの保

育士となる資格取得者の就職状況」（２０１４年度末）によれば、資格取得者総数４万１８４５人のうち四年制大学では保育所43・７％、幼稚園22・６％、その他福祉施設関係（児童福祉施設、児童事業施設、知的障害者施設、身体障害者施設、老人施設）９・２％、その他24・６％であった。そのなかで、保育士や幼稚園教諭になることを避けたとみられる「その他」に注目すると、四年制大学ほどではないが、短期大学でも13・６％、専門学校でも15・０％となっている[18]。

つまり、看護系を除いては、介護系は養成校入学そのものが避けられ、社会福祉系や保育系では養成校を卒業しても、かなりの割合で専攻したはずの領域以外の職に就いているのである。

(2)「医療、福祉」産業の入職率と離職率

他産業・他職業との比較で労働市場の流動性の高低や不安定さを捉えようとする場合、入職率や離職率といった指標が使われる。しかし、ここで対象にしている職種ごとの実態を精確に捉えかつ対比できるデータは未見なので、産業別に「医療、福祉」という分類で括られる数値をさしあたって見ておきたい。なおこの分類は、第1章でも触れたようにかなり大括りとも言えること、また以下での入職率、離職率のそれは常用労働者が対象となっていることを先に注意しておきたい。

表５-４は調査産業全体と三つの産業だけを比較したもので、詳細な年次ごとの数値を並べたものではない。しかしこれだけでも、「医療、福祉」の入職率は調査産業計よりもつねに高く、製造業に比較すればかなり高く、卸売、小売業と比較しても、２００５年を除いては「医療、福祉」の方が高い。離職率は製造業に比べればやはりかなり高いが、調査産業計や卸売、小売業とほぼ似た水準にあ

表５－４　産業別常用労働者の入職率と離職率

	入職率				離職率			
	2005年	2010年	2012年	2014年	2005年	2010年	2012年	2014年
調査産業計	17.4	14.3	14.8	16.3	17.5	14.5	14.8	15.6
製造業	11.9	9.1	10.6	9.4	11.7	9.7	11.3	10.6
卸売、小売業	19.7	12.9	13.2	15.4	20.1	14.3	14.4	15.0
医療、福祉	19.2	18.5	16.9	17.5	18.5	15.0	13.9	15.2

注）2009年に産業分類変更により2005年とは接続しない。厚生労働省「雇用動向調査報告」より作成。なお入（離）職率＝入（離）職者数÷１月１日現在の常用労働者数×100である。

ることがわかる。つまり、他産業との比較からすると特別に「医療、福祉」の離職率が高いわけではない。しかし、製造業と比べてみるとその労働市場の流動的性格は明らかである。なお表示はしていないが、入職率・離職率がもっとも高いのは宿泊業、飲食サービス業であり、次いでその他のサービス業（ほかに分類されないもの）及び生活関連サービス業、娯楽業となっている。

だが、「医療、福祉」には公務員や準公務員、団体職員など相対的に安定度の高い人びとも多く含むことから、本書が問題対象としてきたケア関連専門職の離職率などを直接表しているわけではないことには留意しておきたい。なお先に指摘したように、精確に比較できる職種ごとの数値は入手できていないのだが、わかる範囲で関連専門職種の離職率を見ると、たとえば看護師の場合、日本看護協会による「病院における看護職員需給調査」によれば、２０１１年度常勤10・９％、新卒７・５％、２０１２年度常勤11・０％、新卒７・９％、２０１３年度常勤11・０％、新卒７・５％と報告されている[19]。

また、介護労働安定センター「介護労働の現状について―（各年度）介護労働実態調査―」によれば、２０１１年度介護職員における正規職員の離職率15・５％、非正規職員23・２％、訪問介護員の正規職員16・

表５－５　新規大学卒業者の産業分類別卒業後３年の離職率推移

失業年（各年3月）	2003年	2004年	2005年	2006年	2007年	2008年	2009年	2010年	2011年
調査産業計	35.8	36.6	35.9	34.2	31.1	30.0	28.8	31.0	32.4
製造業	22.7	23.3	22.2	20.5	17.9	16.7	15.6	17.6	18.7
小売業	42.9	44.5	44.1	41.9	36.8	36.2	35.8	37.7	39.4
医療、福祉	41.3	43.5	44.3	43.5	40.3	39.6	38.6	37.7	38.8

注）厚生労働省「新規学卒者の離職状況に関する資料一覧」より作成。http://www.mhlw.go.jp/topics/2010/（2015/01/20）

８％、非正規職員13・２％、２０１２年度介護職員における正規職員の離職率15・２％、非正規職員22・１％、訪問介護員の正規職員18・０％、非正規職員12・９％、２０１３年度介護職員における正規職員の離職率14・８％、非正規職員22・６％、訪問介護員の正規職員18・０％、非正規職員12・８％となっている。[20] 看護に比較して介護の離職率は高いことは明白である。保育士は、「平成25年社会福祉施設等調査」（厚生労働省統計情報部）データに基づく結果によれば、保育所保育士（常勤のみ）の離職率は10・３％、うち公営７・１％、私営12・０％となっている。[21]

ついでに新規大学卒業者の３年以内の離職率を見ると（表５−５）、年次によって違いはあるが、産業別にみた「医療、福祉」は調査産業計に較べると高く、ほぼ小売業と似た数値の推移を見せていることがわかる。製造業と「医療、福祉」との差はかなり大きく、ほぼどの年次も20％以上は「医療、福祉」分野の方が高い。そして２００３～２０１１年のおよその平均では、「医療、福祉」産業に就職した養成校の卒業生たちは、就職後３年以内に40％近くが離職している現実もある。調査産業計が30～35％の水準なので、それと比較しても高い傾向にあることは確認できる。

表5－6　専門職と賃金格差（2013年）

職業	年齢	勤続年数	決まって支給する現金給与額（千円）A	年間賞与その他特別給与額（千円）B	年間給与総額（千円）C
医師	41.0	5.5	833.2	720.1	10718.5
弁護士	39.7	6.1	730.7	3124.8	11893.2
公認会計士、税理士	38.1	8.4	546.4	1614.4	8171.2
薬剤師	39.1	7.6	370.6	879.4	5326.6
看護師	38.0	7.4	328.4	782.7	4723.5
准看護師	46.7	10.2	278.7	642.8	3987.2
看護補助者	43.9	7.2	198.9	432.6	2819.4
理学・作業療法士	30.7	4.8	277.3	637.4	3965.0
栄養士	34.7	7.1	234.0	591.0	3399.0
保育士	34.7	7.6	213.2	539.6	3098.0
幼稚園教諭	32.1	7.5	225.9	643.3	3354.1
福祉施設介護職員	38.7	5.5	218.9	444.8	3071.6
調理士	43.0	8.5	248.4	335.3	3316.1
地方公務員一般行政職	42.8				6368.5
地方公務員小・中学教員	43.6				6452.4

注1）地方公務員を除く職種の年間給与総額（C）はA×12カ月＋Bで算出。
2）地方公務員のAは「平均給与月額」、年間給与総額（C）はA×12カ月＋「時間外勤務手当等を除いた平均給与月額」×3.51カ月で算出。
3）「2013年賃金構造基本統計調査・職種別第1表」、「2013年地方公務員給与実態調査結果等の概要」（総務省）より作成。

(3) 賃金格差状況

次に労働条件の大事な要素の一つである賃金の格差の現状を見ておきたい。よく知られていることでもあろうが、あらためてその格差が大きいことが注目される。表5－6は年齢や勤続年数なども違いがあることをそのまま前提にして並べただけのものなので、厳密な比較にはならない。それでも大まかに言えば、たとえば医師と福祉施設介護職員や保育士とは3倍近くの開きがあり、看護師とも2倍以上の開きがあることはわかる。とくに保育士と介

護職員の低さは、この表でもっとも低い看護補助者とともに際立っている。すでに見てきた入学や卒業時における忌避傾向あるいは離職率の高さなどの理由を裏付ける一つの要因と言っていい。それゆえ「労働力不足」もまた、つまるところ、ケア関連専門職におけるこの種のケアの社会的評価の低さとかかわった社会的問題なのである。

関連して補足しておけば、垣内国光らは、厚生労働省は対人ケアの専門性の高低については明らかにしていないが、補助金単価として明確な賃金ヒエラルヒーを敷いていること、たとえば厚労省が児童福祉施設（保育所を除く）への国庫補助算定基礎とする児童福祉施設職員の本俸基準額は、看護師、児童指導員、家庭支援専門相談員、事務員、保育士の順で低くなっている事実を示し、「保育士は、その児童指導員や事務員より低い俸給表基準である」[22]と指摘している。

このように見ると、同じケア関連専門職として括ってみても、その求められるスキルの水準やその獲得のための修業年限や学歴などの差違が、そしてとくに介護職や保育職などでは専門職としての教育・訓練なしのケアラーとの「混在化」の影響が、このような賃金格差に反映されていると考えられる。しかし、これらの動向とさらに教員を含む地方公務員との比較もまた大いに注目しておきたいところである。それはスキルの獲得必要教育年限では説明できないことでもあるからだ。

なお、この表で看護補助者なども取り上げているのは、実際の看護現場においてもこのような存在が小さくない役割を果たしているだろうということ、介護の現場においても介護福祉士以外の介護職員、いわゆるホームヘルパーといわれる訪問介護従事者の存在、あるいは保育現場でも保育資格を持たない「子育て支援員」などの利用があるからである。かれらは、職業分類では「専門的職業従事者」(大分類)の下での「保健医療従事者」「社会福祉専門職業従事者」(中分類)に括られる存在ではなく、「サービス職業従事者」(大分類)に括られる存在であり、職種別労働市場の階層の最底辺を支えている。

4　看護師、介護福祉士、保育士の潜在化の意味

免許保持者あるいは資格登録者数からある時点でその職業に従事している人数を差し引いたものを「潜在者数」(潜在看護師、潜在介護福祉士、潜在保育士等)として、その「大きさ」が「労働力不足」とともに社会問題となるとき、その量の把握及び離職理由や再就職あるいは就業継続の条件などにかかわる事柄が調査研究の対象となってくる。

では、そもそもそれぞれの専門職領域における「潜在者数」はどれほどなのか。ここでもデータの精度の問題が絶えず付きまとうが、たとえば看護職の場合、ある報告によれば約71万人(推計値)としている。[23] また宮崎悟によれば、以下のように推計されている。すなわち、推計潜在看護職員数は、推計免許保持者数から「衛生行政報告例」による各年度末時点での就業看護職員数を差し引いたものであり、2010年度末時点で約63万人、潜在率は約31・6%である。そして、潜在率ではなく就業率を見ると、結婚・出産のような女性のライフイベント時期に一時的に下がっており、一般的な女性との類似性が高いことを確認できるとしながら、「看護師ではライフイベントによる影響が薄れつつ

表５－７　看護職員の潜在者数推計（65歳未満）

	2004年	2006年	2008年	2010年
免許保有者数	1,840,837	1,895,601	1,950,769	2,003,188
看護職員数	1,193,955	1,240,153	1,299,748	1,369,596
潜在者数	646,882	655,448	651,021	633,592
潜在率	35.14	34.58	33.37	31.63
看護職就業率	64.86	65.42	66.63	68.37
うち看護師	71.83	71.72	72.75	74.38
准看護士	53.7	54.33	54.72	55.49
一般就業率（参考）	68.69	69.94	70.74	70.09

注）いずれも男女計の数値。なお看護職の女性割合は2010年時点で94.4％である。また一般就業率は総務省「労働力調査」の数値だが、そのほかは宮崎による推計。宮崎悟「看護人材の就業率の推移―再検討した潜在者数推計方法による結果から―」『ITEC Working Paper Series』（12-04）、2012年、掲載の表1、表2を加工。

あったのに対し、准看護師ではこの影響が根強く残ったことが示唆された[24]」としている。ここで宮崎の推計表を加工した表５－７を掲載しておこう。

ところで、潜在化の契機となった退職の理由にはどんなことが影響しているのか。先に一般女性との類似性が確認されたとあるが、具体的に見ておこう。関連するデータはいくつかあろうが、ここでは厚生労働省が、退職した看護職員の状況について調査を行うのは今回が初めてとする「看護職員就業状況等実態調査結果」（２０１１年３月31日）のそれを紹介しておこう[25]。

ここから退職理由（主な理由三つまで、n＝11,999）でおよそ10％程度までのものをあげてみると、出産・育児のため22・１％、その他（詳細は不明）19・７％、結婚のため17・７％、他施設への興味15・１％、人間関係がよくないから12・８％、超過勤務が多いため10・５％、通勤が困難なため10・４％、休暇が取れない・取りづらいため10・３％、夜勤の負担が大きいため９・７％、責任の重さ・医療事故への不安があるため９・６％となっている。

表5－8　A：介護福祉士従事率（介護福祉士従事者数／介護福祉士登録者数）及びB：介護職員（介護福祉士数把握可能な施設等のみ）に占める介護福祉士として従事する者の割合

	2000年	2002年	2004年	2006年	2008年	2010年	2012年
介護福祉士登録者数	210,732	300,627	409,369	547,711	729,101	898,429	1,085,994
A（%）	62.4	58.6	53.6	54.9	55.6	58.7	58.4
介護職員数	548,924	755,810	1,002,144	1,171,812	1,279,732	1,478,691	1,685,574
B（%）	24.2	24.0	23.9	25.6	31.7	35.7	37.6

注）2014年9月2日第5回福祉人材確保対策検討会資料「介護人材と介護福祉士の在り方について」13頁、14頁掲載資料から作成。出典はAは厚生労働省「介護サービス施設・事業所調査」及び社会福祉振興・試験センター「各年度9月末の登録者数」。Bは厚生労働省「介護サービス施設・事業所調査」である。なお介護職員数は「介護福祉士数把握可能な施設等」に限らない職員数。

なお再就職に関して少し見ておくと、日本看護協会広報部『都道府県ナースセンター登録データ』分析結果――潜在看護職員の就業に関する報告」（２０１４年）によれば、この「10年間の求職者の推移を年代別にみると、40代以上は増加傾向にある。また、病院への就職を希望する求職者は年齢とともに減少している一方、介護保険施設・事業所への希望は年齢とともに増加している」「希望している雇用形態別にみると、常勤を希望する求職者は減少傾向にある。……多様な働き方を望む求職者が増えてきた[26]」としている。

次に介護職員について潜在状況を見ておこう（表５－８）。ここからは、介護福祉士登録者数に対する介護福祉士としての実際の従事率を見ると、２０００年～２０１２年の間ではおよそ54～62％であることから、潜在率は46～38％程度であると推計されてくる。しかし、ここで興味深いもう一つの事実は、徐々に高くなってきているが、そもそも介護福祉士の資格を持つ者の介護職員のなかでの比率が37・6％（２０１２年）に過ぎないということである。給与格差のところでも示唆したが、介護の就業現場で介護福祉士の割合が高くないこと、すなわち、介護福祉士の資格を持たない職員との混在化によって、それが介護一般の専門性もより低く評価されることにつながっていくと仮定すると、その影響は介護福祉士に対する待遇条件にも反映するのは当然だろう。

なお関連する資料（厚生労働省「福祉人材の確保について」２０１４年）によれば、「過去働いていた職場を辞めた理由（介護福祉士：複数回答）」は、結婚、出産、育児31・７％、法人・事業所の理念や運営のありかたに不満があった25・０％、職場の人間関係に問題があった24・７％、収入が少なかった23・５％、心身の不調（腰痛を除く）、高齢22・０％、労働時間・休日・勤務体制が合わなかった18・９％、腰痛14・３％、専門性や能力を十分に発揮・向上できない職場・仕事だった13・２％、家族等の介護・看護13・１％、将来の見込みが立たなかった12・２％、いろいろな職場を経験してみたかった10・９％などとなっている[27]。

次に保育士について見ておくと、ある厚生労働省資料は、２０１３年時点で「保育士登録者数は約１１９万人、勤務者数は約43万人、潜在保育士（保育士資格を持ち登録されているが、社会福祉施設等で勤務していない者は約76万人[28]）としている。さらに少し古いが、２００９年から厚生労働省内に設けられた保育士養成課程等検討会の「保育士養成課程等の改正について（中間まとめ）」（２０１０年３月24日）では、この時点での潜在保育士の推計値を60万人以上としている。この文書は養成をめぐる前後関係も含めて全体の状況がわかりやすく説明されているので、あらためて引用しておこう。

「養成施設では、毎年約４万５千人が保育士資格を取得しているが、その約８割は幼稚園教諭免許一種または二種を同時に取得しており、全国統計では、養成施設を卒業して保育所に勤務する者が約46%、幼稚園に勤務する者が約21%となっている。しかし、保育士の平均勤続年数は全産業平均に比べ、低い現状にある。また、保育士資格取得者のうち現在は保育に従事していない者が60万人以上いると考えられる。保育士資格は、養成施設を卒業するほか、保育士試験に合格することにより取得できる……保育士試験により毎年、約4000〜5000人が保育士となっており、試験による資格取得者は全体の約1割となっている[29]」

ところで、この潜在保育士を考える場合の条件として、ここで東京都福祉保健局による『東京都保育士実態調査結果（報告書）』のデータを利用しておきたい[30]。この調査は2008年4月から2013年3月までの東京都保育士登録者（書き換え登録等も含む）3万1550人に対して実施され、その有効回収数が1万5369件（54・7%）であったことからすると、かなりの精度をもって現状を映し出していると思われる。

それによれば、現在の就業状況別では、保育士として就業中53・4%、保育士以外の職種で就業中（保育士就業経験あり）8・4%、保育士以外の職種で就業中（保育士就業経験なし）18・6%、未就業（保育士就業経験あり）10・2%、未就業（過去も就業経験なし）6・0%、無回答3・4%、となっている。ここで興味深いのは、どこまでを潜在保育士とするかは、何らかの業種に就業している場合をこれに含めないとすれば、無回答の3・4%を除く残りの16・2%が保育士登録はしているけれどどこにも就業していない潜在保育士（専業主婦・無職等）となる。もし就業者も含めれば、潜在保育士は無回答を除く43・２％と推計される。なお、同じデータから保育士を辞めた理由について見ておくと（複数回答）、結婚・出産25・７％、給料が安い25・５％、職場の人間関係20・６％、結婚20・４％、仕事量が多い20・３％、労働時間が長い17・５％、健康上の理由から（体力を含む）15・７％、他業種への興味14・３％、子育て・家事12・１％、転居10・８％などとなっている。

以上、看護師、介護福祉士、保育士の潜在化状況について見てきたが、これらが「労働力不足」として問題になっている以上、当然のことながら対応策も取られている。しかしそこでの共通する特徴は、離職防止、離職時及び潜在している状態にある場合の基本的な情報の収集、関連機関におけるその情報の共有及び再就職支援の充実にある。ここで最近の動きについて少し言及しておこう。

たとえば看護職の場合、都道府県ナースセンター（１９９２年「看護師等の人材確保の促進に関する法律」により設置、各都道府県看護協会が運営）が中心となって、潜在化している看護職の復職支援を図ることを目的に同法の改正（２０１５年）行われ、離職する場合の「看護師等の届け出制度」が発足したところである。その徹底とその後の「つながり」の維持や支援などの充実、あるいはハローワークとの連携による再就職支援が中心となっている。[31]

介護福祉士の場合はしかし、このような動きはなお遅れているようで、社会保障審議会福祉部会配布資料「２０２５年に向けた介護人材の確保～量と質の好循環の確立に向けて～」（２０１５年２月25日同部会福祉人材確保専門委員会）」によれば、「平成27年10月に施行されるナースセンターの取組を参考に、離職した介護福祉士の届出制度を創設し、離職者情報の把握を行うことにより、介護との『つながり』を確保するとともに、求職者になる前からの介護分野に係る情報提供等の総合的な支援を行う」「求職者となった潜在介護福祉士等に対し、離職期間中のブランクによる不安感を払拭するため、専門的介護技術の再研修や、マッチングと一体的な職場体験等の再就業支援により、復職しやすい環境づくりを行う[32]」としている。

保育士の場合、「待機児童解消プラン」の確実な実施のための「保育士確保プラン」(2015年1月)が公表され[33]、そこで保育士確保対策検討会の設置が決められ、潜在保育士の保育士・保育所支援センター(都道府県社会福祉協議会、民間保育関係団体、自治体直営などがある)への登録促進を図るための方策等、潜在保育士の掘り起こしのための効果的な方策について検討するとしている。またその検討会による「報告書」(「保育の担い手確保に向けた緊急的な取りまとめ」(2015年12月4日)では、今後の取り組みとして、「保育士・保育所支援センターによる保育士登録簿を活用した就職促進」「離職者届出制度の活用促進」「採用時期に合わせたマッチング強化[34]」などに言及している。

このように、それぞれの対応策にはほぼ共通したものがあるが、潜在化の背後にある構造的な問題に対しては、ワークライフバランスなどの文言はあるものの、どのようにこれを変革するかには言及されていないのも共通している特徴である。

結局、潜在化現象は何を意味しているのか。ここでは、これまで見てきたとき、何らかの特別な教育・訓練を長期にわたって受けなければ身につけることが困難なスキルのレベルという視点からすると、社会的評価としても相対的には高い看護師も潜在化を余儀なくされていること、男性看護師も増えてきたとはいえ、圧倒的に看護師は女性であることがポイントとなる。すなわち、保育士・幼稚園教諭や介護福祉士・介護職もきわめて強くジェンダー化された職業であるが、同じく歴史的に、制度的にジェンダー化されてきた職業である看護師もまた、なお「女性のライフイベント」の前に就業継続が阻止されている。そして看護を除けば、一般に関連する労働市場の評価は低い。むろん先に見たように、たとえば子育て後（潜在化後）の職場復帰もあり、そのための行政的な支援もないわけではないのだが。このような「潜在化」をめぐる動向は、山根純佳の言い方を借りれば、「ケア労働市場のジェンダー構造の再生産メカニズム[35]」の一環の表面化としても捉えることができる。

5　官僚システムのなかの社会福祉士——その存在感の希薄さ

看護師や介護福祉士あるいは保育士の潜在化が問題化しつつあることとはかなり位相が異なり、一般には「問題」が周知されているわけではない。しかし、業界内部において大きな問題としてしばしば取り上げられるのが、社会福祉主事と社会福祉士との関係性のことである。

では社会福祉主事とは何か。社会福祉主事とは、社会福祉法（第18条）によって、福祉事務所に置かれ、都道府県と市及び町村（福祉事務所を設置している）では異なるが、後者で言えば、生活保護法、児童福祉法、母子及び父子並びに寡婦福祉法、老人福祉法、身体障害者福祉法並びに知的障害者福祉法に定める援護、育成又は更生の措置に関する事務を行うことを職務とするとされている。そして、同法第19条によって、「……年齢20年以上の者であって、人格が高潔で、思慮が円熟し、社会福祉の増進に熱意があり、かつ、次の各号のいずれかに該当する者のうちから任用しなければならない[36]」と

表5－9　社会福祉主事任用資格が必要な職種

行政	福祉事務所	現業員、査察指導員、老人福祉指導主事、家庭児童福祉主事［児童福祉事業従事2年以上等］ 家庭相談員［児童福祉事業従事2年以上等］、母子相談員
	各種相談所	知的障害者福祉司［知的障害者福祉事業従事2年以上等］、身体障害者福祉司［身体障害者福祉事業従事2年以上等］
		児童福祉司［児童福祉事業従事2年以上等］
社会福祉施設　施設長、生活指導員等		

注）［　］内は、社会福祉主事任用資格に加えて必要な要件。厚生労働省「社会福祉主事について」より作成。http://www.mhlw.go.jp/bunya/seikatsuhogo/shakai-kaigo-fukushi8.html（2015/09/17）

されている存在である。その「該当する者」には、代表的には大学等において社会福祉に関する科目を3科目以上修め卒業した者も入ることから、一般に「三科目主事」と呼ばれている。具体的な職種は表5－9のとおりである。

なおここで使われている「任用」の意味について言及しておけば、これまでもしばしば出てきた業務独占や名称独占という資格と比較すると、簡単に言えば以下のように特徴づけることができる。すなわち、業務独占資格とは、その業務に就くにあたって、その名刺（資格）は必ず必要であり、持たねば就けないものである（その意味で「禁止事項」の強調とともにある）。名称独占資格とは、その業務に就くにあたって、その名刺（資格）は必ずしも必要ないが、あれば望ましい、生涯にわたって持つことができる、しかしなければ名乗れない。それに対して任用資格とは、その業務に就くにあたって、その名刺（資格）はそのときだけ必要なものだが、就かなくなれば名刺もなくなり、もちろん名乗れなくなり、使えなくなる。

ところで問題は、社会福祉主事の歴史的な性格もあり、社会福祉の現場では、社会福祉主事と社会福祉士などが「並列扱い」されている現実があることである。このことは、とくに社会福祉士などを養成する立場あるいはその専門職としての社会的評価を高めることを願う立場からは、こう捉えられることとなる。社会福祉職は相談業務にかかわる職員であり、国家資格取得者としての社会福祉士や精神保健福祉士が活用されることが期待されるが、実際の相談業務に従事する者には国家資格取得者がきわめて少ない。福祉職は公務員として従事する場合等も一部あるが、圧倒的多数は社会福祉法人や医療法人に雇用されており、この間の福祉事業の民営化・多元化を受けて、株式会社などの営利法人や民間非営利法人で従事する者も増えてきている。そのことを踏まえつつ、日本学術会議社会学委員会福祉職・介護職養成分科会の提言は次のように言う。

「近年の動向として、社会福祉士や精神保健福祉士の資格取得者や受験要件の整っている者を受験要件とする採用試験が、地方自治体で徐々に実施されつつある」「しかしながら、地方自治体での多くの福祉職場では法的に社会福祉士や精神保健福祉士資格が社会福祉主事、児童指導員、児童福祉司、身体障害者福祉司、知的障害者福祉司といった任用資格と並列の扱いでの配置要件となっており、……専門性の高い人材がほとんど配置されていない(37)」

たしかに表５‐10はそのことをよく示している。社会福祉士の活用の現状はまさに名称独占の性格を表している。このあたり、社会福祉士の専門性と社会福祉主事との専門性の差異、あるいは第４章で触れたソーシャルワーカーと社会福祉士との差異など、なお整理されないままに今日に至っている現実を反映している。とくに歴史的には、社会福祉主事の評価にかかわって言えば、次のようにも言

表5－10　社会福祉士の活用状況

資格職種名	福祉事務所における社会福祉士の任用状況（2012年）			施設種類名	相談援助にかかる職員に占める社会福祉士割合（2012年）		
	総数	うち社会福祉士	比率		総数	うち社会福祉士	比率
生活保護担当査察指導員	2,910	128	4.4	保護施設	864	246	28.5
生活保護担当現業員	17,280	1,884	10.9	児童福祉施設*	14,954	1,776	11.9
児童福祉司	2,670	629	23.6	障害者支援施設等	61,676	4,448	0.1
身体障害者福祉司	243	40	16.5	介護老人福祉施設等	9,818	3,014	3.2
知的障害者福祉司	134	20	14.9	介護老人保健施設等	6,783	2,725	40.2

注）*保育所は除く。第6回福祉人材確保対策検討会（2014年10月3日）資料1「社会福祉士について」11, 12頁掲載表より作成。出典は「福祉事務所」関連が厚生労働省社会・援護局総務課及び雇用均等・児童家庭局総務課調べ。また「相談援助」関連は厚生労働省「社会福祉施設等調査」及び「介護サービス施設・事業所調査」。

われてきたことも知っておきたい。

すなわち、一方で、紆余曲折はあったにしても、「日本の社会福祉の専門職は、資格という面で社会福祉主事がその中心に位置することになる。その社会福祉主事への評価としては、京極高宣（第3章補論参照：引用者）は、『かつて我が国はソーシャルワーカー不在の国といわれていた。そこには我が国特有の社会福祉制度の存在が背景にあった。……また、我が国の高学歴社会を反映して、大卒の社会福祉従事者が比較的多いこと……社会福祉主事資格を準用した教育訓練や研修が行われ、指導的社会福祉従事者の質をそれなりにカバーしてきた……』と指摘する。つまり、社会福祉主事などの専門職としての資格がなくても、日本の社会福祉は、なんとかなってしまっていた」[38]。しかも、社会福祉士及び介護福祉士法の法制化当時、第3章でも述べたように、社会福祉資格に関する社会的な注目はむしろ介護福祉士にあり、社会福祉士については十分な議論がなされないままであった。

他方でしかし、「学校連盟など……社会福祉主事を廃止し、社会福祉士がそれにとって代わることを提案しているが、厚生労働省は、その管轄の範囲を超える公務員の配置という課題を含んで……取り組むことをしない」[39]。あるいは「社会福祉の在り方自体が変化し続けている現在においては、社会福祉主事任用資格の意義を見出すことができない」「今後は、社会福祉士の職域拡大のためにも、社会福祉主事資格の廃止も視野に入れて、再編されるべきであろう」[40]とする主張もある。とくに職能団体や養成校関係者等からの「社会福祉士の任用拡大」の要望は依然として大きい[41]。しかし現実は変わっていない、ということである。

さらに大事な点として、社会福祉主事にしても社会福祉士についても、どこまで専門職としての「自主性」「自律性」といった要素が担保された存在か、ということがある。この点はしばしば専門職論の大きな論点だが、ここでは大和田猛の見解を引用しておきたい。

「社会福祉の分野における権限は、基本的に社会福祉職に付与されているのではなく、社会福祉の機関や施設に与えられているという事情があるからである。機関や施設を離れても行使できる権限は、社会福祉職の場合、ないに等しい。つまり、専門性を構成する要素のうち権限に関しては、属人的ではなく、あくまで属機関的、属施設的なのであって、このような状態では、ソーシャルワーカーやケアワーカーの個人の知識や技術がどれほど優れていても、権限の行使においては機関や施設に従属せざるをえない。つまり、ソーシャルワーカーもケアワーカーも機関や施設に対する専門職としての自立性はいちじるしく低い。利用者の自立支援を標榜しながら、業務遂行上の専門職としての権限のなさ、自立性の低さはどのようにとらえればよいのであろうか。このことは、ケアマネージャーの専門性にも同じことがいえる。社会福祉専門職は、たとえばその知識や技術が専門職のレベルに達しているとしても、またすぐれた人格を有しているとしても、専門性を担保する権限や権威が低く、専門職資格としての社会福祉士および介護福祉士が名称独占のまま維持される限り、社会的承認を得ることも困難である。したがって、準専門職としての位置づけから脱却することは相当の時間を要する」[42]

もともとソーシャルワーカーの出自が民間の慈善事業やセツルメント運動にあるということからすれば、同じ相談援助活動を行うにしても、日本の社会福祉士が国家資格取得を前提に学校で養成され、その後はこれを公務員や民間福祉施設などの組織の一員として「行政上の業務」として行うという構図に対して、「理想的なソーシャルワーカー論」とさまざまな点で矛盾する感覚を持つのは当たり前かもしれない。もちろんこのことは、他職種においても、組織に雇用されている以上何らかの形でぶつかる問題でもある。

6　社会的評価をめぐる専門職団体等の対応——内部からの資格階層化の追求

これまで述べてきた各専門職の待遇条件や労働市場の一般的特徴、行政的にも対策の重要な対象となっている潜在化したケア関連専門職の存在、それとは性格を異にするが関連領域で任用拡大が進まない社会福祉士（介護福祉士もまた）の問題、そして全体として受験生の人気が落ちてきているとされる社会福祉関連養成校。このような背景の下に、それぞれの関連する職能団体がそれぞれの専門職としてのありようをどのように展望しようとしているか、本章でのおわりに、そのような動きを概観しながら、行政側の対応についても見ておきたい。

まず注目しておきたいのは、それぞれの業界が持つキャリアパスと専門性向上あるいは業務領域拡大（裁量権の拡大とリンク）といった志向性ともかかわって、関連団体の認定による新たな資格が生まれてきていること、あるいは検討されていることである。

たとえば看護の場合、資格認定制度として１９９４年に専門看護師制度、１９９５年に認定看護師制度、１９９８年に認定看護管理者制度を発足させている。概略、「専門看護師」は看護系大学院修士課程修了者で日本看護系大学協議会が定める専門看護師教育課程基準の単位取得と実務研修が通算５年以上（うち3年以上は専門看護分野のそれであること）と認定審査による合格。「認定看護師」は通算5年以上の実務研修（うち3年以上は認定看護分野のそれであること）、認定看護師教育課程修了及び認定審査の合格。また「認定看護管理者」は、実務経験が5年以上及び以下のいずれかの要件を満たすこと（認定看護管理教育課程サードレベルを修了している、修士号取得後の実務経験が3年以上あること、師長以上の職位で管理経験が3年以上ある者で看護管理専攻の修士号取得者など）と認定審査の合格、といった内容である[43]。

その背景にはまた、次のような学会・団体の主張がある。２００８年の日本学術会議健康・生活科学委員会看護学分科会の提言はこう述べている。「日本看護系学会協議会においても、各学会単位で看護師の能力と役割拡大について検討した。その結果、看護師等、認定看護師（Certified Expert Nurse）および専門看護師のそれぞれのもつ判断能力、実施技術のレベルを考慮し、看護師等、認定看護師および専門看護師の役割拡大を認めることによって、国民の健康向上に寄与できると思われる医療行為を検討している。専門看護師独自の裁量をさらに発展させ医療行為にさらに踏み込んで自律的に行えるよう検討することによって、国民の健康に寄与できる可能性があるからである[44]」。

なおさらに、看護関係者が進めようとする、医行為にも踏み込むいわゆるＮＰ（ナースプラクティショナー：Nurse Practitioner）の具体化と厚生労働省の進める「特定看護師」構想をめぐる議論もこの延長上にも捉えられる。この点に関しても、先の看護学分科会の新たな「提言」（２０１１年）はこう述べている。「２０１０年3月19日に『チーム医療の推進について』という報告書が出され、看護師の役割拡大について踏み込んだ記述があったものの、医師法による規制の緩和にはいたらず、ナースプラクティショナーの創出はこの時点で頓挫してしまった。この過程で特定看護師（仮称）という枠組みが提示されたが、それはグローバルスタンダードで言うところの高度実践看護師の概念とは明らかに異なるものであった[45]」。しかしこのような違いはあるものの、ともに新たな上位職種を提起していることには変わりはない。

こうした動きは社会福祉士においても見られ、２００６年頃から「専門社会福祉士」（仮称）の検討が進められ、最終的には２０１１年に「認定社会福祉士認証・認定機構」が設立され、「認定社会福祉士」及び「認定上級社会福祉士」が生まれることとなった。同機構の説明文では、「社会福祉士の資格は、国家試験に合格し、登録を行うことによって付与されます。しかし、資格の取得はあくまでも専門職で実践を行うための〝スタートライン〟であり、試験の合格が実践力を証明しているわけではありません。そこで、高度な知識と卓越した技術を用いて、個別支援や他職種との連携、地域福祉の増進を行う能力を有する社会福祉士のキャリアアップを支援する仕組みとして、実践力を認定する『認定制度』を制定することになりました」[46]としている。なおその要件は、「認定社会福祉士」では、社会福祉士の資格、ソーシャルワーカーの職能団体の正会員、５年以上の実務経験及び認められた機関で研修を受講していること、などとなっている。しかし介護関係では、２０１５年12月にようやく「認定介護福祉士認証・認定機構」が設立されたところである[47]。

他方、以上のようないわば専門性の向上・キャリアパスの設置・社会的地位の向上などとは「反対」の動きも見ておかなければならない。そこには、先に見た潜在化問題への効果的な切り札を持たない、あるいはそういうことが「防止」できない構造的な問題が横たわっていることからする、財政状況を背景にした行政主導の緊急的な「労働力不足」問題への対応がある。その代表的なものが介護と保育に代表される「すそ野を広げる」戦略と要件緩和である。

たとえば、介護福祉士に関しては介護人材の確保という点から（かつては介護福祉士の任用拡大というニュアンスがあったものの）、社会保障審議会福祉部会福祉人材確保専門委員会（２０１５年２月25日）では、これまでのすべての介護人材が介護福祉士であるべきとの考え方を転換し、すそ野を広げた「富士山型」の人材確保のあり方へと構造転換させ、「介護を担う人材層は連続的であるが、『介護福祉士』、『研修等を修了し一定の水準にある者』、『基本的な知識・技能を有する者』という概ね３つの人材層に大別することが考えられる」[48]としたのである。このことは当然ながら、さらに業界内で資格格差が拡大することを意味している。

また保育士に関しては、２０１５年1月の「保育士確保プラン」において設置されることとなった保育士確保対策検討会による「報告」（「保育担い手確保に向けた緊急的な取りまとめ」２０１５年12月４日）では、「保育における労働力需給に対応するよう、保育の質を落とさずに、保育士が行う業務について要件を一定程度緩和することにより、保育の担い手の裾野を拡げるとともに、保育士の勤務環境（就業継続支援）につなげる必要がある」[49]として、朝夕の保育士配置の要件弾力化などに合わせて「保育士資格を有しない者」の採用を方針として打ち出している。なお「保育士資格を有しない一定の者」に関しては、「保育士資格を有しないが当該施設等で十分な業務経験を有する者」「子育て支援員研修を修了した者」「家庭的保育者」など、適切な対応が可能なものに限るとしている。[50]しかしこれもまた、介護分野と同じ問題をはらむことになる。

いずれにしても、大きなケアの「見えない壁」にぶつかって閉塞状態に陥ることを避けつつ、それぞれ「分断された内部」から新たな資格階層化が追求されているようにも見える。だがそれはまた、「格差という壁」が内部において重層化することにつながりかねないことでもある。そしていま、厚生労働省主導で進められようとしているのが、一方での介護や保育領域に代表されるような「すそ野を拡げる」動きとともに、他方でのそこにおける領域間の壁を越える新たな「分野横断的」な「共通資格」の設定の構想である。具体的にはまだ不明なところも多いが、たとえば厚生労働省内のプロジェクトチームによる「誰もが支え合う地域の構築に向けた福祉サービスの実現―新たな時代に対応した福祉の提供ビジョン―」（２０１５年９月17日）の構想提案、[51]あるいはやはり同省内において検討が始められたという看護師や介護福祉士、保育士等を含む「医療・福祉人材」の養成課程の一部を共通化する方針[53]などは、一方での厚生労働省などの方針にも支えられた職能団体の志向するキャリアパス方策（段位化）の方向とともに、注目されるところである。

【注・文献】

（1）厚生労働省「平成25年国民生活基礎調査の概況」32頁。
（2）朝日新聞2016年4月29日付。詳細は内閣府男女共同参画局『育児と介護のダブルケアの実態に関する調査報告書』株式会社NTTデータ経営研究所、2016年、参照。
（3）エヴァ・フェダー・キティ（岡野八代＋牟田和恵＝監訳）『愛の労働あるいは依存とケアの正義論』白澤社、2010年（原著出版は1999年）、98〜99頁。
（4）『同右書』122頁。
（5）『同右書』96頁。
（6）『同右書』97頁。
（7）木下康仁「ケアラーという存在」庄司洋子編『シリーズ社会学④親密性の福祉社会学―ケアが織りなす関係―』東京大学出版会、2013年、207頁。
（8）西澤弘「職業分類」『日本労働研究雑誌』No.633/April 2013、42頁。
（9）西澤は、右の論文において、国際標準職業分類はISCO‐88で著しい変貌を遂げたこと、しかし日本の「1997年、2009年の改定では、我が国の社会・職業の現実（学歴と職業との結びつきが緩やかであること、技術者とテクニシャンあるいは専門職と準専門職との区分が難しいことなど）を踏まえて、いずれもスキル概念の導入が見送られている」(45頁) ことを指摘している。
(10) 西澤弘「同右論文」44頁。
(11) 独立行政法人労働政策研究・研修機構 (執筆西澤弘)「職業紹介における職業分類のあり方を考える―「労働省編職業分類」の改訂に向けた論点整理―」『労働政策研究報告書』No.37、2006年、29頁。
(12) 独立行政法人労働政策研究・研修機構 (執筆西澤弘)「資料シリーズNo.101 職業分類の改訂記録―厚生労働省職業分類の2011年改訂―」2012年、15頁。
(13) 門田理世「海外の保育者養成制度」日本保育学会編『保育学講座④保育者を生きる―専門性と養成―』東京大学出版会、2016年、287頁。そこでは「保育士・幼稚園教諭の養成歴が世界的に見て高い水準にある日本」としている。一見真理子「OECDの保育(ECEC)政策へのインパクト」日本保育学会編『保育学講座②保育を支えるしくみ―制度と行政―』東京大学出版会、2016年、137頁、も同様な指摘をしている。
(14) 日本看護系大学協議会「看護系大学の教育等に関する実態調査―2013年度状況調査―」同『平成26年度事業活動報告書』2014年、132頁。
(15) 一般社団法人日本社会福祉教育学校連盟「社会福祉系大学等における卒後進路の検証に関する研究―中間報告―」2014年、34頁。なお、その傾向は2014年3月卒業生も変わらない。同『社会福祉系大学等における卒後進路の検証に関する研究」報告書』2015年、2~3頁。
(16) 法務省第8回第6次出入国管理懇談会 (2014年4月21日) 配布資料4、公益社団法人日本介護福祉士養成施設協会副会長・田中博「介護人材に関する意見」4頁。なお出典は日本介護福祉士養成施設協会「介護福祉士養成施設の現状と課題」(2014年) である。www.moj.go.jp/content/000124153.pdf (2016/04/21)
(17) 日本学術会議社会学委員会福祉職・介護職育成分科会「提言 福祉職・介護職の専門性の向上と社会

的待遇の改善に向けて」（２０１１年９月20日）10頁。
(18) 厚生労働省雇用均等・児童家庭局保育課「指定保育士養成施設種別ごとの保育士となる資格取得者の就職状況」（２０１４度末）。第３回保育士等確保対策検討会（２０１５年12月４日）参考資料１「保育士等に関する関係資料」。www.mhlw.go.jp/file/05-Shingikai-11901000.../s.1_1.pdf（2016/04/21）
(19) 日本看護協会広報部「２０１４年病院における看護職員需給状況調査」（速報）３頁。www.nurse.or.jp/up_pdf/20150331145508_f.pdf（2015/09/25）
(20) 公益財団法人介護労働安定センター「介護労働の現状について―平成26年度介護労働実態調査―」２０１５年。www.kaigo-center.or.jp/report/pdf/h26_roudou_genjyou.pdf（2015/09/25）
(21) 第１回保育士等確保対策検討会（２０１５年11月９日）資料４「保育士等における現状」７頁。http://www.mhlw.go.jp/file/05-Shingikai-11901000-Koyoukintoujidoukateikyoku-Soumuka/4.pdf（2016/04/09）
(22) 垣内国光・義基祐正・川村雅則・小尾晴美・奥山優佳『日本の保育労働者―せめぎあう処遇改善と専門性―』ひとなる書房、２０１５年、37頁。
(23) 第33回社会保障審議会医療部会」（２０１３年10月４日）資料２「看護職員確保対策について４頁。www.mhlw.go.jp/file/05-Shingikai.../0000025363.pdf（2015/09/25）
(24) 宮崎悟「看護人材の就業率の推移―再検討した潜在者数推計方法による結果から―」『ITEC Working Paper Series』（12-04）、２０１２年、16頁。
(25) 厚生労働省医政局看護課「看護職員就業状況等実態調査結果」（２０１１年３月31日）28頁。http://www.mhlw.go.jp/stf/houdou/2r98520000017cjh.html（2015/09/25）
(26) 日本看護協会広報部「『都道府県ナースセンター登録データ』分析結果――潜在看護職員の就業に関する報告」（２０１４年１月14日）５頁。www.nurse.or.jp/up_pdf/20140114163853_f.pdf（2015/09/25）

(27) 第６回社会福祉法人の在り方等に関する検討会（２０１４年2月20日）資料２「福祉人事の確保について」。www.mhlw.go.jp/file/05-Shingikai.../0000037804_1.pdf（2015/09/25）

(28) 第１回保育士等確保対策検討会（２０１５年11月９日）資料４「保育士等における現状」10頁。http://www.mhlw.go.jp/file/05-Shingikai-11901000-Koyoukintoujidoukateikyoku-Soumuka/4.pdf（2016/04/09）

(29) 保育士養成課程等検討会「保育士養成課程等の改正について（中間まとめ）」（２０１０年３月24日）２頁。http://www.mhlw.go.jp/shingi/2010/03/dl/s0324-6a_0001.pdf（2015/09/25）

(30) 東京都福祉保健局『東京都保育士実態調査報告書』（２０１４年３月）39、77頁。

(31) たとえば、厚生労働省医政局看護課第２回看護職員需給見通しに関する検討会（２０１５年12月18日）に提出された資料２「看護職員確保対策について」では、施策の柱として、①看護職員の復職支援の強化（看護師等免許保持者について一定の情報の届出制度を創設し、離職者の把握を徹底すること、ナースセンターが、離職後も一定の「つながり」を確保し、ライフサイクルを通して、適切なタイミングで復職研修等必要な支援を実施すること）、②勤務環境の改善を通じた離職防止、③社会人経験者の看護職への取り込み促進、などがあげられている。http://www.mhlw.go.jp/file/05-Shingikai-10801000-Iseikyoku-Soumuka/0000107369_11.pdf（2016/07/17）

(32) 社会保障審議会福祉部会福祉人材確保専門委員会（２０１５年２月25日）配布資料「２０２５年に向けた介護人材の確保～量と質の好循環の確立に向けて～」。http://www.mhlw.go.jp/stf/shingi2/0000075801.html（2016/04/16）

(33) 厚生労働省雇用均等・児童家庭局保育課「保育士確保プランの公表」（２０１５年１月14日）。http://www.mhlw.go.jp/stf/houdou/0000070943.html（2016/04/16）

(34) 厚生労働省保育士等確保対策検討会（２０１５年12月４日）配布資料「保育の担い手確保に向けた緊

急的な取りまとめ」。http://www.mhlw.go.jp/stf/shingi2/0000106584.html（2016/04/16）

(35) 山根純佳『なぜ女性はケア労働するか―性別分業の再生産を越えて―』勁草書房、２０１０年、２１７～２２６頁、参照。

(36) 詳細は厚生労働省「社会福祉士・介護福祉士等」の「社会福祉主事について」など参照。http://www.mhlw.go.jp/stf/seisakunitsuite/bunya/hukushi_kaigo/seikatsuhogo/shakai-kaigo-fukushi1/index.html（2015/09/25）

(37) 日本学術会議社会学委員会福祉職・介護職育成分科会「提言　福祉職・介護職の専門性の向上と社会的待遇の改善に向けて」（２０１１年9月20日）7頁。

(38) 小椋喜一郎「社会福祉士の評価」宮田和明・加藤幸雄・牧野忠康・柿本誠・小椋喜一郎編集『社会福祉専門職論』中央法規２００７年、１０５頁。

(39) 小椋喜一郎「同右」１０８頁。

(40) 坂下晃祥・田中秀和「社会福祉主事任用資格の歴史と課題」『花園大学社会福祉学部研究紀要』第19号、２０１１年、87頁。

(41) 第6回福祉人材確保対策検討会（２０１４年19月３日）「福祉人材確保にかかる意見」（公益社団法人日本社会福祉士会会長鎌倉克英）、「福祉を担う人材の確保について―社会福祉士国家資格の任用・活用・配置促進に向けて―」（一般社団法人日本社会福祉士養成校協会副会長上野谷加代子）。http://www.mhlw.go.jp/stf/shingi2/0000060228.html（2016/04/15）いくぶん古いがストレートにこのことを学術的立場から主張したものとして、日本学術会議第18期社会福祉・社会保障制度研究連絡委員会「ソーシャルワークが展開できる社会システムづくりへの提案」（２００３年）なども参照。

(42) 大和田猛「ソーシャルワークとケアワーク」大和田猛編著『ソーシャルワークとケアワーク』中央法規、２００４年、２７５～２７６頁。

(43) 日本看護協会資格認定制度「専門看護師・認定看護師・認定看護管理師」https://nintei.nurse.or.jp/nursing/ qualification/（2016/06/17）
(44) 日本学術会議健康・生活科学委員会看護学分科会「提言　看護職の役割拡大が安全と安心の医療を支える」（平成20年8月28日）７頁。
(45) 日本学術会議健康・生活科学委員会看護学分科会「提言　高度実践看護師制度の確立に向けて―グローバルスタンダードからの提言―」（２０１１年９月29日）18頁。
(46) 認定社会福祉士認証・認定機構「認定社会福祉士制度とは」http://www.jacsw.or.jp/ninteikikou/contents/02_seido/01_seido.html（2016/04/15）
(47) 一般社団法人認定介護福祉士認証・認定機構。http://www.nintei-kaishi.or.jp/home/（2016/05/17）
(48) 社会保障審議会福祉部会（２０１５年２月25日同部会福祉人材確保専門委員会）配布資料「２０２５年に向けた介護人材の確保～量と質の好循環の確立に向けて～」８頁。http://www.mhlw.go.jp/stf/shingi2/0000075801.html（2016/04/16）
(49) 厚生労働省「保育の担い手確保に向けた緊急的な取りまとめ」（２０１５年12月４日保育士等検討対策検討会）１頁。http://www.mhlw.go.jp/stf/shingi2/0000106584.html（2016/04/16）
(50)「同右資料」２頁。
(51) 厚生労働省・新たな福祉サービスのシステム等のあり方検討プロジェクトチーム「誰もが支え合う地域の構築に向けた福祉サービスの実現―新たな時代に対応した福祉の提供ビジョン―」（２０１５年９月17日）。www.mhlw.go.jp/file/05-Shingikai-12201000.../bijon.pdf（2016/10/25）ここでは、「幅広い業務があり多様性を有する福祉という業界全体でのキャリアステップを可能にすることが求められる。必ずしも一つの分野のみで働いていくのではなく、そのライフステージ等に応じて異なる分野で活躍できるよう、多様なキャリアステップを歩める環境の整備を検討する必要がある。また、新しい地域包括支援センターを確立するため、これらを担う福祉人材のあり方を検討する必要がある。その福祉人材としては、複数分野を束ね、必要とされる支援を実施するために業務や職員をコーディネートする者や、自らの専門分野の他に分野横断的な福祉に関する基礎知識を持つことにより様々な分野の基礎的な支援については臨機応変に担うことができる人材が求められている」（４頁）などと書かれてある。

(52)「看護師・保育士など人材確保へ――資格課程基礎を共通化」（朝日新聞２０１６年5月29日付朝刊）。これは、しばしば関係者の間で話題となるフィンランドの「ラヒホイタヤ」と呼ばれる資格とも関連したものだとも推測されるが、とくにこのラヒホイタヤの日本における応用に関しては、小野太一が述べているように、フィンランドにおける「ラヒホイタヤ資格取得のための職業教育はほとんどの場合自治体等の職業訓練校において行われ、勤務先の保健医療従事者も公的な主体が中心である」（小野太一「ラヒホイタヤの創設経緯等の日本への示唆」『海外社会保障研究』Vol.1 No.1、２０１６年、１５７頁）という指摘に留意しておくことが大事なポイントであろう。この他、関連文献はいくつかあるがこれ以上はここでは触れない。

第6章 専門職養成における連携教育の現状
――ケアの「見えない壁」をどこまで意識しているか

1　連携教育は期待に応えているか

国の縦割り行政ともかかわった専門職領域あるいは業界、それは連携視点からすれば横のつなぎを困難にする大きな壁となっている。それがまた、社会の基礎構造に横たわるケアをめぐる社会規範や評価格差の存在と関係して、それぞれの領域内部における資格階層分化を生み出すことにつながっている。一方、ケアを受ける側、たとえば乳幼児や子ども、患者、要介助者、要介護者、要生活支援者など、総じて利用者中心（当事者主権）のケアという考え方も浸透してきている。その利用者や家族（ケアラー）は、たいていは複数のケア関連専門職の連携の下での支援あるいは介入を必要としている。

そこには、実践現場における利用者の課題解決のための専門職間連携あるいは専門職・非専門職間連携の重要性の高まりがある。以下では、そのことを直接主たる議論の対象とするわけではない。それを前提に、現場に入る前あるいは途中での事前準備、とくに専門職を横につなぐ連携教育がケア関連専門職養成教育の一環として、大事な課題となっているという認識に立っている。ケア関連専門職養成教育をめぐる議論の最後に、その点について触れておきたい。しかし第3章でも述べておいたように、連携教育の実践自体も必ずしもすべての養成校に浸透しているわけでもなく、普及も偏ったままである。だが利用者や関係機関からの要請も強まっているのは間違いない。そしてそのことを可能にする基盤もある。

たとえば、ケア関連専門職の養成教育は、教育修了後の業務が身体的、精神的あるいは社会的・経済的な支援を求めている人びとを対象とし、なかでも身体的あるいは精神的な援助なしには生活できない人びとに対する援助行為でもあるというところから引き出される共通性を教育の基礎としている。事実、指定規則の教育内容における基礎的部分は、それゆえ重なり合っていることを大雑把だが確認してきた。また実践上の対処の基本的方法も、それが病状であれ、生活状態であれ、まずそれぞれの視点からのアセスメントが必要であるし、それに基づいた介入のありように関しても、その人の持つ回復力（レジリエンス）や自然治癒力あるいは自立・自律や成長・発達などを強く意識した方法が重視されていることも明らかにしてきた。さらに、これらケア関連専門職の業務それ自体にそれぞれ固有な役割と機能があるからこそ、そのことに関する事前の相互理解を高めるために、たとえば養成校において学科混合の授業や実習なども連携教育の一環として行われてきている。そこには、まずは「違い」を理解することが連携の出発点でもあるという認識がある。

とはいえこのあたり、このような「共通性」が、教育レベル段階においては促進要因の基盤であるとしても、しばしば実践上の業務範囲の重なりに転化するとき、それがまた「競合」を通じて連携を難しくさせるという面もあり、そう単純ではない。そこでは、実践上の専門職のジレンマや機関間のコンフリクトも十分予測される。それに比べて「差異性」は、事前学習による異業種交流の経験だけでも、その効果は一般に想像しやすいし、その後の実践の世界においても「異業種」だからこそ「競合せず」スムーズに進む可能性も大きい。何よりそこには、支援を必要とする人びとのケアにかかわる諸課題の多くはたいてい複合的な要素から成り立っており、それゆえ多職間連携が求められるという根本理由があるからである。かくして、なお一部に普及がとどまっているにしても、関心のある人びとや関連機関からも脚光を浴びている教育実践の一つが連携教育である。

しかし現実には、もっと複雑な様相を見せているのが実践世界の姿であり、専門職団体もまた個々の理念上では多職間連携の重要性を唱え、政策的にもその促進が謳われてきているものの、先にも示唆したように、ことはそう容易に進んでいないのも事実である。その詳細や要因をここで深く検討するわけではないが、関連するポイントとなる動きについて、これまでの分析から少し確認しておこう。

その第1は、関連する専門職団体の動きを見れば、それぞれの専門職としての専門性・固有性を明確化しようとする志向性は強いものの、看護と介護の関係に代表されるように、なお業務の範囲や性格あるいは専門職としての概念規定には曖昧さを残したまま、言葉を変えて言えば、重複性を抱えながら（それはことの良し悪しは別として実践上は当然でもあるだろう）今日に至っている。そのことを前提にした現実の専門職団体は、その地位向上を意識しながら、自らの役割を〝横にも〟より拡大することに関心を集中させている。また関連学会も同じような動きを見せている。そしてそのうえで、それぞれの専門職団体は〝縦にも〟、すなわち、それぞれの基礎となるその領域だけの共通性あるいはジェネラルな部分の確認や特定を通じて、何らかの共通する基礎資格（ただしその領域内に限定された）の確立を目指し、そこから派生する専門分化（スペシャリゼーション）の方向や、さらにキャリアアップを確実にする段位化（資格階層化）の追求という形にその動きを収斂させている。関連する養成系大学もまた、専門分野における研究に重点を移行させたいと願う大学ほど、これらの動きをリードあるいは後押ししようとしてきている。それに対して、これらの「分断」された業界の壁を越えようとしているのは、なお不透明な部分もあるが、たとえば分野横断的なケア関連専門職の基礎的な養成課程の「共通化」を図ろうとする、これまで縦割りの管轄で主導的に壁を作ってきた行政側にあるように見えるのは興味深い。

第2に、本書がその先に、ケア関連専門職の連携基盤のシンボル的な概念として考えようとしている「ケア」という用語一つの使い方をとっても、第三者的に眺めれば、それぞれの専門領域との関係では、結果的にある種の独占使用を生み出しているようにも見えるし、また意味なく「ケア」（という用語）を避けようとする面を感じさせるような状況もある。しかし、本書がこれまで縷々言及してきたケアの「見えない壁」を打破するような考え方が、とくに大学や研究者の側から出されているかと言えば、なお心もとない状況にもある。ケア関連専門職を現場に送り出す教育の側からすれば、それは未来の専門職に対しても、現在のそれに対しても、自らの責任（ミッションと言い換えてもいい）を十分果たしているとは言えないことでもあろう。このような背景を考慮に入れた場合、とくに「連携研究」は現状を打開する鍵の一つでもあるとも思われ、「連携教育」はあらかじめこれらの専門職間連携の壁となるような諸要因を取り除くべく、現場に入る前に「鉄は熱いうちに打て」のごとく、教育の最前線に位置付けられるべきものだろう。しかし、である。本書は、このように見える現状に強い関心を寄せている。

ここでは、以上のような問題意識を基礎におきながら、一方で関係者の努力によって進められてきている「連携教育実践」、他方でしかし、その理由に財政上の「効率性」といったことも含みつつ、ともかく政策的にも支持され、利用者支援の充実といった点から期待されている現場での「連携実践」との間の、いわば〝かい離〟〝ギャップ〟の状況を検討する。そして、当面している関連する諸問題の様相を概観し、今後の連携教育の課題の追求されるべき方向性と、それを具体化するために必要な研究課題を提示してみたいと思う。それは、いずれケア関連専門職養成のためのケア論を構築するにあたって重要なポイントとなるはずである。

以下、①あらためて今日の医療と福祉における連携の必要性とその遂行のための準備としての連携教育への期待について触れ、②次いでその連携教育が抱えている「偏り」「深まり」の不足、そのことと関連した「連携教育研究」そのものの「浅さ」に言及し、③なぜこのような状況が生み出されてきているのかを検討する。④そこでは、社会の根底にあるジェンダー規範と「ケアワーク」に関する低い評価、管轄官庁部局の違いの下での専門職領域・業界間の分断の影響、あるいは同一専門職間の資格階層格差拡大志向への懸念、あるいは人びとが解決を望んでいるケアの課題自体に関する関係者の認識の仕方や捉え方の問題、そしてアカデミズムの世界と養成教育の世界との「ケア」の扱いに関するあまりの大きな落差の存在などに触れていく。そして最後に、ケア専門職養成のための新たなケア論構築の課題について言及する。

2 「医療と福祉」の連携実践・連携教育

(1) 関心の高まりと困難の示唆

第1章において、疾病構造の変化、医療・介護専門職の需要増加、地域包括ケアシステム構築の必要性、それらがまた、健康に対する考え方の変化、すなわち「医療モデル」から「生活モデル」への転換、あるいは「病院の世紀の終焉」といったシンボリックな言葉として表現されてきていることについて触れた。ここであらためて、この医療転換の方向を特徴づけている社会保障制度改革国民会議による「報告書」(2013年8月6日)を見ると、それは次のように述べている。

「日本が直面している急速な高齢化の進展は、疾病構造の変化を通じて、必要とされる医療の内容に変化をもたらしてきた。平均寿命60歳代の社会で、また青壮年期の患者を対象とした医療は、救命・延命、治癒、社会復帰を前提とした『病院完結型』の医療であった。しかしながら、平均寿命が男性でも80歳近くとなり、女性では86歳を超えている社会では、慢性疾患による受療が多い、複数の疾病を抱えるなどの特徴を持つ高齢期の患者が中心となる。そうした時代の医療は、病気と共存しながらQOL(Quality of Life)の維持・向上を目指す医療となる。すなわち、医療がかつての『病院完結型』から、患者の住み慣れた地域や自宅での生活のための医療、地域全体で治し、支える『地域完結型』の医療……医療と介護、さらには住まいや自立した生活の支援までもが切れ目なくつながる医療に変わらざるを得ない。ところが、日本は、今や世界一の高齢国家であるにもかかわらず、医療システムはそうした姿に変わっていない[1]」

だがこれは同時に、今後は医療の機能分化を進め、急性期医療を中心に人的・物的資源を集中投入し、後を引き継ぐ回復期の医療や介護サービスの充実によって、できるだけ入院期間を短くし（それは「追い出し医療」[2]とも言える面を持つ）、医療の効率的再編を進める構想でもある[3]。それゆえまた、在宅医療・在宅介護を大幅に充実させるという構想抜きには成り立ちにくいものでもある。それが、医療と介護の連携を基礎とする地域包括ケアシステム構築の推進である。また「地域連携」「地域づくり」のねらいでもある。そこでは「医療と介護」あるいは「医療と福祉」という合言葉を中心としたネットワークづくりが求められ、関連する多職種専門職間連携や専門職と家族員など非専門職（ケアラー）との連携が議論の焦点になってきている。

その専門職間連携の議論ともかかわって言えば、その発想の契機や視点に違いがあるものの、いわゆるチーム医療についても触れておく必要がある。チーム医療については、たとえばＴＶドラマのＥＲ（Emergency Room）のようすから、あるいは病院内のミーティングやカンファレンスなど、ごく普通に考えただけでも、多職種が絡む治療や療養の形態として概ね想像できる。また患者として「たらい回し」された経験などからも理解できそうでもある。しかし、少なくとも厚生労働省の示すそれ（「チーム医療の推進について（チーム医療の推進に関する検討会報告書）」（２０１０年3月19日）は、医療現場の疲弊や事故の解消あるいは効率化の推進といった問題を契機としながら、主として「医師と看護師等の役割について」「看護師等の専門性の向上」などに重点を置いて検討されたものであり、「病院完結型」における連携・協働による医療改革に主眼があったことは留意しておきたい。その「基本的考え方」は次のようなものである。

「チーム医療とは、『医療に従事する多種多様なスタッフが、各々の高い専門性を前提に、目的と情報を共有し、業務を分担しつつも互いに連携・補完し合い、患者の状況に的確に対応した医療を提供すること』と一般的に理解されている」「チーム医療がもたらす具体的な効果としては、①疾病の早期発見・回復促進・重症化予防など医療・生活の質向上、②医療の効率性の向上による医療従事者の負担の軽減、③医療の標準化・組織化を通じた医療安全の向上、等が期待される[4]」

このような、一方での病院内でのチーム医療や、他方での地域における在宅医療・看護・介護などのありようとかかわって言えば、保健師助産師看護師法制定以降、数多くの医療関連専門職が誕生し、また福祉関連職も国家資格化されてきたことから、当然そこでは業務上の重複といった問題も生まれてきている現状も考慮しなければならない。

長らく看護行政にかかわってきた野村陽子は、その動向を「医療機関におけるチーム医療や在宅での関係職連携によるケアが一般的な医療提供体制となる中で、関係職種間の協働や連携のあり方、そしてその中での看護師の役割が近年、学会などで改めて議論されている。また、チームによる医療を円滑に実施するためには、それぞれの関係職種間の基礎教育の段階から教育内容を変えていく議論も始まっている[5]」とまとめている。そして今後の課題として、「これまでは医師の指示の下で各職種が医療を提供するというタテの関係であったが、多職種協働のサービス提供体制は、各職種が対象者の状況を判断し、専門的知識を駆使し自律的にサービスを提供することを前提としたもので、チームというヨコの関係に変えていくことが必要で、各職種間の連携をより強調した資格制度とすることが問題である[6]」と述べている。これらは重要なことだが、本書の問題意識からすれば、まずこの厚生労働省「チーム医療の推進について」のなかにある、以下の記述内容を見ておきたい。

「地域における医療・介護に基づくケアの提供（地域包括ケア）を実現し、看護師の負担軽減を図るとともに、患者・家族サービス向上を推進する観点から、介護職員と看護職員の役割分担と連携をより一層進めていく必要がある。こうした観点から、介護職員による一定の医行為（たんの吸引や経管栄養等）の具体的な実施方策について、別途早急に検討すべきである[7]」（傍点は引用者）

その内容は、極端に言えば、看護から介護などへのケアの移譲であり、介護職による看護職の「診察の補助」の「補助[8]」への役割変化を示唆していると言っていい。

さらに関連して注目しておきたいのは、看護職の位置づけ、すなわちこの間の「療養生活支援の専門家[9]」から「チーム医療のキーパーソン[10]」へという看護の役割に関する強調点の置き方の変化が、この「チーム医療の推進について」において明示されたこと、それが多職種間連携という視点からも、看護師に「リーダー」としてのお墨付きを与えたかのごとくの意味を持たせ始めたことである。そうなってくると、看護とケアあるいはケアリングをめぐる議論も、もはや看護師と患者とのベッドサイドの一対一のなかだけの関係ではなく、多職種がさまざまな形のケアあるいはケアリングにかかわることを念頭に論じることも求められてくる。しかも、前章で見たように、現実には職種間に待遇や小さな権力格差もあるはずであり、それらを伴った指揮命令系統の下での連携実践となる。そうであるがゆえに、さまざまな職種が展開させるケア・ケアリングは、先に触れた「追い出し医療」と言われるような現実のなかで分析されない限り、真の姿は捉えにくいものになる。それは、後述するように、医療現場における職業的階層構造のようなものを想定した場合にとくに問われてくることだろう。

くわえてこの「キーパーソン」という意味合いは、どの職種あるいはだれがなるにしても、地域包括ケアシステムのなかではさらに大きくなり、現場における連携にさまざまな葛藤や問題をもたらす可能性もある。たとえばここで、地域包括ケアシステムの推進という国家的戦略を前提につくられた日本看護協会の「2025年に向けた看護の挑戦・看護の将来ビジョン―いのち、暮らし、尊厳をまもり支える看護―」(2015年6月)における主張を紹介してみよう。そこでは、「看護は……〝疾病〟をみる『医療』の視点だけでなく、生きていく営みである『生活』の視点を持って、〝人〟をみることにその専門職の価値をおく」「少子高齢化が進展する中、健康の価値観が変化し、保健・医療・福祉制度が生活を支援するケアを重視する方向で変革されようとしている」「2025年に向けて看護は、その変わらない価値を踏まえ、医療の提供と『生活の質』の向上の両機能について、質的にも量的にも拡大していくことに挑戦する」[11]とある。そして次のように主張している。

「地域包括ケアシステムでは、多くの職種や関係機関が連携してチームで医療やケアを提供する。チームがそれぞれの専門性を適切に発揮して患者を総合的に捉え質の高い医療・ケアを効率的に提供するには、マネジメントが非常に重要になる。看護は、『医療』と『生活』の両方に視点を持って全体を見通し、患者・住民の状態の変化に合わせて、必要な時に必要なサービスが提供されるよう、医療・介護などのサービス全体を総合的にマネジメントして暮らしをまもる[12]」

このように言うとき、今度はこれを社会福祉のサイドから見た場合、そこでの「すみわけ」方は微妙となる。なぜなら、現場での連携をめぐる葛藤は、すでに動いているたとえば地域包括支援センターにおける保健師・社会福祉士・主任介護支援員等による「チームアプローチ」おいても見られ（後述）、またその地域包括支援センターが主催する多職種が集合する「地域ケア会議」にあっても推測されることだからである。そこではおそらく、すでに予測してきたように、今後の焦点となる「生活」をめぐる理解とアプローチ、それぞれの「アセスメント」からくるさまざま連携と方向をめぐるマネジメントとコーディネート、その主導権をめぐる議論が生起するとしても不思議ではない。そのことは次の二つの「ビジョン」からも予測される。

すなわち、一方で、上記の「看護の将来ビジョン」では、「人々の生涯にわたり、生活と保健・医療・福祉につなぐ看護[13]」が強調されている。他方で、厚生労働省の「誰もが支え合う地域の構築に向けた福祉サービスの実現―新たな時代に対応した福祉の提供ビジョン―」（２０１５年９月17日）でも、

「新しい地域包括支援体制を確立するため……その福祉人材としては、複数分野を束ね、必要とされる支援を実施するために業務や職員をコーディネートする者や、自らの専門分野の他に分野横断的な福祉に関する基礎知識を持つことにより様々な分野の基礎的な支援については臨機応変に担うことができる人材が求められている」[14]とされている。ここでは業務の位相の差異でそれなりの「すみわけ」は意識されているだろうが、おそらく実践上の試行錯誤も踏まえて、相当の詰めが必要なところでもあろう。実際、上記の「福祉の提供ビジョン」はこうも述べている。

「新しい連携のかたちは、福祉分野内に止まるのではなく、福祉以外の分野に拡大していかなければならない。特に、高齢者に対する地域包括ケアを現役世代に拡げることを想起すれば、雇用分野との連携が極めて重要である。……また、多様化する住民のニーズにおいては、健康面での課題があることも多く、地域における保健医療分野との連携及びネットワークの強化も重要である。医療・介護分野においては２０１４年に成立した医療介護総合確保推進法により、効率的かつ質の高い医療提供体制を構築するとともに、地域包括ケアシステムを構築するための改革が進められており、これらの取組と合わせて医療・介護・福祉の連携を進めていく。そのほか、教育、司法、地域振興その他の分野が、本人と地域のニーズに応じる形で様々に協働していくことは、いずれも『福祉』から発想するのではなく、『地域』から発想することで可能となる。このように、新しい地域包括支援体制は、地域をフィールドとした新しいまちづくりを目指すものである[15]」

(2) 連携教育への期待

そのことはこれぐらいで措くとして、これまでの繰り返しともなるが、あらためていくつかの医療をめぐる考え方の変化について言及しておこう。たとえば飯島勝矢は、「今後とも病院医療は重要な役割を果たすが、それに併行して、高齢期であってもいかに生活の質を保ち、よく生き切って人生を閉じることができるかという時代の要請に応える在宅医療も求められている。すなわち、『患者は病人である前に、「生活者」なのである』という理念を医療・看護関係者すべてがあらためて認識し直し、我々が生活者として生き切れるよう地域の中で包括的な体制でみて（診て・看て）ゆく方向へと医療の提供体制を大きく変えなければならない。言い換えれば、従来の『治す医療』から『治し支える医療』への転換が必要な時期に差し掛かっている[16]」としている。また長谷川敏彦は、「医療の目的は従来の『疾病の治癒、救命』から『生活、人生を支える』ことに大きく転換する。とすれば、元来それが目的であった福祉とは目指すものが同一となる。もはや医療と福祉は連携するのではなく同化することとなるのである[17]」とまで言っている。いずれもどこまで現実化できるかはあるが、理念的には首肯できないことではない。

このような連携あるいは「同化」はまた、日本老年医学会の「『立場表明』２０１２」（２０１２年1月28日理事会承認）が言うように、「『立場表明』における『最善の医療およびケア』とは、『単に診断・治療のための医学的な知識・技術のみでなく、他の自然科学や人文科学、社会科学を含めた、すべての知的・文化的成果を還元した、適切な医療及びケア』とする[18]」というところまで、その射程は広がったものとして捉えられてもいる。そしてそれらは、連携教育の必要性・重要性を主張する見解となって反映されている。たとえば、日本学術会議健康・生活科学委員会高齢者の健康部会「提言　地域で暮らす高齢者を支援する専門職の連携教育に向けて」(2011年9月1日)はこう述べている。

「専門職が高齢者を連携して支援していくためには、様々な専門職はそれぞれの専門職が有している専門性を深めていくことは当然であるが、大学などでの養成教育の段階から、共通した基本理念を確保し、それぞれの専門職の役割を相互に理解し、同時にチームアプローチの重要性を認識することが必要である。さらには、チームアプローチの方法についても精通することが求められる」[19]

このような連携教育への期待を反映した動きは、第3章でも紹介したイギリスのCAIPEのみならず、世界的な流れとして生まれてきている。

一つは、保健医療専門職教育の教育改革の動きである。たとえば、世界各国の専門・学術リーダーから構成された「21世紀の保健医療専門職の教育委員会」による「新世紀の保健医療専門職：相互依存関係にある世界における医療保健システムを強化するための教育改革」(2012年)では、世界の保健医療専門職教育の改革は、歴史的に3段階に区分され現在に至っており、「第1世代は、20世紀初頭に始まったフレックスナー報告に代表される科学的知識を基盤としたカリキュラムへの教育改革であり、第2世代は、20世紀中盤に主流となった問題解決型学習の導入による教育改革である。第3世代の改革では、教育設計としてコンピテンシー基盤アプローチの採用、急速に変化するコミュニティ状況へのコンピテンシーの適用、効果的なチームにおける連続的かつ非階層的な関係性の強化、そして専門領域枠を壊すための連携教育の促進、ＩＴを最大限活用した学習などが推奨されている」[20]と特徴付けされている。そして、これを紹介した松岡千代は、日本はまだ第2世代の段階にあると指摘している[21]。

いま一つは、ＷＨＯがこのことに取り組み始めていることである。ＷＨＯは「専門職連携教育と連携医療」に関して次のように述べている。「①専門職連携教育とは、効果的な連携を実現し、健康アウトカムを改善するために複数の専門分野の学生が互いに学習し合うことである。②専門職連携教育は、現場の医療ニーズにより的確に対応できる、連携医療の即戦力となる医療人材の育成に必要不可欠なステップである。③連携医療の即戦力となる医療従事者とは、専門職連携チームとして職務を遂行する方法を習得し、なおかつその職務遂行能力の高い人材である。④連携医療とは、異なる専門分野の複数の医療従事者が患者、家族、介護者、コミュニティと連携して最高品質のケアを提供することである。連携医療により、医療従事者は、医療現場における目標達成を実現するスキルを持ち合せたあらゆる個人との連携が可能となる」（番号数字は引用者挿入）[22]。

とはいえ、かつて広井良典が相当早い段階で（２０００年）述べていた、「医療と福祉の連携という課題は、古くて新しい、ある意味では〝永遠の課題〟といっても過言ではないほどのテーマであり、これほど『言うは易し、行うは難し』という言葉があてはまることがらもないほどである……やはりさまざまな機会に痛感させられるのは、双方の間の強い『壁』である。このことは、医療と福祉をめぐる『パイ』をどう配分するか、ということが現実的な利害をともなう問題としてある以上、やむをえないこととともいえる。しかし、そうしたこと以前に、ケアに対する見方がなお『提供者』中心であって『消費者』ないし受け手の視点ということが弱いという点に加え、医療、福祉それぞれの側が互いの考え方やパラダイムといったものにあまりにも無理解である、という事実も大きく働いていると感じられる（ひとつには、医学部や看護学部等と、社会福祉学部等での『教育』のあり方ということに改革するべき多くの課題があると考えられる）[23]」といった指摘に、残念ながら大きな前進があったとは思われない。あれから15、6年が経過した。

3　連携教育の現在——偏りの構造と深まりの不足

(1) 医療・看護への偏り——距離を置く社会福祉サイド

第4章ですでに触れたCAIPEの連携教育の定義、「複数の領域の専門職者が連携およびケアの質を改善するために、同じ場所でともに学び、お互いから学び合いながら、お互いのことを学ぶこと」。その展開の場所は、言うまでもなく、制度化された養成校の教育現場だけではない。そのCAIPEがまた、Interprofessional Learning（IPL：連携学習）という言葉を用いて、「教育現場だけでなく、臨床と地域における保健・医療・福祉の実践現場も含めた学びの概念にしており、専門資格取得前後の垣根を越えた教育活動を提唱している[24]」ように、現実にはさまざまな形態・場がありうる。

実際、「協働的能力としての多職種連携コンピテンシー」と言われる場合、その協働的能力は「各専門職単独で学べる能力ではなく、複数の職種との連携協働を通じてはじめて学べる能力である[25]」からである。それは学校教育のようなフォーマルなものもあれば、研修などのようなノンフォーマルな形態、さらにはいわゆる「インフォーマル・エデュケーション」と分類される形態もある。たしかにこのような意味合いからすれば、社会教育研究者である高橋満・槇石多希子が言うように[26]、インフォーマルな「労働の場での学習」「実践コミュニティの場での学習」といった場面が実際には大きな意味を持つだろう。それはまた、松岡千代が言うように、①基本的な対人援助の姿勢・態度、②専門職のコンピテンシー（個人的能力）、③それらの上に成立する「多職種チームワークのコンピテンシー」として整理できるものかもしれない[27]。

しかし、連携教育の普及は、連携教育発祥の地であり、世界をリードしてきたイギリスにおいてもまた、その期待に反して領域的に偏っていること、あるいはその継続がリーダー次第であることなどが注目される。たとえば、日本におけるある座談会において、ＵＫ側の出席者はこんな発言をしている。「ＵＫでは医学部と看護学部以外の職種にＩＰＥは広がっていません」「もう一つＵＫで忘れてならない問題は、ＩＰＥへの公的な金銭的サポートが減っていることです[28]」、「私の所属するLester大学では、医・薬・看の連携よりも社会事業・治療・教員・規制の各部門に問題があります」「Southampton大学では何人かの指導者を失った時に、大きな影響がありました。……、もし組織の代表者がＩＰＥに否定的な人物に代われば、状況は一変します。これはＵＫで度々起こったことで……[29]」。

日本でもそれは同じようである。たとえば日本保健医療福祉連携教育学会の初代会長・高橋榮明が、以下のように繰り返し訴え続けてきていることが端的にそれを示している。すなわち、「医療職と福祉職との連携教育は未だ少ない」（日本保健医療福祉連携教育学会の設立にあたって」（２００９年）[30]、「大部分は大学内医療系の学部、学科間の連携教育であり、医療系と福祉系学科間の連携教育は未だに少ない」（２０１３年）[31]、「本学会設立時の目標を再度提案したい。①医療系学科と福祉系学科との大学を超えた連携教育の進展……」（２０１３年：以上年次は雑誌発行年）[32]というように、会長職にあったリーダー自らが強調しているのである。それは、まさに偏りの構造が連携教育の大きな壁になっているということでもある。

似たような内容を指摘する文献は多く、ここでは一つだけ取り上げると、多くの文献が引用の根拠にしている小林紀明らの調査によれば、「大学教育におけるＩＰＥに関する研究報告や雑誌に掲載されている解説等の多くは、医学部・保健医療学部（主に理学療法学科・作業療法学科）・看護学部を対象とした教育カリキュラム開発に関する実践的な取り組みである。一部には社会福祉系の学科を含めて実践している大学もあるが、研究成果として報告されているものは少なく、特に看護系大学と介護福祉系大学も連携に焦点化し、基礎教育課程における看護と福祉のインタープロフェッショナル教育を実践している内容の文献は見当たらなかった」[33]としている。

しかし、留意しておいていいのは、だからと言って現場で専門職協働そのものが行われていないということではなく、当たり前に実践されていることである。そのうえで、実践面でも教育とのかかわりでいくつかの特徴が指摘されうるようだ。たとえば、松井由美子らは「専門職の協働は90％以上が実施されながらも、ＩＰＥやＩＰＷの言葉は専門職間では浸透されていなかった」[34]としている。また上山崎悦代・篠田道子は、終末期ケアの具体的取り組み内容とかかわった研究において、病院や診療所、在宅診療や特別養護老人ホームでの例を取り上げ、いずれも多職種でかかわることで看取りの数や質が上がったことあるいは新たな取り組みをスタートさせることができたことなど、肯定的な意見が目立ったと述べつつ、しかし他方で、「多職種連携として、カンファレンスが用意されているが、それが十分に活用されていないことが共通点として挙げられていた。また、多職種連携を実際に行っているものの、その成果を示す評価については抽出されておらず、職種連携の成果を言語化していく取り組みが今後必要になっていることも示唆されている」[35]と指摘している。そして続けて、ケアにかかわるすべての専門職に対して、多職種連携の教育が行き届くことが重要である。専門職養成レベルでのＩＰＥの取り組みがこの10年程度で急激に広がってきたということは、それ以前に専門職教育を受けた者にとっては多職種連携について学ぶ機会は今後、現任者教育・研修に限られる。しかし、「職能団体による研修の整理からわかるように、それらは、あくまで職種ごとによる教育プログラムであり、多職種連携そのものを学ぶ機会はあったとしても、それは職種を超えた研修とはなっていない。また、多職種連携と終末期ケアは、それぞれ単独でのプログラムとなっており、両方を包含するものは、ほとんど無いのが実態である」[36]（傍点は引用者）としている。

なおまた、検討の対象と視点は異なっているが、村田真弓は各専門職団体の倫理綱領の分析から次のように述べている。すなわち、医師、看護師、理学療法士、作業療法士、社会福祉士、介護福祉士、介護支援専門員、臨床心理士を対象として検討した結果、これらすべての職能団体が有する倫理綱領・倫理規定において、他の医療福祉専門職との連携・協働に関する記述が見られたことから、先のいくつかの研究とはニュアンスが異なるが、「連携や協働ということばは、現場ではすでに当たり前のように浸透し、実践されている。カンファレンスの積み重ねや連携のツールを用いた情報の共有など、実践現場においては経験に基づく知が積み上げられてきている」[37]としている。

(2) 連携教育研究の矮小化傾向

①現場の実践に関する研究

上記のように見てくると、そもそも現場の連携実践に関する研究の動向（到達点）がどこにあるのかが気になってくる。そこで、連携にかかわる研究動向について少し言及しておくと、連携の諸概念やプロセスの理論的整理以上に気になるのは、一方では現場の分析研究そのものが決して多いとは言えない現状にあり、他方では現場での連携実践の成果がどれほどどのように連携教育に生かされているかは―それぞれ教育現場では教員の経験も踏まえた内容などが何らかの形で反映されているとしても―、関連文献を検討するという枠内では見えてこないことである。そこには、参与観察も容易ではなく、実践者でない限り、なかなかフィールドワーカーとしても現場には入りづらい、したがって具体的現場での実証分析とその言語化などの困難が横たわっているのかもしれない。あるいは連携の実践に関する分析の視点や問題意識と連携教育との応答的関係に問題があるかもしれない。あるいは授業の中身は見えないこともあるだろう。また筆者自身の勉強不足もあるかもしれない。

しかし、日本学術会議健康・生活科学委員会高齢者の健康部会の「提言　地域で暮らす高齢者を支援する専門職の連携教育に向けて」（２０１１年９月１日）における次の記述は、やはり的を射ている指摘であると思われる。

「他職種との連携のあり方を教育カリキュラムとして構築していくための、具体的な教育内容や方法の開発が急務である。そのためには、理念のみでなく、専門職が連携して地域で暮らす高齢者の生活支援に向けた取り組みに関する実証研究も必要であろう。効果評価に加えて、連携・協働のプロセスを科学的な手続きで評価し、その成果を学術大会等で公表することは、専門職の連携教育プログラムの構築に向けて貴重な資料を蓄積することになる。さらに、高齢者の生活支援の効果的なプログラム開発を進めるためには、専門職のみの連携だけでなく当事者、事業者、ボランティア等との協働も視野に入れた参加型行動研究の推進も期待されている」(38)（傍点は引用者）

本来は、右の指摘にかかわって、関連する文献を渉猟し、丁寧に検討すべきである。だが現時点ではその余裕もないことから、さしあたって手元にある文献等を基礎にしたメモ的なものにとどめざるを得ない。そのような「限界」もあり、以下は補論としてとどめておく。

補論：連携研究の若干の検討

【連携の概念について】

まず連携に関する概念の検討や整理といったことでは、次のようなポイントがあげられる。たとえば山中京子は、連携を「援助において、異なった分野、領域、職種に属する複数の援助者（専門職や非専門的な援助者を含む）が、単独では達成できない、共有された目標を達成するために、相互促進的な協力関係を通じて行為や活動を展開するプロセスである」[39]と定義しながら、（２００３年段階ではまだ）連携に関する文献は意外に少ないと指摘している。そのうえで、「『連携』の意義あるいは課題・問題点、『連携』の効果測定、『連携』を形成するための具体的方法、『連携』の形成の促進あるいは阻害要因といった諸点を深く探求し、詳細に分析している研究は、実践における『連携』の認識度に比較してまだまだ不十分」「『連携』に関する実践と研究がはなはだ不均衡な状態にあるという認識」[40]を示している。また、山中のそれとほぼ同時期における（２０００年前後）ものでは、欧米の動向を中心とした松岡千代や菊地和則などの研究[41]もある。

しかしその後にあっても、たとえば吉池毅志・榮セツコは、精神保健福祉実践に焦点を当てながら連携の基本概念整理を試みて、linkage, coordination, cooperation, collaborationといった多様な英語表現があること、とはいえ「実践現場で語られる『連携』という用語には、共通基盤となりうる概念整理は定着していない」[42]とし、依然としていまも大事なことは、連携の「有効性と弊害性」「促進要因と阻害要因」など、その関連要因の検証をきちんと行うことであるとしている。

さらにもう少し発想を拡げて、「地域連携方法論」について検討を加えている筒井孝子は、「日本における地域包括ケアシステムにおける地域連携という語を説明するのであれば、『医療と介護のサービスの統合であるintegrated careを、ケアを必要とする高齢者（要介護者など）の日常生活圏域で展開していくこと』といえるだろう」[43]とし、地域におけるintegrated care推進の方法を検討するために必要とされるキー概念として、「連携の段階」「連携の範囲」「連携の形式」などが問題となると述べている。そして、ＯＥＣＤのcare coordinationの概念を検討しながら、「わが国で推進されようとしているCommunity-based integrated careという地域包括ケアシステムの構築については、その構築に際しての方法論は未熟であり、現場レベルでの試行錯誤が続いている[44]」としている。

これらを概観して特徴の一つとして言えることは、連携への期待を込めた行政側の政策的提言等も含めて、連携の概念に関する理論的な検討を中心にする文献においてもまた、その前提に「医療と福祉」あるいは「保健・医療・福祉」という枠組みを置いているものの、しばしばあるいはたいていは、と言い換えてもいいのだが、それが主に医療サイドから〝福祉＝介護〟という理解のありようを念頭に置いて議論されていることである。

【連携の実践について】

ここでは、平野聖らの研究整理で述べられているように、「多職種連携に関する研究の多くは、各専門職の視点による各論的な実践報告であり、多職種連携全体の構造について触れたものは少ない……施設・機関内に加え、在宅生活を支える地域の多職種連携の実態や構造に関する把握は未だ不十分であると考えられる[45]」という状況を考慮に入れ、①在宅医療の場面で、②病院や福祉施設とくに特別養護老人ホームなどの場面で、③いわゆる地域包括支援センターなどの場面で、連携の実証的分析が何を示唆しているかを垣間見ておこう。

まず在宅場面では、たとえば藤田益伸の研究を取り上げておくと、藤田は在宅療養場面における職種を超えて共通する連携行動を検討した研究は少ないこと、在宅療養場面での連携の実態を把握すること及び専門職同士が接触した際に取るべき行動を具体的に明らかにすることが大事であること、そして、結論として「円滑な連携と協働のためには、高齢者中心の支援、専門職の役割と限界の把握、顔の見える関係構築等の3点全てが不可欠」とまとめている。[46]

次に病院を場面としたもので（後に取り上げる細田満和子、三井さよ、ダニエル・F・チャンブリスなどの著書も参照）、たとえば佐藤奈津子は、看護師とソーシャルワーカーとでは、対象者の捉え方、思考、価値観に自ずと差異が生まれ、このフレームワークの相違が、実際での支援の関わり方（支援方法）への差異に発展していく。そのうえで、分析の結果として「職種の専門性に基づいたフレームワークの差異が調整されないことにより『専門職間コンフリクト』が生じている……職種間の『相補性』が担保されない状況は患者の不利益を招く恐れがある……『管理権限の介在によるコンフリクト』の存在……管理権限の介在により対等な立場の専門職ではなくなり、管理する者、される者という関係性にコンフリクトが生じている[47]」こと、などについて触れている。

特別養護老人ホームの場面では、たとえば松田実樹らは、終末期ケアの専門職間協働とその困難について触れ、基礎資格に関係する教育体制や経験値の違いが、専門職間協働を困難にしているのであれば、日ごろから協働を意識しながら、多職種が求めている情報を知り、経験を補完していくようなやり取りが求められる。そして、終末期ケアにおける専門職間協働における情報共有の課題について触れ、「特に多職種で学ぶ機会を増やすことや、情報交換のシステム構築が専門職の連携協働を高めるために重要な課題[48]」となっていると指摘している。

また介護老人保健施設の場面では、いわゆる看取りに関する多職種連携について、たとえば小野光美・原祥子は、「老健の看取りに関する研究は看護職や介護職を対象としたものがほとんどであり、理学療法士・作業療法士・言語聴覚士……、相談員・ソーシャルワーカー……、管理栄養士・栄養士……の看取りへの参加状況や多職種の連携・協働のありように焦点を当てた研究は見当たらない[49]」としている。

地域包括支援センターの場面では、たとえば中村直樹らは、結論として「三職種個々が認識している役割については、保健師は、予防的医療的視点に立った各機関との関わり、社会福祉士は、地域情報の共有や地域診断等といった社会資源の掘り起こし、主任介護支援専門員は、介護支援専門員のケアマネジメント力向上と、介護支援専門員同士や他機関とのつなぎ役であること等が挙げられた。三職種それぞれが自分の専門性を活かした視点、手法を用いてネットワーク構築に取り組んでいる[50]」とまとめている。これに対して、峯本佳世子らは、専門職のジレンマの理解にかかわって、「センター内では［地域包括支援センターの業務の不明瞭さ］が大きな課題となっており、それゆえに［社会福祉士の役割確立への志向］が高まる。しかし、社会福祉士としての役割確立を目指しながら、自分自身の力不足、経験不足等の［社会福祉士としての力のなさと戸惑い］を感じ、それがジレンマとなっている。そして戸惑いを抱えながら［業務における新予防給付の比重の高さ］によって社会福祉士としての業務に十分力を注げない状況がさらなるジレンマを引き起こしている。さらに、［所属センターのチームケア体制］が挙げられ、センター内での専門職間の連携がまだ十分とれない実態からジレンマがみられた[51]」と報告している。

関連して右の社会福祉士による「予防給付プラン」などの作成業務にかかわって言えば、地域包括支援センター長である山田典子は、ペーパーワークなどの負担の多い「現在の包括業務では、それぞれの専門性がみえるかたちになりにくい。特に社会福祉士の専門性がみえる姿ではないことも課題ではないか」「社会福祉士として対象者が訪れることを『待つ』ことから、自らの専門性をもって地域へのはたらきかけをする『動く』ことが課題解決の第一歩ではないだろうか[52]」と指摘している。また、センターの３職種（保健師、社会福祉士、主任介護支援専門員）それぞれが、とくに当該業務の重要な一部を占める支援困難ケースにいかに対応しているかという視点から全国調査をした和気純子は、先行研究を概観すると、一定の蓄積は見られるものの、支援困難ケースへの対応における地域包括支援センターの職種の対応の差異については十分な研究がなされておらず、「今後は、責任や権限などの組織論的要素も勘案しながら、チームアプローチの力動を含めた支援の展開プロセスを明らかにすることが課題である[53]」と述べている。

さらに退院時連携とケアマネジメントに焦点を当てて、多職種連携の機能面を分析し、連携上の課題の整理と対応策の検討を行っている川越雅弘は、「①課題に応じた多職種チームが構成できていない、②各職種のアセスメントが統合できていない、③生活機能と環境因子を含む利用者の全体像が俯瞰できていないなどの課題がわかった[54]」とまとめている。そしてとくに、ケアマネジメントの目的が要介護者の抱える日常生活上の「課題」を解決することにあることからすると、「福祉系を中心とした現在の介護支援専門員ではそのイメージ化は実質困難である。したがって、リハ職がＡＤＬの、看護師が症状・病状の予後予測を行い、介護支援専門員の課題認識を側面支援した上で、より自立につながるケアプランの策定への支援を行っていく必要がある。アセスメント、課題認識、課題分析、課題解決策に対する指導・助言を含め、他の職種（特に、医療職）がケアマネジメントプロセスに積極的に関与していく必要がある[55]」と主張している。

なお最後に、多職種連携の実践にかかわって、それに「専門家のサファリングの人類学」という視点からアプローチしている議論を紹介しておこう。その問題意識は、ケアへの関心を背景に、関連する専門職の苦悩そのものを主題化することから、今後の連携等への対処の方向性を見出そうとするものである。すなわち、専門家が抱えるサファリングの多くは、異なる職種間あるいは専門家と生活者との「領域をまたぐ」ことに由来している。ここで「またぐ」とは「界面に立つ」ということである。専門家が苦悩するのはこの二つのレベルで「界面に立つ」からであり、関連してここに専門分化に伴う多職間連携のあり方にかかわる「苦悩」「意味」「対処する術《すべ》」などを検討する意味があるとする。結果として何か具体的な結論が明示化されているわけではないが、「生活の場では、人びとの全体的生を支える医療が求められているため、個々の専門領域に閉じこもるだけではケアは成り立ちません。ケアの場では専門領域の越境は必然的に起こり得るものであり、むしろ越境することにこそケアの中核的意義があるといえるかもしれません[56]」と述べている。これらは、第３章でも触れた、ソーシャルワークの専門性をめぐる議論とも重なってくるものでもある。

②連携教育に関する研究

以上で「補論」は閉じるが、このように現場における連携分析にかかわる議論はなお多様であり、未整理あるいは評価も定まっていない状況にあるように見える。しかし、本書の視点からすると、問題の根本は次のような連携実践と連携教育の研究の傾向ではないかと思われる。

すなわち、一方では、連携実践にかかわる、たとえば発展段階モデル、連携スキル、連携コンピテンシーといった概念に関するような理論的検討もそれなりに行われ、いくつかの場面での関連する実証的研究も積み重ねられてきている。しかし、それらをあらためて「医療と福祉」の連携という視点から見たとき、肝心要の部分については手つかずに近いものになっていると思われることである。たとえば、大儀律子らは、「看護と介護の協働の実態」というもっとも関心の高いはずの領域に関しても、文献研究を踏まえて、関連する調査報告が少ないことを指摘し、次のようにまとめている。

「文献に示された看護師及び介護士は、共に連携や協働の必要性と重要性を意識している。しかし、現時点では、変化に向けたアプローチの報告も、劇的な変化の報告も見られない。この無変化が連携や協働の難しさを物語っている[57]」。

他方では、とくに連携教育に関する研究動向（到達点）に関して言えば、これをリードしてきた大塚真理子がこう述べていることである。

「ＩＰＥは従来の教育からの価値の転換を求める教育なので、その必要性や考え方についてＩＰＥを解説する論文が多いのが現状である。ＩＰＥを普及させるためには、その有効性を証明する根拠となる研究が必要である。ＩＰＥ科目の実施直後の教育効果は明らかになってきているが、中・長期的な効果を証明する研究は少ない。さらに実践現場のケアの質への影響を明らかにする研究はほとんどない。今後、評価指標の検討や研究方法の精錬のもとに信頼性の高いデータを得る評価研

究が必要である」[58]（傍点は引用者）

関連して付けくわえれば、連携教育を推進する関係者の関心が「医療保健福祉分野の多職種連携コンピテンシー」[59]の「開発」に向けられていることも興味深い。その関心が「関係性」というより、属人的なところに焦点化しているからである。ここから、これまで見てきた本書における問題意識からすると、連携教育研究の良い意味での「焦点化」、問題含みの意味では「矮小化」の傾向がうかがわれる。その背景を推察してみると、そこには一つは、専門職同士あるいは非専門職との「関係性」の重要さを十分ふまえた教育の弱さ、いま一つは、そのことともかかわった「生活問題」把握の視点の弱さがあるのではないかと思われる。とくにそれは、現場に出たときから連携実践の根幹として意識すべきは、「利用者」「当事者」の問題解決という最優先事項であり、それがたいていまた複数の要因からなり、家族の「生活」が絡んでいるからこそ、連携を必至化させてくるという、いわば構造的認識といったことの徹底にかかわることでもある。

その点での社会福祉サイドの責任は大きい。なぜなら、社会福祉実践が人びとの日々の「生活」への関心と支援を主眼とした仕事でもあるものの、１９９０年代後半の時期にあっても、「わが国では今や貧困問題は過去の問題であり、貧困層は『マイノリティ』グループであるように思われている」[60]という書き出しで始まるような、貧困・格差視点の弱さを持っていたことも事実だからである。そこには、第３章などで指摘した社会福祉士及び介護福祉士法制定時の、社会福祉士の業務からの「経済問題」の切り離しあるいは軽視の姿勢、また高度経済成長が終焉した後も、貧困を「見えにくい」ままにしてきた関係者・識者の責任もあるだろう。実際、一般的に「貧困」という言葉・用語それ自体への社会的関心が高まってくるのも2005～6年頃以降であった[61]。

それゆえ、「医療と福祉の連携」が意識されていたにしても、連携実践の対象となる人びとの生活問題（健康等を含んだ）にはつねに貧困・不平等がつきまとっているという認識は一般に弱いものがあったと推測される。したがってまた、それが目に見えない形で連携教育に対しても影響してきたのかもしれない。そして、状況を突き放して眺めてみれば、連携教育に距離を「取ってきた」社会福祉サイドの態度が、その「歪み」をさらに増幅させる役割を果たしてきているようにも思われる。

4　連携教育の「向こう側」を見る視点の再確認

(1) 分断され階層化された専門職

先にチーム医療について言及したが、後に触れるように、現実の関係者の「チーム」に対する主観はさまざまであり、その背後にはそれをもたらす一つの要因として職業的階層構造といったものが横たわっていることが想定できる。そこにある現実をどこまで客観的に把握できているかどうか、それが連携の内実にどう影響しているか、先に触れた連携教育の偏りや連携教育研究の矮小化とも無関係なことではない。なぜなら、現実にはそこが葛藤や連携の困難が生成されてくる場でもあるからである。

教育の場面では、これまで見てきたようなカリキュラム、目指すべき獲得能力、対象にアプローチする基本的態度と方法及び倫理など、そこでは、対人援助専門職、社会サービス専門職などからして共通する性格や特徴がオーバーラップする性格が反映されて当然である。それがまた連携の共通基盤ともなるようにも見える。しかし、現実の場面では職種間の待遇や社会的評価の格差があり、仮に力を込めて真正面から教育場面でこれを扱う場合、研究中心の大学とそれ以外あるいは当該専門職養成校とでは、学生たちの受け取り方はおそらくさまざまであり、マイナスの影響さえ生み出しかねないことも予想される。したがって、連携教育の場において、その連携を担う専門職の存在そのものの歴史的・社会的性格を職業的社会構造のなかでどこまでどのように扱うかは難しく、感覚的に言っても「両刃の剣」の面を持つかもしれない。

そのような文脈を考えた場合、一方で、卒業後の現場でその重要性を再認識し、意識的に取り組む職場学習や生涯学習の例もあるだろう。他方で、現実の困難に直面し、それどころではないという認識を持つかもしれない。その点で興味深い報告もある。たとえば、連携教育に関する拠点校の一つでもあると言っていい群馬大学の渡邊秀臣は、当該校の経験からこう述べている。「卒業して臨床の現場ですでに働いている卒業生と実習直後の学生の態度を比べると有意差を持って、卒業生の多職種連携に対する価値の評価態度は低下していた。卒後の臨床現場でのＩＰＥの重要性が示唆されたと考えている[62]」（傍点は引用者）。もちろんこれは一例であって、他の事例では異なった結果を見せているかもしれない。

しかし、これまで本書全体を通して分析してきたように、歴史的にもそれぞれ専門職化・資格化のタイムラグはあり、さらに依然として育児や介護に代表されるような世話と呼ばれる広義の家事労働などとのつながりの関係もある。そしてそれがまた、専門職としての社会的評価格差ともリンクしている。しかも、同じ職種でも制度として格差が残存し（たとえば看護師・准看護師や管理栄養士・栄養士に見られる二重構造の資格供与のありようなど）、またまったく同一の資格職種でも養成コースの多様性とも関連した諸格差（学歴格差、学校格差、履歴格差など）が隠れていることもある。そして多職種連携ともなれば、連携における指揮命令系統にかかわる権威格差や給与・待遇格差などが、たとえ表面には出なくても、連携の諸困難の基盤になりうることも想像にかたくない。

たとえば、これはアメリカの社会学者による病院内における看護師の分析だが、ここに描かれているような「ケアの向こう側」の経験は事実として存在するのだろう。チャンブリスは言う。

「大学卒のナース……それ以前からいる病院で訓練を受けたナース……容易に想像できることだが、同一の専門職の中でこのような二分化が起こり、何を『真の』看護教育とみなすかにも違いが見られることは、一丸となってナースの地位向上を目指す努力の障害となっている。また、論争の根底には、看護学士は中流階級、準学士やディプロマは労働者階級が多いというような出身階層の違いもある……」[63]「ナースをはじめすべてのスタッフが一人の外科医の指揮下にある手術室ではほとんど全面的に従属するが、ナーシングホームのような長期ケアの場では、対照的に大部分がナースの裁量に任されている。そこではナースは、助手や事務員や各種のセラピストなど、他の職種を指揮する立場にある。そしてナースが階級制度の上位に昇るとともに、下層部分は他職種により埋められ、彼らはかつてナースが受けていた侮辱を受けることになる」[64]

そこには、いわゆる通常の社会の階層構造ではないが、保健医療職業に特有な階層構造とでも呼べるものが横たわっている。たとえばその点について、進藤雄三は次のような説明をしている。すなわち、「保健医療職種の構造」には、「保健医療領域をほかの分野と区別させる明確な特性構造がある。すなわち、医療領域では医師に『医療行為』全般を行う権限が付与され、……コメディカル職種（進藤はここに看護職も含めている：引用者挿入）は、保健医療領域の一部に限定された業務を『医師の指示のもとに』行う、という階層構造が医事法制において認められるのである。権限の階層性は責任の階層性を伴う。医療行為の結果責任は、医師に求められる構造になっている。こうした法制度上の階層構造は、医師の患者に対する関係の不均等性が問題視されるようになった1960年代以降、多分に批判的意味を込めて『専門職支配』と規定されるに至った[65]」。

このように、ここで関心の対象にあるのは、よく言われる通常の社会階層構造ということではない。しかし、現場でいかなる支配・コントロールの構造にあるか、それぞれの専門職の間でいかなるジレンマやコンフリクトが形成されあるいは克服され、そして関連する人びとがいかなる意識の下にあるかは、先のチャンブリスの成果などの紹介はあるものの、日本における実証的研究は少ない。そのなかで、ここでは病院内の状況を分析した二つの実証研究の成果に触れておきたい。

一つは、チーム医療に関する連携関係者としての、それぞれの専門職による「チーム」の捉え方に関する研究である。この点を病院という現場フィールドワークの舞台として分析した細田満和子は次のように述べている。すなわち、「当事者にとって『チーム医療』は、医療現場で必要とされるきわめて具体的な業務遂行のありかたであり、しかも、医療の複雑化や専門化に伴って生じる必然的な現象というだけでなく、当事者達の主観的な認識に依存しているものなのである(66)」。それゆえ、「当事者たちが『チーム医療』というとき、そこでの関心はメンバーの職種や職位によって上下関係がなく、対等・同等・平等であることが含意される。このことは、逆に言えば、当事者たちは一緒に仕事をしていても、対等・同等・平等であるという意識を持ち得ていないときは『チーム医療』といえない、ということも示唆している(67)」。

もう一つは、やはり病院をフィールドワークの場として選択し、病院改革などの様相と結果を分析し、医師を頂点とする階層構造のなかにあっても、専門職の間で「相補的自律性」が成立するような関係性が確保されていれば、その実現が難しい「平等モデル」が実現している必要はなく、現実的に関係者に「やりがい」をもたらし、ひいては患者の「生の固有性」を開くことにも結びついていくという三井さよの主張である。三井は言う。「確かに現状の医療においては医療専門職間に法律上の階層性が存在しており、これが大きく変更される可能性は高くはない。だが、階層性の下においても、医療専門職間に医師が支配的に自律的であるわけではない関係性を作り出すことは不可能ではない。それは、医師だけが自律的であるのではなく、看護職やコ－メディカルもまた自律的であるような関係性であり……それを相補的自律性と呼んだ。相補的自律性とは、各医療専門職が互いの職務が重なるときに、発言し合い問題提起し合うことの意義を互いに認め合った関係である。むしろ問題提起をし合うことが、自らの職務を行う上で有意義だとみなされている、そうした関係性である(68)」。

このような論点を詰めていくと、さまざまな職業的専門性と同時に、チーム構成員のなかに指導にかかわる力関係格差や待遇等の社会的評価格差があるなかで、実際の業務遂行でどのように民主主義的な視点が貫かれているのか、いないのか。そういったことも問われてくる。さらにそれにとどまらずに、それらの関係性が早急の問題解決を望む利用者にとっていかなる意味を持ってくるか、といったことも焦点になる。それは、上野千鶴子が強調してやまない、「ケアの社会学は、ケアという行為の文脈化を図る……ケアがそれ自体として『よきもの』であるとみなす代わりに、どのような文脈のもとであればケアは『よきもの』や『望ましい人間関係』となり、どのような文脈のもとであれば『抑圧』や『強制』となるか、を腑分けするためのものである」(69)ということと重なってくるだろう。

以上の二つの事例は、いずれも病院という、良くも悪くもそれなりにコントロールがしやすい環境にある連携実践でもある。しかし、現実に実践に取り組む人びとは、直接あるいは間接さまざまだが、同時に非専門職（家族員等）から半（准）専門職、専門職まで実に多様な人びとが、いわば「入れ子状態」でケアにかかわっている、ケアリングしている。しかも場所は、病院や施設あるいは地域包括支援センターのようなものから自宅まで多様であり、それをマネジメントあるいはコーディネートする業務もある。そこでは、当然業務の重なり合いを通じた分担のあり方、そしてだれがどのようにコーディネートするのか、その最終責任はだれが持つのか、といった複雑な問題が生まれるはずである。そのようなさまざまな場面での、民主主義とケアの関係をあらためて考えていく道筋が求められている。(70)だが、このような問題意識に立つ研究は、連携教育を主導する学会の機関誌『保健医療福祉連携』を眺めても未見である。

(2) ケアの諸課題の階層的・複合的性格

序章で触れたように、ケアの対象となる人びとが抱える問題は、病気にせよ、高齢化に伴う介護の必要性にせよ、育児の困難にせよ、生活そのものの維持の難しさにせよ、すべてがたいていは複数の要因が相互に関係しあって生まれてきている。言い換えれば、インターロック（問題の絡み合い）の状態で課題が生まれている。それゆえまた、その問題解決は同時的に関係者の連携のなかで図られる必要がある。それはチーム医療というより、もう少し幅広い概念としても議論すべきことでもある。そこにまた、人びとの生活基盤のありようとかかわった問題解決のための連携実践があり、関連する連携教育の拠って立つ基盤もあることもたしかなはずである。貧困や格差が社会問題として意識されてきた現状にあって、とくにこのことの意味は大きい。

それをあらためて「地域包括ケアシステム」に関連させて言えば、こういうことである。すなわち、地域包括ケアシステムは、「団塊の世代が75歳以上となる2025年を目途に、重度な要介護状況となっても住み慣れた地域で自分らしい暮らしを人生の最後まで続けることができるよう、住まい・医療・介護・予防・生活支援が一体的に提供される」（傍点引用者）システムである（厚生労働省）[71]。しかしこの場合、もっとも肝要なことは、この構想の基礎となった地域包括ケア研究会による報告書が述べているように、上記の五つの構成要素を想定し、それを「『住まいと住まい方』を地域での生活の基盤となす『植木鉢』に例えると、それぞれの『住まい』で生活を構築するための『生活支援・福祉サービス』は植木鉢に満たされる養分を含んだ『土』と考えることができるだろう。『生活（生活支援・福祉サービス）』という『土』がないところに、専門職の提供する『介護』や『医療』『予防』を植えても、それらは十分な力を発揮することなく、枯れてしまうだろう」[72]と表現するとき、そういった視点をどれだけ具体化できるかである。その点での実現は容易なことではないだろう。

右のメタファー的表現にならって言えば、安定して暮らせるしっかりした「植木鉢」そのものが用意されていない、あるいはあっても脆く壊れやすいものであると、植木を支える「土」が用意されていても利用できない可能性も高くなる。さらにその「土」あるいは「植木」を購入できない、選択できないような状況も生まれる。そのなかで、いかなる連携であればこのような困難を乗り越えられるのかが問われてくるからである。

言い換えれば、社会保障や社会福祉の課題である人びとの生活基盤の不安定さや脆さが際立ってきている、格差が顕在化してきているのが今日である。介護を福祉に位置づけた日本であるが、そして福祉は何より生活であるのだが、その充実が選挙のたびごとに力強そうな言葉で語られているにしても、具体的な対策はきわめて曖昧で自己責任に任されている現状にある。そこで顕在化している社会現象の一つが〝健康格差〟の問題である。序章でも触れたところだが、ここでは、それを日本学術会議基礎医学委員会健康・生活科学委員会（合同パブリックヘルス科学分科会）「提言　わが国の健康の社会格差の現状理解とその改善に向けて」（２０１1年8月27日）に見ておきたい。

提言はまず、「健康の社会格差」を収入や学歴や職業などの社会経済的要因による人びとの健康をめぐる格差としている。そのうえで、今日の健康の社会格差に関する懸念・関心は三つに分類されるとし、貧困層や生活保護世帯が増加している現状を背景として、低所得層において健康問題が集積し、こうした層が最低限の保健医療福祉サービスが受けられなくなっていること、社会経済的な状態による階層分化が進行し、貧困・低所得層のみならず、社会階層全体に階層による健康格差が生じていること、学歴や所得など以外でも、社会的に不利な立場にある人びとに健康問題が集積していることを指摘し[73]、課題を次の5点に整理している。

「①保健医療福祉政策・活動における健康の社会格差の視点の欠如、②健康の社会格差をモニタリングし施策を立案する体制・組織の不足、③保健医療人材の養成における健康の社会格差の視点の欠如、④健康の社会格差是正に向けての政策立案への国民参加の欠如、⑤健康の社会格差に関する研究の不足[74]」

そして、右の①にかかわっては、「健康の社会格差に注目した活動は、地域保健活動において現状ではほとんど行われていない。健康の社会格差に注目した地域保健活動を行うためにはまず保健医療福祉政策の中に健康の社会格差の視点を組み込む必要がある。わが国の健康づくり戦略である『健康日本21』……では、個人の健康づくり活動を支える社会・環境を形成するヘルスプロモーションが基軸として採用されているが、健康の社会格差を考慮したヘルスプロモーションのあり方については具体的に言及されていない[75]」。また③の具体的提言にかかわっては、「保健医療福祉の専門職の養成課程および生涯教育のカリキュラムに健康の社会格差を含めることを提言する[76]」としている。

つまり、ケア関連専門職が主として対象とする「健康問題」においてもまた、〝健康格差〟といった階層的視点から問題を想像する、これを扱っていく弱さが指摘されているのである。このことは何を示唆しているのか。それは本書全体を通した分析結果から言えば、「医療と福祉」「保健・医療・福祉」の連携といった言葉が、つねに合言葉のように関係者から強調されてきたとしても、現実に形成されているケアの諸課題にどれだけ「生活」をめぐる階層間格差が影響を与えているか、それが問題の解決を阻害してきているか、という点での認識が弱いことを示している。そのことは、そのような弱点を補強する「生活アセスメント」「生活モデル」の概念の構築がいま、連携の理念的・実践的基盤としても求められていることを意味している。

たしかに、現実の問題解決場面では、たとえば序章で紹介したシングルマザーのワーキングプアの事例を思い出してほしいのだが、子どもの喘息に関する当面の応急措置と、子どもの保育あるいは教育環境の問題解決、さらには母親の就労の安定や質の良い住宅の確保、地域コミュニティにける支援ネットワークやソーシャル・キャピタル（社会関係資本）のありようなど、援助の質と量、介入の時間のありよう、そして効果が安定するまでの期間の長さ、あるいは視点を変えれば、介入場面とケアされる人びととケアする人びととの相互作用の関係など、その位相差に合わせて多様な論点が生起しているはずである。

その点で、たとえば厚生労働省プロジェクトチームによる「福祉の提供ビジョン」（前出、第５章）では、ニーズが多様化し、複雑化する現代社会においては、既存の制度の対応では複合的なニーズを持つ者などが適切な支援を受けられないという課題が提起されているとして、その事例を次のように求めているのは、一定の認識の進歩を示していると言えるかもしれない。

「例えば、軽度の認知症が疑われる80代の老親が無職で引きこもっている50代の子と同居しているなどの場合、当該世帯はしばしば複雑な課題を抱え地域から孤立しているにも関わらず、その世帯全体の課題に的確に対応する仕組みが存在しないなどの問題がある。また、がん患者や難病患者が福祉ニーズや就労ニーズなど分野をまたがるニーズを有する場合に総合的な支援の提供が容易でないほか、障害が疑われながらも障害者手帳を有していない場合……」[77]「この相談システムにおいては、本人や、場合によっては育児、介護、障害、貧困など世帯全体の複合的・複雑化したニーズを捉え、解きほぐし、成育歴などの背景も勘案した本質的な課題の見立てを行うとともに（アセスメント）、複合的なニーズに対応する様々な支援をコーディネートすることが求められる。また、包括的な支援が関係機関も含めて一貫して行われるよう、本人を中心とした総合的な支援プランを作成し、関係機関と検討、共有する[78]」

とすると、連携教育のなかに、少なくともこのような問題把握の視点そのものがきちんと位置づけられない限り、現場に入った後も、実践をめぐるさまざまなジレンマやコンフリクトだけが表に出てきて、それに振り回されるような経験だけが形成されかねないであろう。この場合の一つのポイントは、社会福祉サイドが「避けている」ようにも見える連携教育に対する姿勢を変化させ、上記の内容を十分勘案した連携教育をリードするもう一つの羅針盤の役割を果たすことであろう。それは医療主導の連携教育に対抗するという意味ではなく、そのことによって、現場における連携実践を通じて利用者や患者の「生活」を守ることに大きく貢献することができる、そこに社会福祉士やソーシャルワーカーの任務がある、ということである。

5　求められる今日の「連携現場のケア」の分析——終章にも代えて

以上のように見てくると、連携教育そのものの偏りや浅さ、あるいは連携教育研究の矮小化傾向もまた、連携の実践に関する研究そのものの不十分さ、専門職団体の志向性やそれを支える学会や専門職養成教育を主導する関係官庁・管轄部局などの縦割りの壁に大きく影響され、総じて「ケアの向こう側」（チャンブリス）の分析の弱さと関連していることも、おぼろげながらも見えてくる。またそれにくわえて、専門職内での階層化傾向やケアの課題の階層的・複合的性格に関する認識の弱さを直視しない関係者・関係機関の現状が少なくない影響を与えていることも指摘されなければならない。しかも、縷々くどいほど述べてきたように、利用者・当事者の問題解決は多様な連携によるケア・ケアリングがあってこそ具体的に進むことは明らかである。

したがって、今後専門職養成にかかわるケア論の構築を考えるにしても、現場での実践を踏まえた、連携教育のなかで展開できるだけの「具体的な」豊かさをもったケア論が用意できない限り、少なくともそれは「本物」にはならないだろう。関連専門職養成教育の一環として、ケアを議論する必須の条件として、さらなる「ケアの向こう側」における連携の現状を分析し、そこでの諸矛盾をケアの「見えない壁」としてあぶり出すことが求められている所以である。そのような作業を通じて、専門職養成教育の発展に貢献できるようなケア論が生まれ、あるいはそのことを通じて、哲学や倫理学のケア論とケア関連専門職養成教育との架橋ができるだろう。

さまざまな当事者（利用者）と専門職との一対一の事例分析におけるケアをめぐる議論は、それぞれの専門職実践領域でも積み重ねられ、多くの印象的な語りを残している。書店の本棚にも関連するものはあちこちのコーナーにいくつもある。それはまた、哲学や倫理学あるいは教育学などにも反映され、いまや「ケアの倫理」は次の時代を切り開く新しい価値にもなろうかというようにも見える。しかし繰り返すが、現実のケアの実践場面はますます複数の専門職のみならず非専門職との連携のなかで具体化されている。それゆえ、そこでの矛盾や葛藤を含んでケアは議論されなければ、その実態に近づくことさえも難しいはずである。しかも、本書全体を通じて分析してきたように、専門職養成教育のプロセスは、一方で共通基盤は確認されるものの、他方で現実の壁を多層的に生み出してもいる。そのうえ、就業後の潜在化という「ケアの壁」は依然としてなお厚く、必要な専門職の確保もままならないままである。

このような構造に、あらためてこれまでのケア論議を置いて眺めて見ると、本書のような作業を抜いたままにケア論を語ること自体の功罪も浮き上がってくるように思われる。その点では、何よりも観念上の議論ではなく、具体的な、多様な職種が出会う実践の場での「ケアの倫理」と「正義の倫理」をめぐる実相の分析がいま求められている。現場のケアをめぐる利用者とケアの与え手の満足、その両者及び専門職間、専門職と非専門職間の相互関係のなかの民主主義や共感なしに、ケアの安定は難しいはずである。そういう「ケアの向こう側」の分析に裏付けられた連携教育でなければ、ケアを真に支える準備手段にもなかなかなりえないのではないか。連携教育の評価は卒後の現場のなかでこそなされるべきである。分断された内部から、とくに養成校の教員や関係者には、教育はもちろんのこと、文字通り連携によるケアの「見えない壁」に立ち向かう研究がまた求められている。

【注・文献】

（１）社会保障制度改革国民会議『社会保障制度改革国民会議報告書─確かな社会保障を将来世代に伝えるための道筋─』（２０１３年8月6日）、21頁。なお社会保障制度改革国民会議とは、２００８年の社会保障国民会議以来の2回の政権交代を越えた流れのなかに位置し、社会保障制度改革推進法（２０１２年8月10日成立）に基づいて設けられた審議機関である。

（２）小林美希『ルポ看護の質──患者の命は守られるのか』岩波書店、２０１６年、１９８、２３３頁など。その内容については同書第2章「姥捨て山の時代がやってきた」に詳しい。

（３）全日本民主医療連合会『いのちの格差を是正する─人権としての医療・介護保障をめざす提言─』新日本出版社、２０１４年。そこでは、先に見た社会保障制度改革国民会議のそれに対して、「主要な論点は、第一に、病院・病床機能の分化と連携の徹底、第二に、在宅医療の強化と地域包括ケアの構築、第三に、医師の確保と多職種の協働体制です。そこには、国民のニーズに合致した部分もありますが、主眼はあくまで公的医療・介護給付費抑制です。『上流』に高度急性期の病院医療を置き、そこから『下流』の在宅に向かう流れを強調して『効率化』や『脱医療化』をめざす政策的なねらいが色濃く示されています。また、超高齢社会の医療と介護の前提となる住まいの確保については、当然のごとく『自助』としてその覚悟を高齢者とその家族に求めています」（24頁）と、批判的論調の内容が述べられている。
（4）厚生労働省「チーム医療の推進について（チーム医療の推進に関する検討会報告書）」（２０１０年３月19日）記載頁なし。http://www.mhlw.go.jp/stf/shingi/2r9852000000u8kz-att/2r9852000000u8qy.pdf（2016/04/08）
（5）野村陽子『看護制度と政策』法政大学出版局、２０１５年、２９６頁。
（6）『同右書』３２８〜３２９頁。
（7）厚生労働省「前掲資料」。
（8）小林美希『前掲書』では、医師の業務を看護師が、看護師の業務を介護職が、という流れのなかで、ホームヘルパー全国連絡会事務局長の言葉として、「看護師の仕事が診療の補助になり、介護職はその看護師の補助の補助になっている流れがあることが問題だ」（１５５頁）という意見を紹介している。
（9）厚生労働省「新たな看護のあり方に関する検討会報告書」（２００３年）では、看護師について「患者の生活の質を向上させるための療養生活支援の専門家」と表現していた。http://www.mhlw.go.jp/shingi/2003/03/s0324-16.html（2016/04/08）
（10）厚生労働省「前掲資料」（４）。そこでは、「看護師については、あらゆる医療現場において、診察・治療等に関連する業務から患者の療養生活の支援に至るまで幅広い業務を担い得ることから、いわば『チーム医療のキーパーソン』としての患者や医師その他の医療スタッフから寄せられる期待は大きい」としている。
（11）日本看護協会「２０２５年に向けた看護の挑戦・看護の将来ビジョン―いのち・暮らし・尊厳をまもる―」、２０１５年、８頁。
（12）「同右資料」10頁。
（13）「同右資料」11頁。

(14)厚生労働省・新たな福祉サービスのシステム等のあり方検討プロジェクトチーム「誰もが支え合う地域の構築に向けた福祉サービスの実現―新たな時代に対応した福祉ビジョン―」（２０１５年９月17日）、２０１５年、４頁。
(15)「同右資料」８～９頁。
(16)飯島勝矢「在宅医療の基本的考え方」東京大学高齢社会総合研究機構編『地域包括ケアのすすめ―在宅医療推進のための多職種連携の試み―』東京大学出版会、２０１４年、17～18頁。
(17)長谷川敏彦「地域連携の基礎理論としてのケアサイクル論」高橋紘士・武藤正樹共編『地域連携論―医療・看護・介護・福祉の協働と包括的支援』オーム社、２０１３年、８頁。
(18)日本老年医学会「『高齢者の終末期の医療およびケア』に関する日本老年医学会の『立場表明』２０１２」（２０１２年1月28日理事会承認）、１頁。なおそこでは、「**立場―5　チームによる医療とケアが必須**　高齢者の終末期における医療およびケアは、医学のみならず看護、介護、リハビリテーションなど、幅広い領域を含む学際的な医療およびケアである。〔**論拠**〕死にゆく患者を対象とした医療およびケアは、チームアプローチによって実施されることが望ましい。そのチームのメンバーには、医師のみならず、看護職、ソーシャルワーカー、介護職、リハビリテーション担当者、薬剤師、心理士、ボランティア、家族などが含まれる。チームのメンバーは、持ち得る知識と技術のすべてを患者の必要に応じて提供すべきである。医師には医療チームの一員として中心的な役割を果たすため、多職種による総合的なケアに関する広範な知識と熟練と配慮が要求される……」（３頁）としている。http://www.jpn-geriat-soc.or.jp/tachiba/jgs-tachiba2012.pdf（2016/04/08）
(19)日本学術会議健康・生活科学委員会高齢者の健康部会「提言　地域で暮らす高齢者を支援する専門職の連携教育に向けて」（２０１１年９月１日）、２～３頁。
(20)松岡千代「多職種連携の新時代に向けて：実践・研究・教育の課題と展望」『リハビリテーション連携

科学』14(2)、２０１３年、１８６~１８７頁。
(21)「同右論文」93頁。
(22)ＷＨＯ（三重大学訳）『専門職連携教育および連携医療のための行動の枠組み』三重大学、２０１４年(原著は２０１０年)、７頁。
(23)広井良典『ケア学—越境するケアへ—』医学書院、２０００年、１８４頁。
(24)大嶋伸雄「専門職連携教育の変遷と現状」『老年社会科学』第33巻第３号、２０１１年、４７５頁。
(25)多職種連携コンピテンシー開発チーム「医療保健福祉分野の多職種連携コンピテンシー(Interprofessional Competency in Japan)」（２０１６年３月31日）10頁。http://www.hosp.tsukuba.ac.jp/mirai_iryo/pdf/Interprofessional_Competency_in_Japan_ver15.pdf（2016/04/08）
(26)高橋満・槇石多希子『対人支援職者の専門性と学びの空間—看護・福祉・教育職の実践コミュニティ—』創風社、２０１５年、とくに序章「対人支援職者の力量形成」及び終章「力量形成と実践コミュニティ」参照。
(27)松岡千代「多職種連携のスキルと専門職教育における課題」『ソーシャルワーク研究』34(4)、２００９年、44~45頁。なお関連して、松岡がしばしば依拠している菊地和則「多職種チームのコンピテンシー：インディビデュアル・コンピテンシーとチーム・コンピテンシーに関する概念整理」『社会福祉学』第44巻第３号、２００４年、同「協働・連携のためのスキルとしてのチームのアプローチ」『ソーシャルワーク研究』34(4)、２００９年、も参照。
(28)石井伊都子・酒井郁子・Helena Low・Elizabeth Anderson「座談会：日本のＩＰＥ教育を振り返って」『医薬ジャーナル』Vol.51 No.12、２０１５年、99、１００頁におけるHelena Lowの発言。
(29)「同右座談会」１０１頁におけるElizabeth Andersonの発言。
(30)高橋榮明「日本保健医療福祉連携教育学会の設立にあたって」『保健医療福祉連携』１巻１号、２００

9年、50頁。
(31)同右「日本における専門職連携教育とＪＡＩＰＥの役割、その将来展望」『保健医療福祉連携』５巻２号、２０１３年、１０３頁。
(32)同右「ＪＡＩＰＥの役割と将来展望—連携教育から協働実践まで—」『保健医療福祉連携』７巻1号、２０１４年、42頁。
(33)小林紀明・黒臼恵子・鈴木幸枝・大宮裕子・堤千鶴子「日本の保健医療福祉系大学におけるインタープロフェッショナル教育（Inter-Professional Education）の動向」『目白大学健康科学研究』第５号、２０１２年、85頁。
(34)松井由美子・真柄彰・遠藤和男・阿部明美・金谷光子・高橋榮明「臨地実習施設におけるInterprofessional Workの現状と課題」『保健医療福祉連携』３巻1号、２０１０年、7頁。
(35)上山崎悦代・篠田道子「〈研究ノート〉終末期ケアを中心とした多職種連携に関する教育・研修の現状と課題」『日本福祉大学社会福祉論集』第１３１号、２０１４年、１５５頁。
(36)「同右論文」１６０頁。
(37)村田真弓「医療福祉専門職の多職種連携・協働に関する基礎的研究—各専門職団体の倫理綱領にみる連携・協働の記述から—」『大妻女子大学人間関係学部紀要・人間関係学研究』13、２０１１年、１６４頁。
(38)日本学術会議健康・生活科学委員会高齢者の健康部会「提言　地域で暮らす高齢者を支援する専門職の連携教育に向けて」（２０１１年9月1日）９頁。
(39)山中京子「医療・保健・福祉領域における『連携』概念の検討と再構成」『社會問題研究』53(1)、２００３年、５頁、
(40)「同右論文」１～2頁。

（41）菊地和則「多職種チームの三つのモデル：チーム研究のための基本的概念整理」『社会福祉学』第39巻第2号、１９９９年、同「多職種チームの構造と機能：多職種チーム研究の基本的枠組み」『社会福祉学』第41巻第1号、２０００年、同「前掲論文」（27）など。また松岡千代「ヘルスケア領域における専門職連携―ソーシャルワークの視点からの理論的整理―」『社会福祉学』第40巻第2号、２０００年、など。

（42）吉池毅志・榮セツコ「保健医療福祉領域における『連携』の基本概念整理―精神保健福祉実践における『連携』に着目して―」『桃山学院大学総合研究所紀要』第34巻第3号、２００９年、１１０頁。

（43）筒井孝子「地域連携方法論の開発と展望」高橋紘士・武藤正樹共編『地域連携論―医療・看護・介護・福祉の協働と包括的支援―』オーム社、２０１３年、27頁。

（44）「同右」36頁。

（45）平野聖・竹田恵子・大田晋・種村純・進藤貴子・直島克樹・森繁樹「短報・医療福祉における多職種連携のあり方に関する研究」『川崎医療福祉学会誌』Vol.24 No.2、２０１５年、２０９頁。

（46）藤田益伸「高齢者の在宅療養場面に求められる多職種連携の技能」『岡山大学大学院社会文化科学研究紀要』第39号、２０１５年、１７６頁。

（47）佐藤奈津子「ソーシャルワーカーと退院調整看護師間のコンフリクトに関する研究―退院支援担当者へのインタビュー調査から―」『北星学園大学大学院論集』第5号、２０１４年、20頁。

（48）松田実樹・杉本浩章・上山崎悦代・篠田道子・原沢優子「終末期ケアにおける専門職間協働の現状と課題―特別養護老人ホームにおける調査から―」『岡山県立大学保健福祉学部紀要』第22巻1号　２０１５年、１７４頁。

（49）小野光美・原祥子「介護老人保健施設の看取りにおいて専門職が提供するケアと多職種連携の実態」『島根大学医学部紀要』第37巻。２０１４年、10頁。

(50)中村直樹・大沼由香・工藤雄行・小池妙子・寺田富二子・富田恵「委託型地域包括支援センターにおける地域支援ネットワーク構築に関する三職種の認識比較」『弘前医療福祉大学短期大学部紀要』3(1)、２０１５年、65頁。
(51)峯本佳世子・杉原百合子・山田裕子・斉藤千鶴・田中八州夫「地域包括支援センターにおける社会福祉士の課題―フォーカス・グループ・インタビューでみえた専門職のジレンマ―」『介護福祉学』20(2)、２０１３年、１３３頁。
(52)山田典子「地域包括支援センターにおける社会福祉士の役割とその現実―社会福祉士は何をする人か見えますか―」『月刊福祉』２０１２年6月号。
(53)和気純子「支援困難ケースをめぐる3職種の実践とその異同―地域包括支援センターの全国調査から―」『人文学報（社会福祉学30）』No.484、２０１４年、23頁。
(54)川越雅弘「ケア提供論―多職種連携に焦点を当てて―」『社会保障研究』Vol.1 No.1、２０１６年、１２５頁。
(55)「同右論文」１２６頁。
(56)浮ヶ谷幸代「医療専門家の苦悩をいかに解き明かすか」同編集『苦悩することの希望―専門家のサファリングの人類学―』協同医書出版社、17頁、２０１４年。
(57)大儀律子・荻原桂子・野田部恵・坂口桃子「文献にみる看護と介護の協働の実態とその背景要因」『大阪市立大学看護学雑誌』第10巻、２０１４年、47頁。
(58)大塚真理子「本邦における専門職連携教育（ＩＰＥ）の研究動向と研究機関の設置について」『医療ジャーナル』Vol.51 No.12、２０１５年、90頁。
(59)多職種連携コンピテンシー開発チーム「前掲資料」(25)。
(60)杉村宏「貧困問題への現代的視座」庄司洋子・杉村宏・藤村正之編集『貧困・不平等と社会福祉』有

斐閣、１９９７年、1頁。
(61) 青木紀『現代の貧困観—「見えない貧困」を可視化する—』明石書店、２０１０年、24頁。
(62) 渡邊秀臣「多職種連携教育の効果を検証する科学的研究の取組—ＷＨＯ協力センター活動の一環として—」『KMJ THE KITAKANTO MEDICAL JOURNAL』(65)、２０１５年、２３２頁。
(63) ダニエル・Ｆ・チャンブリス（浅野祐子訳）『ケアの向こう側—看護職が直面する道徳的・倫理的矛盾—』日本看護協会出版会、２００２年（原著出版１９９６年）、98頁。
(64)『同右書』１００頁。
(65) 進藤雄三「保健医療の専門職、マンパワー論」日本社会学会社会学事典刊行委員会編『社会学事典』丸善株式会社、２０１０年、３００頁。
(66) 細田満和子「病院における医療従事者の組織認識—『チーム医療』の理念と現実—」同『「チーム医療」とは何か—医療とケアに生かす社会学からのアプローチ—』日本看護協会出版会、２０１２年、１８５頁。
(67)『同右書』57頁。
(68) 三井さよ『ケアの社会学—臨床現場との対話—』勁草書房、２００４年、２２６頁。
(69) 上野千鶴子『ケアの社会学—当事者主権の福祉社会へ—』太田出版、２０１１年、59頁。
(70) Tronto, Joan C. *Caring Democracy: Markets, Equality, and Justice*, New York University Press. 2013.
(71) 厚生労働省「地域包括ケアシステム」http://www.mhlw.go.jp/stf/seisakunitsuite/bunya/hukushi_kaigo/kaigo_koureisha/chiiki-houkatsu/（2016/06/16）
(72) 三菱ＵＦＪリサーチ&コンサルティング「〈地域包括ケア研究会〉地域包括ケアシステムの構築における今後の検討のための論点」（『持続可能な介護保険制度及び地域包括ケアシステムのあり方に関する調査研究事業報告書』）（２０１３年）、２頁。

(73)日本学術会議基礎医学委員会健康・生活科学委員会合同パブリックヘルス科学分科会「提言　わが国の健康の社会格差の現状理解とその改善に向けて」（２０１１年8月27日）、２頁。
(74)「同右資料」iii頁。
(75)「同右資料」７頁。
(76)「同右資料」11頁。
(77)厚生労働省・新たな福祉サービスのシステム等のあり方検討プロジェクトチーム「前掲資料」（14）５頁。
(78)「同右資料」７頁。

あとがき

難産という感覚はない。そういうものではないのだが、正直、ここまで来るのにいったい何度「投げ捨ててしまおう」と思ったかわからない。おそらく何百回を超えるだろう。それが、学長の実践などという曖昧さをもって始めたことからきていることもわかっている。しかも、一人で「マルチ」に越境して〝研究整理〟するような無謀な行為からきていることもわかっている。ともかく、学長2期目の2年間とこの4月の退職後からこれまでは、手当たり次第に文献を蒐集し、検討し、認識↓再認識↓再々認識をするという繰り返し、何らかのまとめをしていくための試行（思考）錯誤の連続だった。これで大丈夫などという確信はいまも持てないでいる。

しかし、そんな地図も携行しないような山登りであっても、少しだけ登った2、3合目からでも振り返って眼下を眺めると、地形があらためて実感として理解できるように、物事の凸凹や空白地帯などが、それなりに視界に入ってきた、捉えられてきたという面もある。なおそこには雲もかかっているが、ある俯瞰図が描けてきたような気もしている。

それが、ケア関連専門職養成教育の分断された状態であったり、そこで模索されている養成教育の理想と現実であったり、現場での壁を克服すべく試み始められた新たな連携教育の努力とその歪みであったり、それを支えるはずの実践に関する研究の不足であった。また、社会の基底に立ちはだかっている性別役割分業の社会規範やジェンダー差別の構造であったり、そこからもたらされる関連専門職の社会的評価の低さであったり、分断された壁のなかでの「もがき」にも見える同一職種内部の資格階層化志向であった。あるいは、各専門領域で共通して強調されている「生活」（「生活アセスメント」）「生活モデル」概念などの曖昧さであった。さらに、何よりも「ケアの倫理」「正義の倫理」も専門職養成教育の場においてこそ語られるべきであるのに、それがアカデミズムの世界にとどまってしまっているような状況、すなわち、ケア関連専門職養成教育とケア論とが分断された姿であった。

この最後のことは、恥ずかしいのだが、辿っていけばケア関連専門職を養成することを主な任務とする大学に赴任する機会があったからこその筆者の気づきでもあった。それまでは何らかの専門職に就いていくための学生の教育という意識はほとんどなかった。自らの研究関心を中心に学生・院生を巻き込んでいくだけで済んでいた。だが週1回の授業は、入学してくる若者の多くが何らかの支援を求めている人びとへの共感とある種の正義感を持っていることにあらためて気づかせた。また周囲を見れば、同僚の教員・職員たちがそれに応えようと尽力しながらも、それを困難にさせるような矛盾した状況が専門職養成という現場にはあることも知った。そんな現実が、「学長になったから研究はやめよう、してはいけない」と言い聞かせてもきた自分にも、わずかであれ残っていた研究者としての気持ちに少しは火をつけたのかもしれない。そしてそれがまた、遅々としたものではあったが、勉強が進むにつれ、これまで見てきたようなケアの「見えない壁」を打破することに格闘する責任は、養成校教員だからこそ求められているとして、周囲にことあるたびに「もっと外に向かって自己主張を」と語らせてきたような気もしている。

もちろん、このようなミッションの遂行は、個々人の奮闘が前提にあるとしても、実践のみならず、教育のみならず、研究にしても、それぞれの職場における関連するケア専門職養成教員の連携や連帯だけでなく、関係する学会や職能団体の連携や連帯なしには、できないだろう。少なくとも、それらの動きなしには、ケア関連職全体の社会的評価の向上もままならないだろうし、ケアを不可欠としている当事者の生活の充実や一人ひとりの尊厳の確保も難しくさせることにもなるだろう。そんなことに関心を寄せている、多くの人びとに本書が届けば幸いである。

これで根雪になるかもしれない２０１６年師走の日、北海道北広島にて

著者紹介
青木　紀（あおき　おさむ）
1948年生まれ。京都大学農学研究科農林経済学専攻博士課程単位取得退学、農学博士。北海道大学名誉教授、名寄市立大学名誉教授。主な著書に『日本経済と兼業農家』（農林統計協会、1988年）、『現代日本の「見えない」貧困——生活保護受給母子世帯の現実』（明石書店、2003年）、『現代日本の貧困観——「見えない貧困」を可視化する』（明石書店、2010年）ほか。

ケア専門職養成教育の研究
——看護・介護・保育・福祉　分断から連携へ

2017年3月25日　初版第1刷発行
2021年9月30日　初版第2刷発行

著　者　青　木　　紀
発行者　大　江　道　雅
発行所　株式会社 明石書店

〒101-0021　東京都千代田区外神田6-9-5
電　話　03（5818）1171
FAX　03（5818）1174
振　替　00100-7-24505
https://www.akashi.co.jp

組　版　朝日メディアインターナショナル株式会社
装　丁　明石書店デザイン室
印刷・製本　モリモト印刷株式会社

（定価はカバーに表示してあります）　ISBN978-4-7503-4500-0